Sabine Rennefanz

Eisenkinder

Sabine Rennefanz

EISENKINDER

Die stille Wut der Wendegeneration

Luchterhand

MIX
Papier aus verantwortungsvollen Quellen
FSC® C014496

Verlagsgruppe Random House FSC-DEU-0100
Das für dieses Buch verwendete
FSC®-zertifizierte Papier *Super Snowbright*
liefert Hellefoss AS, Hokksund, Norwegen.

2013 Luchterhand Literaturverlag, München,
in der Verlagsgruppe Random House GmbH
Satz: Uhl + Massopust, Aalen
Druck und Bindung: GGP Media GmbH, Pößneck

ISBN 978-3-630-87405-0

www.luchterhand-literaturverlag.de

Inhalt

Prolog 7

Die Aktivisten 13
Die Prüfung 29
Das Haus der jungen Talente 39
Die Tränen des Cowboys 51
Jenseits von Eden 61
Die Kunst besteht im Warten 73
Temple of Love 85
Eisenhüttenstadt brennt 99
Homo Oeconomicus 107
Brüder und Schwestern 123
Dämonen 147
Jesus und die Moorsoldaten 159
Das Tribunal 175
In der Hölle 189
Das verbotene Date 213

Epilog 239

Prolog

Anfang Dezember 2011 saß ich mit Kollegen in einem Restaurant in Berlin-Kreuzberg, es gab Gans und Rotwein, wir diskutierten über die Zwickauer Terrorzelle. Doch es ging nicht nur um Uwe Mundlos, Uwe Böhnhardt und Beate Zschäpe, es ging um viel mehr. Die DDR sei schuld, die autoritäre Erziehung, sagten die Kollegen, außerdem wisse man ja, dass im Osten der Rechtsextremismus Mainstream sei, eine Aufarbeitung der Nazi-Zeit habe nie stattgefunden. Mich machte das wütend. Ich habe mehr Jahre meines Lebens in der Bundesrepublik als in der DDR verbracht, ich habe fünf Jahre im Ausland gelebt, aber auf einmal fühlte ich mich wieder wie in den Neunzigern, als ich mich schämte zu sagen, dass ich aus dem Osten komme. Aus dem Osten kamen nur Nazis, Stasi-Leute und Arbeitslose.

Erst vier Wochen vorher war das Trio aufgeflogen. Jahrelang hatte sich kaum jemand groß drum gekümmert, dass neun Einwanderer und eine Polizistin in Deutschland hingerichtet wurden. Dönermorde, so wurden die Verbrechen verniedlichend genannt. Türken untereinander meucheln sich, so klang das. Jetzt war es ein Problem der Ostdeutschen. Wieder hatte es nichts mit den Westdeutschen zu tun. In den folgenden Tagen achtete ich darauf, und mir fiel ein Muster auf. Es gab immer wieder den gleichen Reflex: Taucht ein Problem in Ostdeutschland auf, wird es gleich zum »typisch ostdeutschen«

Thema. Gibt es in Westdeutschland ein Problem, ist es gesamtdeutsch.

Uwe Mundlos war 16, als die Mauer fiel, nur wenig älter als ich. Wir sind in der DDR groß geworden. Als er in Jena eine Ausbildung anfangen sollte, ging ich zur Schule in Eisenhüttenstadt. Beide Städte sind ähnlich groß, beides Industriezentren, die nach der Wende viele Arbeitsplätze verloren. Wir gehören zu einer Generation, die während der Pubertät zwischen zwei Ländern hing. Wissenschaftler sprechen gar von der »verlorenen Generation«.

Ich begann alles über ihn zu lesen, was es gab. Doch das, was mich interessierte, stand nirgendwo. Wie wurde er zum Nazi? Was hat ihn zum Mörder gemacht, die DDR oder die Nachwendezeit? Erinnerungen an die neunziger Jahre kamen hoch, die Leere, die Orientierungslosigkeit. Auch ich driftete damals ab, nicht in die rechte Szene, sondern zu christlichen Fundamentalisten. Ich wollte sogar Missionarin werden. Hatte nicht auch ich Sehnsucht nach Radikalität, nach einfachen Wahrheiten gehabt wie Mundlos?

Warum rutschte Mundlos ab, warum kam ich in der Bundesrepublik an? Was ist das für ein Land?

Die Mauer war weg, aber es kam mir so vor, als wäre die Einheit nicht passiert, als würde der Osten nicht dazugehören. Jetzt kamen sie wieder, die Artikel über die rote Diktatur, den Töpfchen-Terror in den Krippen, über die Berufstätigkeit der Mütter, die autoritäre Erziehung. Forschungen widerlegen die These, dass es einen Zusammenhang zwischen der Erwerbstätigkeit der Mutter und der Gewaltneigung gibt. Männlichen rechtsextremen Gewalttätern habe es eher an männlichen Vorbildern gefehlt, schreibt die Arbeitsstelle für Rechtsextremismus und Fremdenfeindlichkeit am Deutschen Jugendinstitut in Halle. Ob das im traditionellen westdeutschen Alleinverdiener-Modell gegeben war, sei fraglich. Je länger die DDR zurückliegt, desto holzschnittartiger wird die Wahrnehmung.

Drei Wochen nachdem Uwe Mundlos und Uwe Böhnhardt am 4. November 2011 in einem Wohnwagen in Eisenach tot aufgefunden wurden, lese ich in der *Süddeutschen Zeitung* einen Artikel unter der Überschrift »Das Gift der Diktatur«. Darin wird behauptet, die Terrorserie sei ein Rachefeldzug der postsozialistisch erzogenen Jugendlichen gegen die pluralistische Gesellschaft im Westen.

Schon nach den ersten Sätzen fällt es mir schwer, weiterzulesen. Schuld seien die Eltern, so die These, weil sie den Kindern kein Mitgefühl und keine Emotionen vermittelt haben. »Wer diese Welt im Rückblick betrachtet, stößt bisweilen auf eine erstaunlich niedrige Betriebstemperatur bei der Aufzucht des Nachwuchses.« Wieder so ein vernichtender Satz. Er klingt so eisig.

Ähnlich klingt das bei Klaus Schroeder, einem Historiker und Politikwissenschaftler, der an der FU Berlin lehrt. »Verwahrlosung, höhere Gewaltbereitschaft und fremdenfeindliche Einstellungen waren im Kern schon vor 1989 in der DDR stärker ausgeprägt als in der Bundesrepublik«, schreibt er in einem Beitrag für den *Tagesspiegel*. Auch er führt das Neonazi-Potenzial auf die Vollerwerbstätigkeit der Mütter und die Einbindung in »staatliche Institutionen« zurück. Staatliche Institutionen, das klingt, als wären Kinderkrippen Gefängnisse gewesen. Ausbildungslager für kleine Neonazis. Das Tora-Bora des Ostens.

In einem Artikel der *taz*, in dem darüber geschrieben wurde, dass das Jenaer Trio auch im Westen Unterstützer hatte, ist von westdeutschen und ostdeutschen Nazis die Rede, als ob es einen großen Unterschied gäbe.

Eine Zeit lang gab es die neuen Länder, jetzt gibt es nur noch Ostdeutschland, und dieses Land ist für viele Westdeutsche ein fremder Planet. Was ist dieses Ostdeutschland? Ist es ein Krisengebiet, wie *Spiegel Online* titelte? Ostdeutscher zu sein ist ein Label, das an einem klebt, das man nicht loswird, selbst wenn man nur einen Bruchteil seines Lebens dort verbracht hat, selbst wenn man sich bemüht. Man ist immer Ostdeutscher, auch wenn man nach Hannover zieht, wie einer der Unterstützer des Nationalsozialistischen Untergrunds von Uwe Mundlos. Er ist vor vielen Jahren aus Jena in den Westen gezogen, bleibt in den Medien aber der »ostdeutsche Neonazi«.

Selbst wenn man deutsche Bundeskanzlerin wird, bleibt das Label. Wenn Angela Merkel etwas falsch macht, wenn sie zögert, Risiken scheut, dann ist sie ganz schnell wieder die angepasste Ostdeutsche. Es ist immer der gleiche Reflex: Sobald ein Problem in Ostdeutschland auftritt, wird es zu einem »ostdeutschen« Thema. Man stelle sich das umgekehrt vor: Die großen Kindesmissbrauchsskandale wurden in Hessen und in Westberlin aufgedeckt, trotzdem gilt die Pädophilie nicht als westdeutsches Phänomen. Der Ostdeutsche wird wie der Türke zum Fremden gemacht. Beide machen den Westdeutschen nur Ärger, stören die Idylle. Der Ostler verprügelt Türken, und der Türke verprügelt seine Frau und seine Töchter. Die Westdeutschen schauen jeweils aus der Distanz zu. Sie müssen nicht über sich selbst nachdenken.

Mit der Debatte um die Zwickauer Terrorzelle wurden die Gräben zwischen Ost und West wieder aufgerissen. Dieses Buch soll einen anderen Blick liefern. Es soll um die Wendegeneration gehen, die letzten Kinder der DDR, die zum Mauerfall zwischen 8 und 16 Jahre alt waren, eine Generation, zu der Böhnhardt, Mundlos und Zschäpe gehören – und zu der ich gehöre.

Wenn es etwas gibt, das diese Generation gemeinsam hat, dann ist es ein Unbehagen, eine tiefe Verunsicherung, eine stille, unterschwellige Wut.

Woher kommt dieses Unbehagen? Wie war es, in den neunziger Jahren aufzuwachsen? In diesem grauen Jahrzehnt, in dem die DDR noch nicht verschwunden und ein neues Deutschland noch nicht entstanden war? In dem Behörden nicht funktionierten und Arbeitslosigkeit grassierte? Was bedeutete es, mitten in der Pubertät von überforderten Eltern und Lehrern alleingelassen zu werden? Seine Jugend mit einem Schlag zu verlieren? Wie viel DDR steckt in der Generation? Was hat sie mehr geprägt, die DDR oder das vereinigte Deutschland? Warum kam ich in der Bundesrepublik an – und andere nicht?

Ich will mich auf eine Reise in die Vergangenheit machen und nach Spuren suchen, nach Verbindungen und Mustern. Ich lese alte Briefe und Tagebücher, ich fahre nach Eisenhüttenstadt und Jena, ich treffe alte Weggefährten, Mitschüler, Lehrer. Ich will etwas über mich und meine Generation erfahren – die Eisenkinder.

Die Aktivisten

Ich verlasse die Autobahn vor der polnischen Grenze und biege auf eine Landstraße. Sie führt durch Dörfer, vorbei an endlosen Feldern und Kiefernwäldern. Es gibt schönere Bäume als Kiefern, aber sie wachsen gut auf den Sandböden, sie sind anspruchslos, widerstandsfähig, so wie man sein muss, um es hier auszuhalten. Das gilt auch für die Menschen. Die Natur ist sparsam in dem, was sie gibt. Vierzig, fünfzig Meter schießen sie hoch, dürre Stangen, von denen man meint, der Wind müsste sie umreißen.

Schneller als erwartet finde ich mich mitten in der Stadt wieder, die vor vielen Jahren aus den Sandböden gestampft wurde. Eine Vorzeigestadt des neuen Staats. Hier sollte nach dem Krieg der neue Mensch geformt werden, der siegessicher und stolz in eine bessere Zukunft marschiert, in der Ausbeutung und Unterdrückung überwunden sind. Die erste sozialistische Stadt, so nannten sie Eisenhüttenstadt.

Ich passiere einen Betonklotz, der auch in Bukarest oder Warschau stehen könnte, davor informiert ein Schild, dass es sich um ein Hotel mit dem Namen »Berlin« handelt. Früher hieß das beste Hotel in Eisenhüttenstadt »Lunik«, nach der Mondsonde. Jetzt begnügt man sich mit der Hauptstadt. Auf der anderen Straßenseite steht eine Reihe schmuckloser Wohnblöcke, sie sehen so aus, wie man sich heute die ganze DDR vorstellt. Grau und verwittert, sozialistische Tristesse.

Ein Fenster steht offen, daraus hängt eine Deutschlandfahne mit einem Adler. Ich überlege, wofür das Gebäude des »Hotel Berlin« früher genutzt wurde. Ein Arbeiterwohnheim? Eine Berufsschule? Es ist lange her, dass ich in Eisenhüttenstadt gelebt habe. Ich habe die Stadt 1993 verlassen und wollte nie wieder zurück. Eigentlich.

In Eisenhüttenstadt endete meine Kindheit. Ich habe hier gelebt, während der Staat zusammenbrach. Von der Utopie blieben nur die Trümmer. Nicht wie nach 1945, so schlimm nicht, denn die Trümmer waren nicht sichtbar, aber ein bisschen wie ein Nachkriegskind konnte man sich schon fühlen.

Ich nehme die Abbiegung in die Leninallee, die jetzt anders heißt. Lindenallee. Da haben sie nicht gezögert, die Straßen wurden als Erstes umbenannt. Schilder lassen sich schnell ändern. Ich habe den neuen Namen schnell wieder vergessen, er war so auswechselbar, für mich bleibt es die Leninallee.

Die Leninallee ist breit wie eine Flugschneise, links und rechts erheben sich Wohnblöcke. Die Zeit scheint in den vergangenen zwanzig Jahren stillgestanden zu haben. Alles sieht so aus wie damals, als ich mit meinem Dacia die Allee auf und ab fuhr. Nur etwas stimmt nicht.

Wo sind die Menschen hin? Giftgas? Ein Bombenanschlag? Ein Erdbeben? Die Leere lässt die Architektur noch bombastischer wirken. Die Einwohnerzahl Eisenhüttenstadts hat sich in den vergangenen zwanzig Jahren fast halbiert, noch dreißigtausend Menschen leben in der Stadt. Bis zum Jahr 2030 sollen es einer Studie zufolge zwanzigtausend sein.

Das Stahlwerk, für das die Stadt erfunden wurde, gibt es noch. Es wird inzwischen von ArcelorMittal betrieben und gehört zum Imperium des britisch-indischen Milliardärs

Lakshmi Mittal. Es heißt, er möge Eisenhüttenstadt. Ausländer mögen die Stadt meistens. Sie sind hier nicht aufgewachsen. Von 12 000 Beschäftigten des Stahlwerks EKO sind rund 3000 übrig geblieben.

Auch in der alten Ladenzeile haben ein paar Geschäfte überlebt. Es ist Sonntag, sie sind bis auf den Bäcker, der auch Kaffee anbietet, geschlossen. Es gibt eine Boutique, die »Mode für alle Anlässe« in großen Größen verkauft, einen Haushaltswarenladen, sogar eine Buchhandlung. Demnächst stellen Maxi Arland und die Geschwister Hofmann ihre neue CD »Wunderland der Träume« im Friedrich-Wolf-Theater vor. Am Ende der Straße blättert der Putz von den Wänden des »Hotel Lunik«. Dem Investor ging das Geld aus, seitdem steht die Ruine leer.

Nicht immer waren die Straßen so leer, so still, die Mauern so brüchig. Wenn man sich alte Bilder anschaut, laufen ganz viele Leute die Leninallee hoch und runter, es sieht aus wie in der Friedrichstraße in Berlin. Arbeiter aus der ganzen Republik strömten Anfang der fünfziger Jahre in das Stahlwerk, sie bezogen eine neue Stadt, die für sie errichtet worden war. 1953 kam der stellvertretende DDR-Ministerpräsident Walter Ulbricht, um ihr einen Namen zu geben, Stalinstadt.

Die Stadt hatte seit ihrer Gründung schon viele Namen.

Wohnstadt des Eisenhüttenkombinats Ost (EKO).
Stalinstadt.
Eisenhüttenstadt.
Hüttenstadt.
Hütte.
Hüttentown.
Iron-Hut-City.
Iron-Hut-City?

»Da wollen zwei Amerikaner eine Stadtführung«, sagte die Frau vom Tourismusbüro, als sie Jörg Weise im November 2011 anrief. Das Tourismusbüro Eisenhüttenstadt hat vor einigen Jahren entdeckt, dass man die Architektur der Stadt vermarkten kann. In der Agentur träumt man davon, in der Stadt Info-Säulen mit Kopfhörern aufzustellen, ganz Eisenhüttenstadt wäre dann ein Museum, ein in Stein gegossenes Geschichtsbuch. Auf der Website heißt es: »Eisenhüttenstadt, die frühere Stalinstadt, ist die erste industrielle Gründungsstadt der DDR und galt als gebaute Utopie. Errichtet ab 1950, repräsentiert sie einen nach Planung und Ausführung geschlossenen Städtetyp, der in dieser Form in Deutschland einmalig geblieben ist. Fachkundige Führung 2h.«

Der fachkundige Führer heißt Jörg Weise, ein Historiker, ein begnadeter Geschichtenerzähler. Er ist, um das gleich zu sagen, mein früherer Lehrer und Schulleiter. Geschichte und Geografie. »Die Geschichte der Menschheit ist eine Geschichte des Klassenkampfes, vom Spartakusaufstand bis zur Französischen Revolution«, lautet einer der Sätze, die aus dem Geschichtsunterricht hängengeblieben sind. Ich hatte trotzdem den Eindruck, dass Herr Weise lieber über die Erdgeschichte sprach, Pleistozän, Holozän, Tertiär, alles, was vor dem Klassenkampf lag. Er war streng. Wenn man nicht alles beim ersten Mal verstand, wurde er ungeduldig. Ich habe ihn bewundert, aber ich hatte auch ein wenig Angst vor ihm.

Herr Weise stammt ursprünglich aus Jena in Thüringen, nach dem Studium 1962 wurde er nach Eisenhüttenstadt delegiert. Es wurde seine Heimat. Nun führt er Touristen durch die Überreste einer Welt, die ihren Sinn verloren hat.

Er ist einer der Überlebenden.

Zwei Amerikaner, mehr sagte die Frau vom Tourismusbüro am Telefon nicht. Sie hätten nur an einem Tag Zeit, an einem Mittwoch im Dezember. An dem Tag hatte seine Frau einen Arzttermin, Weise wollte sie begleiten. Sollte er seine Frau im Stich lassen wegen zweier Amerikaner? Jörg Weise überlegte nicht lange und sagte ab. Ein Kollege übernahm die Amerikaner.

Einer von ihnen hieß Tom Hanks, der zum Dreh in Berlin war und einen Abstecher in die erste sozialistische Stadt machen wollte. Keine Ahnung, woher Tom Hanks von Eisenhüttenstadt wusste. Er war danach jedenfalls so begeistert, dass er bei einem Auftritt in der Show des US-amerikanischen Talkmasters David Letterman von der Stadt schwärmte. Er konnte das ü nicht aussprechen, also sagte er: Aisenchuttenschdaat.

Letterman hatte keine Ahnung, wovon Hanks sprach: What is this? Was ist das, dieses Aisenchuttenschdaat?

Vielleicht dachte er an ein Bierfest – Bier und Autos, dafür sind die Deutschen doch berühmt.

Hanks sagte: Eine Modellstadt, die 1953 errichtet wurde, um den Menschen zu zeigen, wie toll der Sozialismus ist.

Es war zwar drei Jahre früher, 1950, aber was heißt das schon, ist ja schon lange her.

Tom Hanks sprach von »Iron-Hut-City«.

Das Tourismusbüro ließ nach dem Auftritt T-Shirts mit dem neuen Namen drucken. Sie hängen im Tourismusbüro, man kann sie kaufen. Seitdem wartet die Stadt auf die Scharen von Amerikanern, die sich »Iron-Hut-City« ansehen wollen.

Der Mann, der Tom Hanks verpasste, trägt eine braune Hose und ein rot kariertes Hemd. Seine weißen Haare sind zurückgekämmt, sein Gesicht gebräunt. Er ist der einzige Mensch, der am Sonntagmorgen vor dem Tourismusbüro in der Frühsommersonne steht. Der letzte Überlebende. Jörg Weise hat denselben abschätzenden, überlegenen Blick, den er schon früher hatte.

Ich fühle mich sofort wieder wie eine 16-Jährige und habe Angst, etwas falsch zu machen. Das ärgert mich, ich bin eine erwachsene Frau, und so sage ich vielleicht eine Spur zu kühl: »Guten Tag, wie geht's?« und nenne dann meinen Namen, obwohl er doch weiß, wie ich heiße, wir haben vorher telefoniert. Es entsteht eine kleine Pause.

Mein Lehrer starrt mir ins Gesicht, als suche er nach etwas. Er kann sich nicht an mich erinnern. Ich werfe ihm das nicht vor, es ist lange her, dass er mein Lehrer war. »Wie geht es Ihnen?«, erwidert er, er zieht das letzte Wort besonders lang, Iiihnen. Vielleicht findet er es merkwürdig, dass ich mich durch eine Stadt führen lasse, die ich doch kennen müsste. Es ist ja auch merkwürdig, aber ich brauche ihn.

Meine Brücke in die Vergangenheit.

Ich habe sechs Freunde mitgebracht, drei Westdeutsche, darunter meine Freundin Flora, die aus Köln stammt und inzwischen bei einem großen deutschen Verlag arbeitet, ihren Freund Till, ein Schweizer. Mit dabei sind außerdem meine Freundin Wiebke, eine selbstbewusste Ostberlinerin, die am Tag der Einheit 1990 schwarze Sachen trug, und Ivan, ein Engländer, der den Kalten Krieg nur aus den James-Bond-Filmen kennt. Die Jüngste ist 28 Jahre alt, der älteste 48. Alle haben studiert, die Westdeutschen in Paris, London und York, die Ostdeutschen in Dresden und Hamburg. Keiner außer mir kennt Eisenhüttenstadt. Ich habe sie eingeladen und in die Betreffzeile der E-Mail geschrieben: Reisen wie Tom Hanks. Das hatte keiner kapiert, weil sie diese Schlagzeile, dass Hanks in Eisenhüttenstadt war, verpasst hatten. Ich will ihnen Eisenhüttenstadt zeigen, die Stadt, in der ich aufwuchs, das ist der eine Grund. Der andere ist etwas komplizierter: Ich habe sie auch als Schutz mitgebracht.

Die Vergangenheit ist wie eine nachtragende Freundin, die man lange nicht gesehen hat. Man kann sich nicht einfach vor die Tür stellen und klingeln, man muss sich langsam annähern. Ich will mit meiner Vergangenheit nicht allein sein, zumindest noch nicht.

Mein Lehrer, Herr Weise, übernimmt sofort die Kontrolle. Er will wissen, woher wir im Einzelnen kommen, Osten oder Westen, welche Berufe wir haben. Er macht es geschickt, wirkt nicht neugierig, sondern fürsorglich.

»Ich frage, um herauszufinden, was ich an Wissen bei Ihnen voraussetzen kann.«

Westdeutschen müsse man die Geschichte nun mal anders erklären als Ostdeutschen. Wenn nur Ostler da seien, mache er gern Walter Ulbrichts Stimme nach. Bei uns ist er sich wahrscheinlich nicht sicher, ob wir Walter Ulbricht überhaupt kennen. Wahrscheinlich hält er mich und meine Freundin Wiebke auch für zu jung, um ihn noch erlebt zu haben. Man könnte auch sagen: Er fragt vorher ab, um zu wissen, was er nachher sagen darf oder nicht. Damit er nichts Falsches sagt.

Es funktioniert. Wir gehorchen sofort, als wären wir seine Schüler, und zählen reihum nicht nur unsere Wohn-, sondern auch unsere Geburtsorte auf. Wir hätten ihm auch unsere Personalausweisnummern gegeben, hätte er sie abgefragt.

Herr Weise führt uns ins Tourismusbüro an einen großen Tisch und wedelt mit einem Stadtplan. Auf dem Entwurf der Stadtanlage von 1952 sieht man den Werkeingang des EKO, es sieht aus wie ein Märchenschloss, mit Kuppel, Säulen und Torbogen. Fabriken sollten Schlösser sein, die Werktätigen ihre Herren. So träumte man damals. Man wollte eine Stadt erschaffen, die die Schönheit, die Überlegenheit des Sozialismus in Stein bannt. »Man dachte, dass die Umgebung den Menschen prägt, hier sollte der neue Mensch entstehen«, erklärt Weise.

Seine Stimme: ohne jede Emotion. Kalt. Als hätte ihm die DDR nie etwas bedeutet. Wie sehr er mich gleichzeitig damit an die DDR erinnert. Wie er mit der Stimme leiser wird, um Aufmerksamkeit zu erzeugen. Wie er immer wieder erst unsere Meinungen abzutasten scheint, bevor er selbst etwas sagt. Zur Vollendung des Entwurfs von 1952 kam es übrigens nie.

Die Sonne scheint, als wir vor die Tür treten. Die ersten Wohnhäuser für die Stahlarbeiter wurden billig und schnell hingestellt, die Wohnungen hatten kleine Fenster und niedrige Decken. Bald beschwerten sich die Arbeiter, auch die SED-Führung war nicht zufrieden. Die mickrigen Häuser, die im Stil der zwanziger Jahre gebaut wurden, passten nicht zur einer Vorzeigestadt. Die Bauherren suchten neue Ideen. Sie wurden nicht beim deutschen Bauhaus fündig – das lehnte man als zu avantgardistisch ab –, sondern anderswo. »Damals wurde ein ganzer Sonderzug mit Architekten von Berlin nach Moskau geschickt«, sagt Weise.

Wir bleiben am Denkmal für die gefallenen sowjetischen Soldaten stehen, vor dem sich ein weiterer Aufmarschplatz erstreckt. Der Platz des Gedenkens. Dahinter beginnt der zweite Wohnkomplex. Die Häuser sehen schon ganz anders aus als ihre Vorläufer. Die Fassaden mit Putzornamenten, Arkaden, Säulen, Balkonen dekoriert, alles streng symmetrisch. Die Wohnungen mit ihren Parkettböden, groß und hell. Besonders viel Mühe gaben sich die Baumeister mit den Eingängen der Wohnhäuser, sie schufen aufwendig verzierte Torbögen, betonten die Aufgänge.

Marktplätze wie in bürgerlichen Städten gab es in Eisenhüttenstadt nicht, das Leben sollte sich in den Höfen hinter den Torbögen abspielen. In den Hinterhöfen wurden Bäume gepflanzt, Beete angelegt, Künstler schufen Skulpturen gesunder Jünglinge, die zwischen Sandkasten, Springbrunnen und Wäscheplatz aufgestellt wurden. Ich laufe meinem Lehrer und meinen Freunden hinterher, ich finde es schwer, zuzuhören, ich verfolge meine eigenen Gedanken. Als Weise noch Schulleiter war, grüßte ich ihn manchmal im Flur und er ging ohne ein Wort zu sagen vorbei. Als hätte er mich gar nicht gesehen. Er hatte immer dieselbe Haltung, Hände auf dem Rücken, den Kopf leicht erhoben, den Blick auf einen fernen Punkt geheftet.

Stadtführer Weise ist weitergelaufen. Er läuft schnell und entschuldigt sich dafür, die Zeit, Sie verstehen. Nicht länger als zwei Stunden sind für die Tour angesetzt. »Sehen Sie, Schloss Pillnitz«, ruft Weise und zeigt auf eine Villa in der Karl-Marx-Straße mit dunklem Schieferdach, davor stehen Säulen, Springbrunnen und Glockenturm. Das Haus erinnert tatsächlich an das Barockschloss an der Elbe. Nach der Wende wurde alles aufwendig renoviert. »Was war in dem Haus?«, will meine Freundin Flora wissen. Sie stammt aus der Nähe von Köln, ist aber in Brüssel als Tochter eines Korrespondenten aufgewachsen und strahlt von daher eine gewisse Weltläufigkeit aus. Vielleicht die Wohnung des örtlichen Stasi-Chefs? Das Parteibüro?

Ich ahne, was meine Freunde denken, obwohl ich die Antwort schon kenne. »Ein Kindergarten«, erwidert Weise und lächelt triumphierend. »Für Kinder wurde in der DDR alles getan. Warum macht man das heute nicht? Man könnte sie zu Toleranz und Demokratie erziehen«, sagt er und blickt ein bisschen provokant in unsere Gesichter.

Es macht ihm Spaß, mit den Wahrnehmungen seiner Zuhörer zu spielen. Flora und ihr Freund Till, den sein Schweizer Akzent noch verrät, obwohl er seit Langem in Berlin lebt, machen sich ihre Gedanken über den Stadtführer. Wie lebte er in der DDR? War er Dissident? Mitläufer? Täter? Kritisch oder angepasst? Weise lässt immer wieder Sätze fallen, die mal das eine, mal das andere zu belegen zu scheinen. Er kritisiert die »geschlossene Gesellschaft« der DDR, die gegenseitige Überwachung in den hübsch begrünten Hinterhöfen. Dort passte immer jemand auf, wer in welchem Hauseingang verschwand. Er lobt aber auch Helmut Kohls Einsatz für Eisenhüttenstadts Stahlwerk nach der Wende. Er, Kohl, sorgte dafür, dass ein Warmwalzwerk gebaut wurde, damit das Stahlwerk wettbewerbsfähig bleibt. »Sonst hätten hier alle Linkspartei gewählt.«

Dann wieder spricht er von »meinem Parteisekretär«, der ihn gerügt hat, als er einmal am 1. Mai die Fahne nicht rausgehängt hatte. Er ist kritisch, aber nicht zu kritisch. Später werden meine westdeutschen Freunde fest davon überzeugt sein, dass er zu DDR-Zeiten ein Oppositioneller war. Den Satz von »meinem Parteisekretär« überhören sie.

Dass ein Oppositioneller es in der DDR als Lehrer sehr schwer gehabt hätte, dass beides gar nicht zusammengehen konnte, ohne denjenigen, der es versuchte, um den Verstand zu bringen, bedenken sie nicht.

Ich erinnere mich, dass mein Lehrer zu DDR-Zeiten die berüchtigten Wehrlager in der Schule organisiert hat, in denen 15-, 16-jährigen Jungs das Schießen auf Menschen beigebracht wurde. Es war eine Art Vorbereitung auf die Armee. In der Schule warb er bei den Jungs dafür, sich länger als die üblichen eineinhalb Jahre für die Volksarmee zu verpflichten. Ich weiß nicht, wie weit das Werben ging. Ob er Sätze gesagt hat wie: »Wenn Sie später studieren wollen, dann …« Weise war jedenfalls ein treuer Genosse. Das erzählt er in großer Runde aber nicht.

Ich verstehe, warum er nach der Wende nochmal Karriere machen konnte. Er hat in beiden Systemen gut funktioniert. Er wurde 1991 zum Schulleiter befördert und baute die Schule zum Gymnasium um. Zwischen Wendehälsen und DDR-Verklärern stand er mittendrin: ein vernünftiger Pragmatiker. Er glitt mit einer geräuschlosen Eleganz vom Sozialismus zum Kapitalismus. Als Jüngere, die mit dem Systemwechsel größere Schwierigkeiten hatte, bringt mich das in einen Zwiespalt, ich bin hin- und hergerissen zwischen Bewunderung und Verachtung. Es gab solche Leute, genauso wie es Westdeutsche gibt, die gut im Osten funktioniert hätten.

Später, Tage nach der Führung, werde ich ihn allein in seinem Häuschen im Grünen besuchen. Er wird Kaffee machen und uns beiden je ein Stück Torte hinstellen. Er wird sofort anfangen zu plaudern, wird ohne ins Stocken zu geraten über die Anarchie in den neunziger Jahren erzählen, er ist es gewöhnt, dass man ihm zuhört. Aber ich bin nicht nur gekommen, um zuzuhören. Ich habe eine Frage, die ich stellen muss. Ich zögere sie hinaus, ich habe Angst davor, sie zu stellen. Meine Angst vor ihr ist vielleicht eine spezifisch ostdeutsche Angst: die Angst, das unausgesprochene Agreement zu brechen, dass wir, die Jüngeren, die Älteren nichts fragen, was ihre Vergangenheit im untergegangenen Staat in Frage stellen könnte. Als wäre es besser, keine Wunden aufzureißen. Als wäre alles schon schwer genug. In all den Jahren, die wir das unausgesprochene Agreement gehalten haben, sind die Fragen, die wir nicht gestellt haben, größer und größer geworden.

Auch jetzt, während ich all meinen Mut zusammennehme,

um sie zu stellen, scheint die unausgesprochene Frage zwischen uns weiterzuwachsen. Erst in dem unerhörten Moment, in dem ich sie stelle, klingt sie auf einmal ganz banal: Wie war es als Geschichtslehrer für ihn, die Lügen in der DDR zu unterrichten?

Herr Weise wird ganz ernst. Er legt die Kuchengabel hin und verwandelt sich. Jetzt ist er nicht mehr der Geschichtenonkel. Er verteidigt sich zunächst, sagt, dass die Unterschiede im Geschichtsunterricht nicht so groß gewesen sind. Geschichte sei wie eine Literaturwissenschaft, alles nur eine Frage der Interpretation. »Die Fakten kannte ich, nur die Interpretation war bei uns anders.« An Samstagen, wenn klar war, dass es keine Kontrolle von oben geben würde, sei er manchmal vom Lehrplan ein wenig abgewichen. Aber im Großen und Ganzen hielt er sich an die Vorgaben. Die Partei hatte immer recht. »Wenn Sie so wollen, habe ich mein Mäntelchen in den Wind gehängt«, sagt er. Es ist das einzige Mal, dass ich einen Lehrer erlebt habe, der sich selbstkritisch äußert.

Es ist nur ein kurzer Moment, ein einziger Satz, in den man viel hineinlesen kann: Enttäuschung, Selbsthass, Bitterkeit.

Ich frage ihn, ob er mit der Stasi zu tun hatte. »Natürlich«, sagt er. Er erzählt, wie die Stasi regelmäßig in der Schule ein und aus gegangen sei. Ich höre das und komme mir unglaublich naiv vor, weil ich davon nichts geahnt habe. Bevor ein Schulabgänger als Soldat an die Grenze geschickt wurde, sei seine Entwicklung als sozialistischer Bürger überprüft worden. Ob es etwas Verdächtiges gegeben habe. Ich will ihn auch nach dem Wehrlager fragen. Ich selbst habe das nicht mehr erlebt. Weil ich jung genug bin, blieb es mir erspart. Wer nicht mitmachte, wer sich weigerte zu marschieren, der konnte seinen Studienplatz verlieren. Weise versichert, dass er persönlich nie negative Berichte geschrieben habe. Aber es gab natürlich noch militärische Leiter in dem Wehrlager.

Weise, der inzwischen Mitte siebzig sein dürfte, sichert sich immer noch ab. Ich kann seine Aussagen nicht überprüfen, aber ich glaube ihm.

Die Stadtführung läuft schon eine Weile, wir stehen in der Straße der Republik, als ein tiefergelegter BMW mit schwarz getönten Fensterscheiben an uns vorbeizieht, gefühlte 90 Stundenkilometer. Ich muss lächeln, es hat sich nicht viel geändert in Eisenhüttenstadt. Ein paar aus dem Internat und ich nutzten die Straße früher als Rennstrecke und ließen nachts, wenn wir von der Disko *Eastside* kamen, die Motoren aufheulen. Das war, als ich aufgehört hatte, die Schule ernst zu nehmen.

Wir schlendern zur alten Gaststätte der DDR-Handelsorganisation *Aktivist*, dem *Akki*, wie die Hüttenstädter sagen. Dort, wo früher die Feiernden bei Wein und Steak zusammensaßen, wurden inzwischen Glaswände eingezogen, Lüftungen eingebaut, Schreibtische und Telefone hingestellt. Ein Wohnungsunternehmen hat den »Akki« vor wenigen Jahren gekauft. Die neuen Besitzer haben das alte, zerfressene Parkett herausgerissen und Auslegeware über den Boden gespannt. Trotzdem hat das Haus seine Wirkung nicht verloren.

Ich bewundere die fein getäfelten Wände, die hohen weißen Decken, von denen golden glänzende Leuchter hängen, bedächtig steige ich die Treppe in den zweiten Stock zum Tanzsaal hinauf. An der Wand hängen bunte Bilder von fröhlichen Arbeiterfrauen. In meinem Gedächtnis wird die DDR immer trister, je mehr Zeit vergeht, hier sehe ich eine andere DDR. Ich sehe den Optimismus der Aufbaujahre, die Hoffnungen, ein besseres Deutschland aufzubauen, die, als ich aufwuchs, längst zu Dogmen erstarrt waren. Ich stehe wehmütig in dem Saal und streiche mit den Fingern über die Täfelungen. Als meine Augen feucht werden, verlasse ich ihn, so schnell ich kann.

Till, der Schweizer, und Ivan, der Engländer, posieren vor dem Schriftzug »Aktivist«, sie ballen ihre Fäuste, wie sie es auf Bildern gesehen haben, und fotografieren sich gegenseitig. Würde ich das machen, würde ich als unverbesserliche Nostalgikerin gelten, wie eine PDS-Wählerin mit beigefarbenen Sandalen. Ich beneide Till und Ivan um ihre Unbekümmertheit, sie laufen durch Eisenhüttenstadt wie durch ein Museum des Kalten Krieges.

Meine Freunde werden nervös, Weise bringt ihre Vorstellungen vom Osten durcheinander. So viel Luxus in der DDR? Sie suchen nach etwas Negativem, das ihrem Bild von der Diktatur entspräche. »Wer bekam denn die Wohnungen mit Balkonen? Waren das die Fabrikdirektoren? Musste man dafür extra zahlen?« Meine Freundin Flora, bekannt für ihre bohrenden Fragen, feuert eine Salve ab. Gute Fragen, denke ich, die ich trotzdem nie gestellt hätte. Die man vielleicht nur so stellen kann, wenn man im Westen aufgewachsen ist. Im Osten sprachen wir nicht von Fabrikdirektoren.

Weise antwortet, dass durchaus zwischen der Bedeutung der Mieter unterschieden wurde. Führenden Mitarbeitern des EKO wurde schon mal ein Häuschen mit Garten vermittelt. Denn ein Häuschen im Grünen war noch begehrter als eine neue Wohnung mit Parkett und Ornamenten. Meine Freundin Flora scheint das zu beruhigen. Sie nickt. In ihrer Spießigkeit sind sich Deutschland (Ost) und Deutschland (West) sehr einig.

Für die nächste Ecke, die Saarlouiser Straße, hat Weise eine Anekdote parat, die er gern und regelmäßig erzählt. Zwischen Eisenhüttenstadt und Saarlouis im Saarland wurde 1986 die erste deutsch-deutsche Partnerschaft geschlossen. Erich Honecker soll Eisenhüttenstadt, die Vorzeigestadt, höchstpersönlich ausgesucht haben. In der ersten Delegation war auch der Lehrerchor, der kurz vor der Abreise noch schnell in Volkschor umbenannt wurde, weil das besser klang. Weise fuhr mit.

In Saarlouis hielt ihm ein Fernsehreporter ein Mikrofon ins Gesicht. Stimmt es, dass der Volkschor bis vor einer Woche Lehrerchor hieß? Weise war die Frage unangenehm. Er verwies an den Delegationsleiter. Der Reporter ließ aber nicht locker: Wie, Sie dürfen wohl nicht reden? Weise macht nach, wie er gestottert hat und nicht wusste, was er sagen sollte. Alle lachen. Weise kann auch selbstironisch sein.

Was haben Sie denn nun gesagt, Herr Weise?

Ich habe gesagt: Früher hieß der Chor wohl mal Lehrerchor.

Damit ließ er offen, wann die Umbenennung stattfand. Ein typischer Weise-Satz.

Von der Saarlouiser Straße ist es nicht weit zu meinem ehemaligen Internat, einem länglichen Flachbau, mit Zimmernummern an allen Türen. In einem der Zimmer saß ich und wartete darauf, dass etwas passierte. Das Haus ist verdeckt von einer Gruppe Koniferen. Dazwischen zerrt eine etwa hundert Jahre alte Dame mit rosa T-Shirt und rosa Jogginghose ein Hündchen hinter sich her. Auch ihr Haar schimmert rosa.

Die Führung ist fast zu Ende. Ab dem dritten Wohnkomplex ging es bergab mit der sozialistischen Architektur. Die Stalinbauten kamen aus der Mode. Es hieß nun: Baut deutsch. So kam es, dass über die Fassaden im dritten Wohnkomplex plötzlich Häschen und Schweinchen aus Holz hüpfen. Schnitzereien mit Motiven aus Grimms Märchen. Die Häuser haben nur noch drei Stockwerke, davor ein Treppchen, wie im Reihenhaus. Die Spießerrepublik DDR war geboren.

Wir beenden die Tour in der Lindenallee, Weise drückt uns die Hand, ich gebe ihm als Dank ein Buch, dann verschwindet er. Meine Freunde wollen wissen, wo meine Schule war, doch ich weiß nicht, was ich ihnen zeigen soll. Meine Schule, die Erweiterte Oberschule Clara Zetkin, gibt es nicht mehr. Die Vergangenheit ist unauffindbar.

Die Prüfung

Es war ein heißer Tag im Mai 1989, an dem die Temperaturen bis fast an die dreißig Grad kletterten, und ich trug ein Winterkleid.

Das Kleid kam aus einem goldenen Westpaket. Ich probierte es an, es passte sofort. Es war aus einem grauen Stoff, mit langen Ärmeln, rosa Stehkragen und einem Petticoat-Rock. Ich fühlte mich sicher in dem Kleid, wie eine Schauspielerin aus einem Film der vierziger oder fünfziger Jahre, die immer am Sonntagnachmittag im Fernsehen liefen. Wenn ich mich im Kreis drehte, schwang der Rock hoch. Ich hatte das Kleid zum ersten Mal bei der Jugendweihe getragen. Das Land, dem ich im April 1989 die Treue schwor, sollte sich fünf Monate später auflösen. Aber das wusste ich damals noch nicht. Mein West-Kleid sollte mir Glück bringen.

Ich stand vor dem Lehrerzimmer der EOS Clara Zetkin in Eisenhüttenstadt. Es war eine besondere Schule, zumindest für mich. Wenn ich aufgenommen würde, könnte ich im nächsten Schuljahr Französisch lernen. Für mich war die EOS Clara Zetkin die einzige Schule, an der man in der DDR Französisch lernen konnte. Später sollte ich erfahren, dass das nicht stimmte. In den größeren Städten konnte man oft zwischen Englisch und Französisch wählen.

Ich hörte Stimmen von drinnen. Mein Herz klopfte schneller. Ich hatte Angst gehabt, zu spät zu kommen. Eisenhüttenstadt lag rund fünfzig Kilometer von meinem Dorf entfernt, aber es war mir vorgekommen wie eine Weltreise.

Das Dorf, in dem ich aufgewachsen bin, ist sehr klein. Jeder kennt jeden, es gibt keine Geheimnisse. Fremde erkennt man sofort. Es gibt drei Dutzend Häuser, an jedem zweiten hängt ein Schild: Vorsicht, bissiger Hund! Mit Fremden hat man hier keine guten Erfahrungen gemacht. Nicht, dass sich besonders viele Fremde in unsere Gegend verirrten. Das Dorf liegt an einer großen Straße. Die meisten kennen es nur vom Durchfahren, eines dieser ausgestorben wirkenden Dörfer, wie es viele gibt in Brandenburg. Nichts bewegt zum Halten, keine hübsch renovierten Katen, kein Schloss, kein Bioladen.

Früher gab es einen Konsum, eine Gaststätte, eine Post, ein Pfarrhaus und eine Genossenschaft, die das Land kollektiv bestellte. Aber es wäre zu viel gesagt, wenn man behaupten würde, es wäre früher alles besser gewesen. Es ist ein armes Land, zerschunden von Jahrhunderten von Kriegen. Selbst der Adel, dem das Land früher gehörte, baute eher bescheidene Schlösser. Man lebte damals, als ich klein war, wie man vor hundert Jahren schon gelebt hatte, nur dass man nicht mehr für Gutsherren arbeitete, sondern für die Genossenschaft. Die Jahreszeiten bestimmten den Rhythmus des Lebens. Nach dem Frühling kam der Sommer, nach dem Sommer kam der Herbst und es gab im Garten immer etwas zu graben, zu säen, zu jäten.

Meine Eltern und ich wohnten in einem alten Bauernhaus. In der Küche stand ein uralter Ofen, auf dem wir Wasser heiß machten und kochten. Wenn wir uns waschen wollten, füllten wir heißes Wasser in eine gelbe Plastikschüssel. Ein Bad hatten wir Anfang der achtziger Jahre noch nicht. Im Winter wurde es bitterkalt, meine Mutter hängte Decken vor die

Fenster, aber am Morgen hatten sich innen trotzdem Eisblumen aus unserem Schweiß und unserem Atem gebildet.

Ich war ein braves, stilles Kind. Ideales Elternglück. Eines, das beim Essen am Tisch mit den Erwachsenen saß, schon früh Messer und Gabel benutzte und wartete, bis jemand sagte, dass ich aufstehen dürfe. Ich weinte höchstens, wenn ich einen Fleck auf meiner Pionierbluse hatte und ich sprach wenig. Auch mein Vater und meine Mutter waren eher stille Personen. Wir waren keine Familie, in der man sich ständig fragte, wie geht's dir, was denkst du, wie war dein Tag? Manchmal ließ meine Mutter mich mit ihr Kuchen essen und einen Romy-Schneider-Film gucken. Sie liebte Romy Schneider, Cary Grant, Marilyn Monroe. Wenn ich mich langweilte, sagte sie, geh raus, geh spielen, guck ein Buch an. Ich habe das nicht als Nachlässigkeit empfunden. Es waren die achtziger Jahre, die Zeit vor Erziehungsratgebern, Pekip-Kursen und pädagogisch wertvollem Spielzeug.

Ich ging hinaus in den Garten, kletterte auf Bäume und baute mit den Nachbarskindern Baumhäuser. Aber am liebsten war ich allein. Ich legte mich auf die Wiese und sah den Käfern und Schmetterlingen zu, ich hörte auf die Geräusche, das Summen, das Rascheln, und der Wind streichelte das Gras. Ich weiß nicht, ob Kinder das heute noch machen, im Gras liegen und den Käfern zusehen. Wahrscheinlich gibt es Workshops dafür oder Anleitungsbücher.

Am liebsten ging ich rüber zum Nachbarhaus, dort wohnten meine Oma und mein Opa. Mein Opa war, wenn ich zurückdenke, ein Anker in meinem Leben. Er kümmerte sich um ein paar Pferde, und ich half ihm dabei. Ich striegelte ihr Fell, ich fütterte sie, ich wechselte ihr Stroh. Am Wochenende nahm er mich mit auf lange Spaziergänge durch den Wald. Er lehrte mich, die Spuren von Hasen und Rehen zu unterscheiden. Er zeigte mir, welche Pilze essbar und welche giftig sind. Er brachte mir bei, dass man sich vor Wildschweinen in Acht nehmen muss, wenn sie mit ihren Jungen unterwegs sind. Mit meinem Opa wurde der Wald zu einem geheimnisvollen Ort, in dem unabhängig von uns Menschen eine verborgene Welt existierte.

Er starb, als ich neun war. Meine Mutter sagte, es habe etwas mit dem Kriegsgefangenenlager in Sibirien zu tun, in dem er während des Zweiten Weltkrieges gesessen hatte. Er war 1942 in der Nähe von Smolensk den Russen in die Hände gefallen und erst 1949 entlassen worden. Mir blieb haften, dass die Russen irgendwie schuld am Tod meines Opas waren. Ich wusste damals noch nicht, dass ich später selbst einmal in einen Feldzug nach Russland ziehen würde.

Fünf Jahre war es her, dass mein Opa gestorben war, als wir im Auto nach Eisenhüttenstadt saßen. Ich dachte an ihn, vermisste ihn immer noch. Wir passierten auf dem Weg sechs kleine stille Dörfer, die alle aussahen wie mein Dorf, mit Koniferen in den Gärten und Schäferhunden am Zaun. An einer Eisenbahnschranke mussten wir anhalten. Es dauerte eine Ewigkeit, bis sie sich wieder hob. Dann mussten wir noch einen Berg erklimmen, so kam es mir zumindest vor, als das Auto den Hügel hinaufschlich, hinter dem Eisenhüttenstadt lag.

Fremdsprachen fielen mir leicht. Ich hatte in den Jahren zuvor ein paarmal an Russisch-Bezirksolympiaden teilgenommen.

Solche Olympiaden fanden dauernd statt, und es galt als Auszeichnung, daran teilzunehmen, es gab Mathe-Olympiaden, Chemie-Olympiaden, Spartakiaden und Wettkämpfe, die »Mach's mit – mach's nach – mach's besser« hießen.

Die DDR war ein kleines Land ohne große Ressourcen, das unbedingt in der Welt anerkannt werden wollte. Als wichtigster Rohstoff galten die Menschen, es war wichtig, Talente früh zu entdecken. Auf die Herkunft kam es nicht an. Wer sich in einem Wettbewerb hervortat, wurde weiter gefördert, egal, ob man das Kind eines Lehrers oder eines Schlossers war. Es gab nicht nur die zehnklassige Einheitsschule, es gab spezielle Schulen für jedes Talent, Sportschulen, Sprachschulen und naturwissenschaftliche Schulen.

Der Staatsratsvorsitzende Erich Honecker, der schon an der Spitze der DDR stand, bevor ich geboren wurde, und dort fast bis zu ihrem Ende bleiben sollte, hatte einmal gesagt: »Jeder Junge und jedes Mädchen soll sich nach seinen Fähigkeiten entwickeln.« Leistungsdenken war Staatsräson.

Einmal hatte ich zu meiner eigenen Überraschung eine Olympiade gewonnen und einen Zwanzig-Mark-Büchergutschein als Geschenk erhalten. Den Gutschein setzte ich in ein Spanisch-Lehrbuch mit dunkelrotem Einband um. Ich saß in der Schule und konnte es nicht erwarten, mit meinem außerschulischen Programm weiterzumachen. Jeden Nachmittag setzte ich mich mit dem Spanischlehrbuch auf dem Schoß hin und schrieb mir Vokabeln heraus.

Como estas?

Yo soy bien, y tu?

Como te llamas? Yo soy Sabine.

Ich lernte kleine Dialoge und redete mit mir selbst Spanisch. Ich mochte den Klang und die Melodie der Worte. Es klang warm, melodisch, gefühlvoll. Mit jedem Wort träumte ich mich ein bisschen weiter weg aus der DDR.

Mein Deutschlehrer hielt mich für begabt. Er hatte mich eines Tages gefragt, ob ich Lust hätte, auf eine andere Schule zu gehen, die Sprachtalente fördern würde. Er erzählte von der Französisch-Klasse. Er nannte sie »Talente-Klasse«. Normalerweise gingen die Schüler in der DDR zehn Jahre gemeinsam zur Schule, danach zwei Jahre weiter bis zum Abitur. Ich würde bereits ab der neunten Klasse auf die EOS gehen. Allerdings, fügte er hinzu, müsste ich in ein Internat ziehen. Eisenhüttenstadt lag zu weit weg, um täglich zu pendeln.

Meine Zukunft im Dorf schien absehbar: Ich könnte Melkerin im Kuhstall, Verkäuferin oder Sekretärin werden, einen Traktorfahrer namens Ronny oder Maik heiraten und mit 19 ein Kind bekommen, das ich Sandy nannte. Ich träumte von Größerem. Ich wollte etwas Eigenes schaffen.

Ich dachte, wenn ich in diese Schule gehen würde, könnte ich Abitur machen, studieren, vielleicht sogar später im Ausland arbeiten. Der Gedanke war so aufregend, dass ich kaum stillstehen konnte, meine Hände wurden feucht. Ich sagte dem Lehrer, er solle mich zu der Aufnahmeprüfung anmelden. Er fragte, ob ich nicht erst meine Eltern fragen wolle. Aber ich konnte sehr überzeugend sein.

Als ich meinen Eltern von der Schule in Eisenhüttenstadt erzählte, waren sie skeptisch. Mein Vater sagte, ich sollte lieber die Schule bis zur zehnten Klasse zu Ende machen und danach in der Kreisstadt einen Beruf lernen, in dem ich gut verdienen würde. Sekretärinnen und Krankenschwestern würden immer gebraucht. Mein Vater war Dreher. Er hatte die Ideologie des Arbeiter- und Bauernstaates verinnerlicht: Akademiker galten nichts für ihn, Studieren hielt er für Zeitverschwendung.

Meine Mutter sah das anders: Ich sollte nicht auf meinen Vater hören. Weil er selbst kein Abitur habe, hätte er eine Abneigung gegenüber höherer Bildung. Meiner Mutter gefiel die Vorstellung, dass ihre älteste Tochter auf eine bessere Schule gehen sollte. Sie ließ nur die Besten gelten. Sie rezitierte beim Abwaschen gern Goethe.

Sie war die Erste in der Familie, die Abitur gemacht hatte. Wollte Richterin werden. Doch nach nur einem Jahr hat sie ihr Jurastudium abgebrochen, aus Gründen, die ich damals nie ganz verstanden hatte. Später, während dieser Recherche erst erfahre ich, dass sie unter Druck gesetzt worden war, weil sie sich in der Jungen Gemeinde engagierte. Sie war keine Dissidentin, sie ging ins Pfarrhaus, weil es dort Bücher gab und sie über Themen reden konnte, die zu Hause niemand interessierten. Trotzdem wurde sie bedroht. Sie sollte ihre politische Meinung überdenken, sonst werde sie exmatrikuliert. Meine Mutter ging, bevor man sie hinauswarf. Sie hat um diese Geschichte nie viel Wirbel gemacht. Vielleicht war sie froh, weil sie wusste, dass es sie vor schwierigen Entscheidungen bewahrte. Sie hätte Republikflüchtlinge verurteilen müssen. Oder Asoziale. Alle, die nicht in den Staat passten.

Im Rückblick verblüfft mich, dass sie dem Staat trotzdem die Treue hielt. Sie glaubte lange, dass die DDR das bessere, antifaschistische, menschlichere Deutschland sei. Dass die Härte notwendig sei. Sie verteidigte gegenüber Besuchern aus dem Westen die DDR und auch den Mauerbau.

Direkt nach ihrem Studienabbruch lernte sie meinen Vater kennen und wurde relativ schnell schwanger. Seitdem trieb sie der Ehrgeiz einer Frau, die ihre eigenen Träume in der Tochter verwirklicht sehen wollte. Ich durchschaute das früh, ohne genau zu wissen, wie ich damit umgehen sollte.

Wenn ich am Ende des Schuljahres mit einem Zeugnis nach Hause kam, prüfte sie jede Note. Sie zeigte mit ihrem Zeigefinger auf jede Zwei. Eine Drei war eine Katastrophe. Ich weiß nicht, was sie gemacht hätte, wenn ich eine Vier oder eine Fünf geschrieben hätte.

Aber ich habe das zweitbeste Zeugnis, verteidigte ich mich.

Nächstes Jahr hast du hoffentlich das beste, sagte sie.

Als es um die neue Schule ging, konnte ich den Ehrgeiz meiner Mutter für meine Sache nutzen. In der DDR war es nicht einfach, Abitur zu machen. Aus jeder Klasse wurden nur ein oder zwei Kinder zugelassen. Wenn ich an die EOS Clara Zetkin kommen würde, könnte ich Abitur machen und hätte meinen Studienplatz fast sicher. Meine Mutter überredete meinen Vater, nach Eisenhüttenstadt zu fahren. Meine Eltern saßen auf der Bank vor dem Lehrerzimmer, während ich den Flur auf und ab lief. In dieser Situation konnte ich nicht stillsitzen.

Die Tür öffnete sich, eine Frau im langen Rock bat mich in den Raum. Zwei weitere saßen hinter einem langen Tisch, davor stand ein einzelner Stuhl. Zwischen ihren Köpfen sah ich den leeren Schulhof. Es war Nachmittag, die Schüler waren zu Hause. Die Sonne schien auf den Beton.

Die Frau mit dem Rock war die Direktorin. Sie hatte graue glatte Haare, die ein Scheitel akkurat trennte. Sie trug eine graue Bluse und einen grauen Rock. Sie sah aus wie die Frauen von den Bildern nach dem Krieg, die wenig zu essen, aber viel zu tun hatten und selten in den Arm genommen wurden. Sie hieß Frau Koschke und war, wie ich später erfuhr, weit über die Schule hinaus gefürchtet. Alle hatten Angst vor ihr. Jüngere Kolleginnen, die es wagten, in Hosen oder gar Jeans zur Schule zu kommen, ermahnte sie. Andere wurden gerügt, weil sie Karten an Verwandte in den Westen schrieben. An den Klassenfeind! Ein EOS-Lehrer tat so etwas nicht. All diese Dinge wusste ich damals nicht.

Ich setzte mich hin und strich meinen Rock glatt. Meine Nervosität war mit einem Schlag weg. Ich konzentrierte mich auf die Fragen, die auf mich einprasselten.

Wie stehen Sie zur DDR? Erläutern Sie Ihren Klassenstandpunkt! Welche Funktionen hatten Sie im Gruppenrat? Lesen Sie die *Junge Welt*? Hat Ihre Familie West-Kontakte? Haben Sie einen gefestigten Berufswunsch? Sind Sie sich bewusst, was es bedeutet, zu den künftigen Kadern der DDR zu gehören?

Was das Wort »Kader« genau bedeutet, davon hatte ich keine Vorstellung. Ich wusste nur, dass man eine einflussreiche, mächtige Person ist, wenn man zu den »Kadern« zählt.

Das »Sie« irritierte mich. Nach der Jugendweihe galten Schüler als erwachsen und wurden von Lehrern gesiezt, ich hatte mich daran noch nicht gewöhnt.

Was im Rückblick wie ein Verhör klingt, war für mich eher ein Rollenspiel. Wenn ich heute an diese Aufnahmeprüfung zurückdenke, muss ich an Brigitte Reimann denken. Sie beschrieb die DDR als ein Indianerspiel für Erwachsene, mit Spähern und Fallen, Geheimnamen und -operationen, mit Aktionen und Gegenaktionen. Mir gefiel die Beschreibung. Sie traf.

Wenn man mit offiziellen Stellen zu tun hatte, musste man eine Rolle spielen. Ich war so erzogen worden, dass ich wusste, was ich sagen musste, um nicht aufzufallen. Die Phrasen gingen mir leicht von den Lippen. Dass wir zu Hause West-Fernsehen guckten und dass ich Erich Honecker für eine Witzfigur hielt, behielt ich für mich.

Wer damals aufwuchs, der wusste instinktiv, dass die eigene Meinung niemanden interessierte, niemanden zu interessieren hatte und sogar gefährlich werden konnte. Ich hatte mir das nicht ausgedacht, ich kannte es nicht anders. Mir fiel, wie den meisten meines Alters, auch nicht ein, was ich ändern sollte. Erst später, nach der Wende, sollte ich merken, wie sehr mich die DDR geprägt hatte. Dass das politisch-gesellschaftliche Indianerspiel mehr als ein Spiel war.

In der Aufnahmeprüfung ging es mir einzig und allein darum, an dieser Schule aufgenommen zu werden. Das war die erste Etappe auf dem Weg dahin, etwas Großes zu schaffen. Die zweite Etappe würde das Studium sein. Ich erzählte, dass ich später gerne im Ausland arbeiten würde. Vielleicht für die *Wochenpost*, das war eine Zeitung, die bei uns zu Hause immer herumlag und die man, anders als die meisten Blätter, auch lesen konnte. Die Lehrer machten sich eifrig Notizen. Frau Koschke fragte, ob ich denn auch regelmäßig die *Junge Welt* las, das Zentralorgan der FDJ?

Ja, log ich. Selbstverständlich.

Hat Ihre Familie West-Kontakte, hakte die Direktorin nach. Ich zupfte an den Ärmeln meines Kleids aus dem West-Paket, dachte an Onkel Ulf aus Hamburg, der uns im Sommer besuchte. Sollte ich erzählen, wie er sich in den Liegestuhl unter die Kirschbäume legte, sich Kuchen, Bier und Kartoffelsalat servieren ließ und immerzu rief: »Kinder, geht's uns nicht gut?« Sollte ich erzählen, dass selbst Kapitalisten aus Hamburg sich in unserer kleinen DDR wohlfühlten? Ich merkte, dass die Lehrer auf meine Antwort warteten.

Nein, keine West-Kontakte. Ich lächelte schief.

Meistens war es in der DDR besser, sich zu schützen.

Zwei Wochen später kam ein Brief aus Eisenhüttenstadt. Es war der bis dahin schönste Tag in meinem Leben. Ich hatte die erste Etappe genommen. Ich war auf Kurs. Und dann kam alles erst mal anders.

Das Haus der jungen Talente

Sommer 2012. In der Mitte von Eisenhüttenstadt klafft ein Loch. Wo früher der siebte Wohnkomplex stand, liegt nun eine Brache. Die Häuser wurden abgerissen, die Menschen, die dort noch wohnten, umgesetzt, wie man so sagt. Als Nächstes kommt der sechste Wohnkomplex dran. Mehrere Blöcke stehen schon leer. Ein Abrisskran reißt die Plattenbauten ab, das Haus zerbröselt, als wäre es aus Teig. Ich mache ein paar Fotos, um die Vergangenheit festzuhalten. Der Abrissbagger rückt immer näher an meine alte Schule. Bald wird sie auch verschwinden.

Als der sechste und siebte Wohnkomplex in den siebziger Jahren entstanden, war von dem Optimismus der sozialistischen Gründerväter nichts mehr zu spüren. Die Bauherren gaben sich keine Mühe mehr, es musste schnell gehen und billig sein. Alle Gebäude wurden aus denselben Platten zusammengesetzt, die Wohnhäuser, die Kindergärten, die Schulen. Jetzt kommt der Kran und reißt alles wieder ab.

Ich blicke auf einen der Flachbauten. Die rostrote Farbe blättert ab, es sieht aus, als wäre die Schule eilig verlassen worden, wie nach einem Katastrophenfall, einer Epidemie. Aber es war nur die Wende.

In Fenstern scheinen noch dieselben Gardinen und dieselben Basteleien zu hängen wie damals, als wir Anfang der neunziger Jahre umziehen mussten. Ist das dort nicht eine

Friedenstaube, die am Fenster klebt? Ich habe sofort wieder das Lied im Kopf, »Kleine, weiße Friedenstaube«.

Die Wände sind mit Graffiti besprüht, »Skin Girls Eisenhüttenstadt« steht an der Wand. Das hätte es früher nicht gegeben. Die Direktorin hätte uns mit Schrubbern zum Putzdienst geschickt. Die Direktorin lebt nicht mehr in Eisenhüttenstadt, und ihre Schule ist längst geschlossen. Alles wirkt verlassen. Durch die Risse in den Betonplatten wächst Gras.

Ich suche nach der Kaufhalle, in der ich im Sommer 1990 nach der Währungsunion zum ersten Mal mit Westgeld einkaufte. Doch dort, wo sie stand, klafft auch ein Loch. Ich laufe ein paarmal um die leerstehenden Blöcke und kann es nicht fassen. Ich finde sie tatsächlich nicht mehr. Ich finde überhaupt kein Geschäft, nicht mal ein Café oder einen Kiosk. Vermissen das die Leute, die hier wohnen, nicht?

Immerhin, das Internat, in das ich 1989 zog, steht noch. Der Block ist grau und schmucklos, wie früher. Er stimmt mich komischerweise heiter, dieser ehrliche Plattenbau, der nicht vorgibt, etwas Besseres zu sein. Es ist früher Nachmittag, aus den Fenstern hängen Köpfe, als gebe es etwas zu sehen.

Ein Typ, Jogginghose, Kippe im Mund, ruft zu einem der Fenster nach oben: Was is' los?

Eine andere Stimme erwidert: Ick koch mir watt, danach muss ick zum Arbeitsamt.

Ist das die Möglichkeit: Kaum steht man zwei Minuten hier, erlebt man so eine Klischee-Szene. Man könnte sich umdrehen, wieder zurück in den Westen oder nach Berlin fahren und dann wäre diese Szene alles, was vom Osten bliebe.

Ein Mann steigt aus einem Auto mit der Aufschrift »Hausmeisterdienst Fleißiges Bienchen«. Er schleppt zwei Eimer in das Haus. Ich gehe entschlossen auf ihn zu und erzähle dem Mann, dass ich vor über zwanzig Jahren hier gewohnt habe. Ich würde gern noch mal ins Haus hineinschauen. Er zögert keine Sekunde und kommt meiner Bitte gern nach. Er öffnet die Tür, ich trete hinein. Es ist dunkel und ich stehe in dem kühlen, stillen Flur vor einem rot angestrichenen Metallkasten, an den ich mich nicht erinnere. Das Fleißige Bienchen plappert los: »Die haben hier einen Fahrstuhl reingebaut und da hamse natürlich gleich auf die Miete raufgeschlagen. 420 zahlen wir für die kleinen Buchten. 57 Quadratmeter, kein Fenster im Bad und in der Küche. Die ham neue Fenster reingemacht, sonst ist alles gleich geblieben.«

Jetzt merke ich es. Es riecht noch immer wie früher, die Mischung aus Putzmitteln, Beton und kaltem Essen. Wie es das geben kann, nach all den Jahren. Die Putzmittel riechen doch heute ganz anders.

Ich sehe mich mit meiner Reisetasche nach oben laufen, ein Mädchen vom Land, das sich gerade Locken hatte machen lassen, ein großer Fan der Dauerwelle. Ich ging in den dritten Stock rechts. Ich bedanke mich bei dem Fleißigen Bienchen und mache die Tür hinter mir zu. Ich atme aus.

Ich mochte das Haus anfangs nicht. Es glich einer großen Bienenwabe, vollgestopft mit bedrohlich fremden Menschen, die treppauf und treppab liefen. Die Erzieherin brachte mich in die Wohnung im dritten Stock. Ich hatte eine Reisetasche dabei, Kleider für sechs Tage, Schulhefte, Federtasche, Schulbücher, ein Buch des Schriftstellers Guy de Maupassant. Ich sollte ja Französisch lernen und er war der einzige Franzose, den ich kannte. Er sollte mir in meiner neuen Heimat Gesellschaft leisten. Früher hatte ich Abenteuerromane gelesen. Jules Verne, Karl May, Mark Twain. Erst kürzlich hatte ich im Regal meiner Tante die klassischen französischen Romanciers entdeckt. Ich verschlang die Bücher. Ich las überall, an der Bushaltestelle, im Bus, unter der Schulbank. Die Werke von Maupassant und Flaubert eröffneten mir eine neue Welt, voller interessanter Menschen, exotischer Orte, ungekannter Abgründe. Mich faszinierte, wie frei die Menschen sich bewegten, wie sie ihren Gelüsten und Wünschen nachgingen, ohne Vorschriften und Regeln.

Ich hatte als Kind oft das Gefühl zu spät geboren worden zu sein, die interessanteste Zeit der Weltgeschichte, das 19. Jahrhundert, verpasst zu haben.

Im September 1989, als Tausende junger Menschen, nur wenig älter als ich, in der westdeutschen Botschaft in Prag ihre Ausreise erzwingen wollten, zog ich vom Dorf in die Stadt. Eisenhüttenstadt ähnelte der DDR im Kleinen, die Stadt war ein Traum junger Leute gewesen. Zwei Generationen später glich sie einer Betonwüste.

Ich war, so kam es mir vor, schon wieder zu spät gekommen.

Als mich meine Eltern nach Eisenhüttenstadt gefahren hatten, war ich plötzlich von einer Angst erfasst worden. Ich fragte mich, auf was ich mich da eingelassen hatte, als ich mich um einen Platz an der Schule beworben hatte.

Ich war ein Landkind, relativ frei aufgewachsen, ich hatte Angst vor Fremden. Und jetzt sollte ich die ganze Woche allein bleiben, mit lauter Fremden? Würde ich Freunde finden? Wie streng würden die Lehrer sein?

Ich wurde mit drei anderen Neuen in ein Viererzimmer einquartiert. Es war spartanisch eingerichtet. Vier Betten standen in den Ecken, dazu ein Schrank, in der Mitte ein großer Tisch, an dem wir die Hausaufgaben machen sollten. Es war ungewohnt, mit drei Fremden das Zimmer zu teilen, aber die anderen sahen genauso schüchtern und unsicher aus wie ich. Nancy, Jacqueline und Ina. Nancy schleppte einen Kassettenrecorder aus dem Westen. Jacqueline hatte auch eine Dauerwelle.

Vier ältere Mädchen schlenderten durch das Wohnzimmer, unser Zimmer, als wären wir gar nicht da, und stellten sich auf den Balkon. Sie rauchten. Später kamen sie wieder durch und musterten uns ein wenig verächtlich, wie ich fand. Welche Klassenlehrerin habt ihr?, fragte ein hübsches Mädchen mit dunklen, lockigen Haaren.

Ich sagte: Frau Wilke.

Die Lockige sagte: Oh.

Die Älteren tauten allmählich auf, warnten uns vor dieser Frau Wilke, sie sei unnahbar, kühl. Der beste Lehrer der Schule, das sei ein gewisser Herr Weise, der Geschichtslehrer. Ich hörte aufmerksam zu und merkte mir alles.

Ich fand die Stadt und das kühle Neue an ihr am Anfang unangenehm. Die Wohnungen waren zwar heller und moderner als das Bauernhaus meiner Eltern, es kam fließend warmes Wasser aus der Wand und es gab eine richtige Toilette. Aber das Alte, Charakteristische vermisste ich. Hier gab es keine Tradition, keine Romantik. Nur Beton.

In der Schule ging es so streng zu, wie mein alter Deutschlehrer prophezeit hatte. Der Staat zerfiel, der Führung rannte das Volk davon, doch die Lehrer in Eisenhüttenstadt ließen sich davon nicht beeindrucken. Die Produktion kleiner sozialistischer Persönlichkeiten musste weitergehen. »Wir weinen ihnen keine Träne nach«, sagte Honecker über die Ausreisenden.

In meiner alten Schule im Dorf konnte man damals schon mal mit der *Bravo*, die Oma aus dem Westen geschmuggelt hatte, unterm Arm herumlaufen. In der neuen Schule hätte man dafür einen Schulverweis bekommen.

Dauernd mussten wir zu Fahnenappellen antreten. Wir standen auf dem Schulhof, Befehle wurden gebrüllt.

Links. Rechts. Stillgestanden.

Hunderte Münder gelobten, dass die Ausbeutung und Unterdrückung der Arbeiterklasse eines Tages ein Ende haben würde.

Die Lehrer forderten viel. Der Deutschlehrer ordnete einen Aufsatz über Büchners *Woyzeck* an, der Biologielehrer fragte die Grundlagen der Photosynthese ab, die Russischlehrerin wollte Gedichte über die heroischen Taten der Sowjetmenschen im Großen Vaterländischen Krieg auswendig hören. Ich hatte Mühe, mitzukommen. Nur Französisch und Englisch fielen mir leicht. Unsere Englischlehrerin, Frau Mai, war etwa 26 Jahre alt, sie war in ihrem Leben noch nicht in England oder in Amerika gewesen, all ihr Wissen stammte von einem gewissen Peter aus Birmingham, der sie in Leipzig am Sprachinstitut unterrichtet hatte, aber das schmälerte nicht ihre Begeisterung. Sie machte alles ein wenig anders. Bei ihr durften wir verbotene Musik hören, die Pet Shop Boys und Michael Jackson. Danach übersetzten wir die Liedtexte gemeinsam.

Die Tage im Internat folgten einer festen Struktur, fast wie in einer Kaserne. Wir lernten zehn bis zwölf Stunden am Tag. Alles war geregelt, nichts wurde dem Zufall überlassen: 6:00 Uhr wecken, 6:45 Uhr Frühstück, 7:00 Uhr Schulbeginn, 15:00 Uhr Hausaufgaben, 17:00 Uhr Sport, 18:00 Uhr Abendessen, 22:00 Uhr Nachtruhe. Freizeit war nicht vorgesehen.

Regelmäßig wurden wir zum Tagesdienst eingeteilt. Da musste man wie ein Pförtner am Eingang sitzen und den Verkehr bewachen. Es gab auch ein Hausbuch, in das sich jeder von uns eintragen musste, wenn wir das Internat betraten oder verließen. Ich fügte mich den Regeln, die im Internat galten, automatisch, ich war es gewohnt, nicht aus der Reihe zu tanzen.

Manchmal vermisste ich es, allein mit meinen Gedanken und Träumen zu sein. Im Internat war man nie allein.

Aus meiner Klasse lebten acht Mädchen im Internat, wir waren alle neu und alle zum ersten Mal von zu Hause weg. Ich lernte Ina und Marlene kennen. Sie trugen riesige Hornbrillen und sahen aus wie Schwestern, eine blond, eine brünett. Sie kamen aus Berliner Vororten, was man ihnen sofort anmerkte. Sie waren in allem schon etwas weiter, jede auf ihre Art. Ina hörte The Communards, eine Band, von der ich noch nie gehört hatte, und sprach schon etwas französisch, weil sie in Berlin Privatstunden genommen hatte. Marlene war stiller, sie mochte Computer und beherrschte die Programmiersprache Turbo Pascal.

In den ersten Tagen stand Frau Schinke, die Internatserzieherin, Punkt drei in unserem Zimmer im dritten Stock und scheuchte uns von unseren Betten: »Hausaufgabenzeit«, krähte sie. Ich beobachtete, wie sie dastand, die Hacken zusammengeschlagen, die Hände auf dem Rücken gefaltet. Frau Schinke war klein, drahtig, mit kurz geschnittenen, rötlichen Haaren. Sie war im Alter meiner Oma, hatte ansonsten aber gar nichts Omahaftes an sich. Sie war Sportlehrerin und als Erzieherin ans Internat versetzt worden. Ich weiß nicht, ob sie Kinder hatte, jetzt steckte sie jedenfalls all ihren erzieherischen Ehrgeiz in uns. Sie hatte eine Wohnung im ersten Stock, in der sie nur schlief. Die restliche Zeit rannte sie umher und pflügte durch das Internat. Ihr Lieblingsspruch war: »Wer rastet, der rostet.« Sie hätte ebenso gut an einer Schule der zwanziger oder dreißiger Jahre funktioniert.

Wir sprangen von unseren Betten auf und setzten uns an den Tisch. Sobald die Erzieherin weg war, schaltete Nancy ihren Recorder an und wir hörten Roxette. Komischerweise nahm uns die Internatsleiterin den Recorder nie weg. Kassetten waren erlaubt. Wir machten Witze über Frau Schinke und ihre Kontrollwut. Wahrscheinlich schnüffelte sie in unseren Sachen, wenn wir in der Schule waren. Später merkten wir, dass sie ganz in Ordnung war. Sie konnte fürsorglicher sein, als ich ihr auf den ersten Blick zugetraut hatte. Wenn eine von uns Fieber hatte, machte sie Wadenwickel.

Nach einer Weile fing ich an, die Bienenwabe zu mögen. Wenn ich an das Internat zurückdenke, denke ich nicht an Kontrolle und Druck, sondern an die Schlupflöcher, die wir schufen, die kleinen Tricks, mit denen wir ausbrachen.

An die kleinen Freiheiten, die wir uns eroberten. Obwohl West-Fernsehen verboten war, verpassten wir keine Folge von »Alf«, dem zotteligen Außerirdischen vom Planeten Melmac, der Katzen für eine Delikatesse hielt und auf der Erde bruchlandete. Die Sitcom über sein Leben bei einer amerikanischen Familie lief damals im ZDF und war Pflichtprogramm im Internat.

Die Anziehungskraft eines zotteligen Außerirdischen war größer als die von Frau Schinke, der Repräsentantin des Staates, zu dessen vielversprechendem Kadernachwuchs wir gehören sollten. Das sagte eigentlich schon alles.

Wir hatten ein ausgeklügeltes Kettensystem. Eine saß direkt neben dem Fernseher am Schaltknopf, die nächste stand an der Tür, um nach Schritten zu horchen. Sobald sie die Erzieherin hörte, wurde umgeschaltet. Wenn Frau Schinke den Raum betrat, lief die »Aktuelle Kamera«, »Du und dein Garten« oder sonst irgendeine Sendung, von der Frau Schinke ahnen musste, dass sie 15- und 16-Jährige nicht interessieren konnte. Aber auch sie spielte mit.

Es ging einzig und allein darum, die Rollenverteilung aufrechtzuerhalten. Die DDR – ganz großes Volkstheater. Manche Rollen sollten noch sitzen, als die DDR schon Geschichte war.

Ich lernte gern, das hatte mich in der alten Schule zu einer Außenseiterin, heute würde man sagen, zu einem Nerd gemacht. Hier waren die meisten wie ich. Wir waren uns ähnlich. Wir kannten niemanden in der Stadt, das schweißte uns zusammen. Es war nicht wichtig, ob unsere Eltern Lehrer, Ärzte oder Schlosser waren. Wir hielten zusammen, wenn es Ärger gab. Wir halfen uns bei den Hausaufgaben, wir trösteten die, die traurig waren. Wir teilten unsere Geheimnisse und Sorgen, unsere Vorlieben und Vorsätze. Vom ersten Tag an gab es ein Wir, ein Gemeinschaftsgefühl, das ich vorher nicht gekannt hatte.

In unserer freien Zeit lagen wir auf unseren Betten und feilten an unseren Einträgen in Nancys Steckbriefheft. Das war, neben dem Fernsehen, die andere Art, dem Alltag zu entfliehen. Sie hatte das Heft mit Sprüchen verziert: »Ärgere nie deinen Lehrer, denn du weißt nie, wie er wirklich ist!«, »I love lambada«, »Ich glaub, mich schubst ein Ufo!« Drumherum grinsen Gesichter von Stars, die heute längst vergessen sind: Robin Beck, Richard Marx, Mandy Smith, Martika.

Ich weiß nicht mehr, ob Nancy deren Musik wirklich mochte, oder ob sie die Gesichter nur aufgeklebt hatte, weil sie als Sticker in ihrer *Bravo* steckten. Jede westliche Symbolfigur galt als cool, selbst Mandy Smith, ein One-Hit-Wonder aus England. Wie weit wir uns von der DDR schon entfernt hatten. Noch während wir zu sozialistischen Persönlichkeiten erzogen werden sollten, suchten wir im Westen nach Leitbildern.

Mittendrin steht: »Steckbriefheft, Kl. 9, Eisenhüttenstadt«. Wir inszenierten uns wie kleine Popstars, wir nennen unsere Lieblingsfilme, unsere Lieblingsbands, unser Lieblingsessen.

Erster Eintrag, 27.9.1989, Name: Karina, 15 Jahre, Augenfarbe braun, Haarfarbe braun, Gewicht 45 Kilo. Hobbys: Radeln, Lesen, Sticken. Lieblingsessen: Broiler, Frikassee, Spaghetti. Lieblingsgruppe: Bon Jovi, a-ha, Duran Duran. Lieblingssänger: Billy Idol, Herbie. Lieblingssängerin: Cyndi Lauper, Whitney Houston. Lieblingsfilm: Die 2, Magnum.

Ich schrieb meinen Eintrag am 9. Oktober 1989, acht Tage, bevor der Staatsratsvorsitzende Erich Honecker von all seinen Ämtern zurücktrat, einen Monat, bevor die Mauer fiel. In meinem Eintrag ist keine Rede von den Veränderungen, die im Land vor sich gingen. Gleichaltrige in Berlin rannten auf die Straße, zündeten Kerzen an, doch in Eisenhüttenstadt bekam ich von den Montagsdemonstrationen nichts mit.

Trotzdem sind zarte Andeutungen des Wandels zwischen den Zeilen zu lesen. Bands oder Filme der DDR spielten für uns keine Rolle mehr.

Wie man die Zerrissenheit, die uns immer begleiten würde, schon damals hätte sehen können: Wir liebten Broiler und Bon Jovi, unsere Körper waren noch im Osten, die Köpfe schon im Westen. Ich schrieb:

Name: Sabine, 15 Jahre, Augenfarbe blau, Haarfarbe braun, Gewicht 53 kg, Hobbys: Lesen, schreiben. Lieblingsessen: Frikassee, Eis, Pommes. Lieblingsfilm: Harem (mit Ben Kingsley). Lieblingsgruppe: Erasure, Eurythmics. Lieblingssänger: Weiß der Geier. Lieblingssängerin: Tiffany.

Es ist, glaube ich, nicht nötig zu sagen, dass ich mich nicht besonders gut mit Popmusik auskannte. Zu Hause lagen nur Platten von Wagner, Strauss und Beethoven, aus den Glanzzeiten der Oper. Ich mochte klassische Musik und hörte sonst nur, was im Radio lief.

Mein erstes Album, für das ich Geld bezahlt habe, war »Forever Young« von Alphaville, allerdings erst sechs oder sieben Jahre, nachdem es 1984 in Westdeutschland erschienen war. Im Sommer 1989 summten alle den Song »I Think we're Alone Now«, es war ein Remake eines Hits aus den Sechzigern, den eine junge Kalifornierin namens Tiffany vortrug. Ich glaube, ich mochte diese Tiffany gar nicht besonders.

In dem Video tanzte sie überall herum, in einem Einkaufszentrum, am Strand, im Auto, vor einem Flugzeug. Ich hasste es, wie ausgelassen und unbeschwert sie wirkte, als ob es toll wäre, jung zu sein. Ich war eine jener 15-Jährigen, die es nicht erwarten konnten, erwachsen zu werden. Ich trug trotzdem Tiffany ein, weil mir niemand anders einfiel.

So vergingen im Internat die Wochen. Unser Land zerfiel, und wir flüchteten uns in eine Art Facebook-Profil. Im Rückblick ist das Steckbriefheft ja nichts anderes als ein analoges Facebook. Wir wollten längst nicht mehr als Kollektiv wahrgenommen werden, sondern als individuelle Charaktere.

Die letzte Frage im Steckbriefheft lautete: *Berufswunsch?*

Die künftigen sozialistischen Persönlichkeiten träumten von bürgerlichen Berufen. »Unternehmer«, schrieb Ina. »Rechtsanwalt«, trug Conny ein. Ich schrieb: »Journalistin«.

Am besten gefällt mir Anjas Eintrag. Anja schrieb: »Über Indianer forschen und einmal 2–3 Monate mit Indianern leben«. Sie hatte längst begriffen, wie die DDR funktionierte, es war ein Indianerspiel.

Die Tränen des Cowboys

24 Schüler gingen in die Klasse 9a, sie zerfiel in zwei gleich große Teile, die nie recht zusammenwachsen wollten, die Internatler und die Eisenhüttenstädter. Der Graben zwischen den Stadtkindern, für die sich mit dem Schulwechsel nicht viel verändert hatte und den anderen, für die etwas Neues begann, schloss sich nie. Wir hielten Abstand, freundeten uns nur mit Einzelnen an.

Eine von ihnen war Conny. Conny sah mit 14 aus wie zehn, sie war klein, mit einem schmalen, langen Gesicht, aber sie schien so viel erwachsener als ich. Conny nahm mich mit ins *Trockendock*, einen Jugendklub am Kanal. Es war eine düstere Garage, die Musik war überraschend fortschrittlich und elektronisch, Anne Clark und solche Sachen. Es gab Gruftis da, die ihre Augen schwarz geschminkt hatten und schwarze lange Kutten trugen. Sie tanzten, drei Schritte vor, drei Schritte zurück. Das war gewöhnungsbedürftig, so etwas hatte ich noch nicht gesehen.

Noch etwas unterschied Conny und mich. Ich interessierte mich nicht für Politik. Ich nahm die Unzulänglichkeiten des Staates hin wie Naturkatastrophen, die man nicht ändern konnte.

Ich hielt mich pflichtbewusst an die Regeln.

Conny liebte die DDR, verteidigte sie gegenüber westdeutschen Verwandten, aber wenn ihr etwas nicht passte, dann schluckte sie das nicht herunter. »Man muss aufstehen und sagen, was falsch ist an dieser Welt«, schrieb sie als ihr Lebensmotto in das Steckbriefheft. Es waren nicht nur leere Worte. Manchmal, wenn ihr ein größerer Schüler widersprach, kletterte sie auf einen Tisch und stritt weiter. Ich hörte ihr bewundernd zu. Sie konnte gut diskutieren. Während ich noch überlegte, Argumente hin und her wog und zu keinem Schluss kam, hatte sie schon eine Meinung. Sie war die Kleinste und die Mutigste in der Klasse. Bei ihr zu Hause diskutierten sie auch dauernd. Das kannte ich nicht.

Meine Eltern waren vorsichtiger. Alles wurde verklausuliert und flüsternd in Andeutungen verpackt. Manchmal verstummten sie plötzlich, wenn ich den Raum betrat.

Einmal hatte es im Dorf Ärger gegeben, weil mein Vater aus der Gewerkschaft ausgetreten war. Die Mitgliedschaft in der Gewerkschaft war in der DDR Pflicht, doch mein Vater war ein Einzelgänger, er hasste den Kollektivdruck. Er wollte so wenig Berührungspunkte wie möglich mit dem Staat. Sein Austritt hatte Folgen: Erst kam die Gewerkschaftstante, dann kam der ABV, der Abschnittsbevollmächtigte, eine Art Dorfpolizist, ein Typ, der auf dem Moped in Uniform nach Hause knatterte, nachdem er aus der Kneipe kam. Er saß in unserem Wohnzimmer und redete auf meinen Vater ein: Er schade dem Kollektiv. Doch mein Vater konnte stur sein, und der ABV zog erfolglos wieder ab. Mein Vater wurde nie wieder bedrängt. Meine Eltern konnten nicht verhindern, dass ich die Auseinandersetzung mitbekam. Danach zischte meine Mutter in meine Richtung, dass ich das, was ich hier, in diesem Raum, gehört hatte, auf keinen Fall draußen erzählen durfte. Es gab drinnen und draußen.

Gleich am Anfang des Schuljahres in Eisenhüttenstadt gab es Ärger. Conny hatte eine führende Position in der FDJ.

Dort hatte sie in einer Sitzung einen Witz erzählt. Es war die Zeit, in der viele Witze über das alte Politbüro machten. »Was hat vier Beine und sechzig Zähne? Ein Krokodil. Und was hat sechzig Beine und vier Zähne? Das Politbüro«, sagte Conny.

Es war kurz still, einige grinsten, dann ging der Sitzungsleiter zum nächsten Thema über. Am nächsten Tag musste Conny zu Frau Koschke, der gefürchteten Direktorin. Sie nannte Conny eine Staatsfeindin und drohte ihr damit, dass sie von der Schule fliegen würde. Sie sei auf dem falschen Weg und solle Selbstkritik üben, schärfte ihr die Lehrerin ein. Das Gespräch verschlug Conny für einige Tage die Sprache.

Sie erinnert sich heute, viele Jahre später, an die Wirkung des Gesprächs:

»Das Allerschlimmste an all dem war für mich, dass ich mich zunächst nicht traute, zu Hause davon zu erzählen, weil ich mir und meinem losen Mundwerk die Schuld an meiner Misere gab. Auch beschäftigte mich lange, dass die Direktorin es sogar geschafft hatte, dass ich mich vor meinen Eltern schämte. Mein Elternhaus war ein offenes und diskutierfreudiges; es bestand eigentlich keine Veranlassung, diesen Schlag in die Magengrube vor meinen Eltern geheim zu halten. Tage später erst erzählte ich am Abendbrottisch davon, als ich glaubte, die Wogen hätten sich etwas geglättet. Meine Eltern waren hell empört von den Anschuldigungen, dem Druck und der Einschüchterung, denen ich ausgesetzt gewesen war und gleichzeitig auch davon, dass ich erst so spät alles erzählte. Ihre unumschränkte und sofortige Unterstützung vertrieb meine allerletzten Zweifel daran, dass ich Opfer und nicht Täter war. Das gab mir Halt und Zuversicht zurück«, schreibt mir Conny in einem Brief.

Die Geschichte, dass sie wegen eines Witzes von der Schule fliegen sollte, verbreitete sich schnell und sorgte für Unruhe. Ich bekam noch mehr Angst, wich Connys Blick aus. Ich hatte Angst, dass mein Pflichtbewusstsein, mein Anpassungsvermögen irgendwann nicht mehr reichen würden.

Conny war schnell über den Vorfall hinweg. Die Direktorin, Frau Koschke, wollte sie bloß verwarnen, ein Exempel statuieren, damit hatte sie uns anderen schon genug Angst eingejagt. Zur Feier des 40. Geburtstags der Republik am 7. Oktober 1989 durfte Conny mit einer Delegation von FDJlern nach Berlin fahren. Das Mädchen, das eben noch als Staatsfeindin galt, marschierte am 7. Oktober fähnchenschwenkend an der Tribüne mit Erich Honecker und Michail Gorbatschow vorbei.

So war die Zeit, voller Widersprüche.

Nach außen hin verbargen die Lehrer im Herbst 1989 ihre Zweifel, im Lehrerzimmer redeten sie schon offener. Lehrer an der EOS galten als Autoritäten, als Vorbilder und Repräsentanten des Staates, nur die Überzeugtesten durften hier unterrichten.

Das Verbot der Zeitschrift *Sputnik* hatte viele aufgeschreckt. Die deutschsprachige Ausgabe des Magazins hatte über Veränderungen berichtet, die Michail Gorbatschow in der Sowjetunion bewirkt hatte, die DDR-Bürger lasen darin auch erstmals über die Verbrechen Stalins. 1988 verbot die SED die Auslieferung des Magazins. Unter den Lehrern in Eisenhüttenstadt schlug die Nachricht ein wie eine Bombe. Etliche Lehrer waren empört darüber. Etwas geriet in Bewegung.

Seit Mitte der achtziger Jahre durfte man in Ausnahmefällen zu runden Geburtstagen von Verwandten reisen. Eigentlich gehörte es sich nicht, als EOS-Lehrer in den Westen zu fahren. Die Parteisekretärin an der Schule sah das nicht gern, sie drohte, sprach von Verrat, aber ihre Macht schwand. In den letzten zwei Jahren vor der Wende stellten mehrere Kollegen Besuchsanträge. Davon durfte außerhalb des Kollegiums niemand erfahren. Drinnen und draußen, die Unterscheidung galt auch hier.

Auch unsere Lehrer, ihren Worten nach stramme Kommunisten, spielten ihre Rollen im Indianerspiel. Sie sprachen die Texte, die ihnen das Drehbuch vorgab, schimpften auf den Klassenfeind und verboten Westfernsehen. Und spürten doch den Widersinn des Spiels am eigenen Leib. Die einen schienen sich aufzuteilen, spielten professionell ihre Rolle weiter und reisten privat und heimlich in den Westen, grandiose Schauspieler auf der Schulbühne, die ein Doppelleben führten.

Anderen gelang das Doppelspiel nicht, sie ließen auch uns gegenüber Kritik durchblicken, eckten damit bei der Schulleitung an und rieben sich, unbemerkt von uns Schülern, an den Konflikten auf, bis sie daran zu zerbrechen drohten. Wieder andere versuchten das Spiel mit letzter Konsequenz durchzuhalten bis zum Schluss, sie sprachen und glaubten die leeren Parolen noch, als die Kulissen um sie herum mit dem Staat in sich zusammenbrachen. Meine Klassenlehrerin, Frau Wilke, war so eine, sie nannte Erich Honecker in einer Elternversammlung im Herbst 1989 sogar noch »den Landesvater«. Tausende flüchteten über Ungarn aus der DDR, und meine Klassenlehrerin kommentierte das mit den Worten: »Warum sagt der Landesvater denn nichts?« So rief sie über die Köpfe der verdutzten Eltern. So erzählt es meine Mutter. Frau Wilke kann sich daran nicht mehr erinnern. Selbstschutz der Psyche, vielleicht.

Landesvater, das bedeutete Volkstümlichkeit, Nähe, Wärme. Nichts davon erzeugte Honecker. Honecker war ein Apparatschik, eine Witzfigur. Niemand, der sich nicht absolut lächerlich machen wollte, nannte ihn Landesvater. Wenn man heute von Honecker als Diktator spricht, kann ich das nicht mit dem Bild zusammenbringen, das ich damals von dem Mann hatte, der in jedem Klassenzimmer hing. Er schien so gefährlich wie ein Opa, der sein Gebiss vergessen hatte.

Wie er beim 40. Geburtstag der Republik auf der Bühne stand und winkte, als würde er wirklich glauben, die Menschen würden ihm zuwinken, sah er aus wie ein Mann, der aus der Zeit gefallen war. Die Menschen hatten »Gorbi, Gorbi« gerufen. Sie winkten Michail Gorbatschow zu.

Auch das Internatsleben war nach den Regeln der Planwirtschaft organisiert. Selbst das Putzen wurde generalstabsmäßig angegangen. Wir lernten früh, dass man seinen Dreck selbst wegräumen muss. In jeder Wohngemeinschaft hing ein Zettel, der regelte, wer wann Bad, Flur und Küche sauber machte. Am beliebtesten war der Flur, der war klein.

Am Ende des Putztages ging die Erzieherin Frau Schinke mit einem Komitee von zwei Schülern durch die Räume. Ihre Inspektionen waren gefürchtet. Sie vergab Punkte, drei, zwei, einen oder null. Am Ende des Jahres bekam das Putzkollektiv mit den meisten Punkten eine Schachtel Konfekt. Die Jungs-WG bewertete sie stets besser. Die Jungs mussten nur ordentlich Staub saugen, schon bekamen sie drei Punkte. Donnerstag war Putztag. Der 9. November 1989 war ein Donnerstag.

Ich putzte nicht gern, mochte die Donnerstage aber trotzdem, denn sie vergingen schneller als andere Schultage. Erschöpft vom Wischen lagen wir an jenem Donnerstag zeitig im Bett, hörten Musik und redeten über unsere Pläne fürs

Wochenende. Wir ahnten nicht, dass uns das wahrscheinlich aufregendste Wochenende unseres Lebens bevorstand. Die großen Ereignisse kündigten sich nur vorsichtig an. Wir hörten Rias 2 aus Westberlin, unseren Lieblingssender. Nancy lag neben dem Recorder, jederzeit bereit, den Sender umzuschalten, falls die Erzieherin sich nähern würde.

Aber die Vorbereitung war unnötig, Frau Schinke kam an jenem Abend nicht. Die Putzkontrolle und auch die Lichtkontrolle um 22 Uhr fielen aus. Frau Schinke war sehr genau und pünktlich, sie hatte noch nie die Kontrollen ausfallen lassen, es hätte uns ein Zeichen sein können, dass es sich um eine besondere Nacht handelte.

Am Abend des 9. Novembers klang Rias 2 anders als sonst. Der Sender hatte kurz nach acht sein Programm kurzfristig geändert. Es lief keine Musik, es wurde nur geredet. Immer wieder war die Rede von einem »Reisegesetz«. Ich verstand nicht, was gemeint war. Wir unterhielten uns beiläufig darüber, was es bedeuten und ob es etwas mit den Flüchtlingen in Ungarn zu tun haben könnte. Wir hatten keine Ahnung und auch kein echtes Interesse. Nancy schaltete das Radio aus. Ich lag noch eine Weile wach und dachte an zu Hause. Die Schulwoche dauerte noch sechs Tage, am Samstagnachmittag würde mich mein Vater abholen. Meine Mutter dachte sich immer etwas Besonderes aus, wenn ich nach Hause kam, um mich zu überraschen. Vielleicht würde sie sogar Mohnkuchen backen, meinen Lieblingskuchen.

An dem Abend, der als der Moment in die Weltgeschichte eingehen sollte, an dem wir Ostdeutschen die Freiheit erlangten, an dem Abend lag ich im Bett in Eisenhüttenstadt. Während in Berlin die Menschen zu Tausenden auf die Straßen rannten, Volkspolizisten umarmten und immer wieder »Wahnsinn!« schrien, dachte ich an den Mohnkuchen meiner Mutter.

Der Freitag, der 10. November, begann wie immer. Um sechs klingelte der Wecker, wir standen auf, wuschen uns, danach gingen wir in die Schule. In der Schulküche wurde für die Internatsschüler Frühstück gemacht. Auf einem Tresen lag geschnittenes Mischbrot, Margarine, Käse, Wurst, Vierfruchtmarmelade. Auf den Tischen standen große Kübel Hagebuttentee. Beim Frühstück erzählte eine andere Schülerin aus Ostberlin, dass ihre Eltern sie am Morgen angerufen hatten. Die Berliner Mauer sei offen, jeder könne rüber. Ich wünschte, ich könnte sagen, ich hätte das sofort begriffen, hätte meine Teetasse fallen lassen und wäre nach Berlin gefahren, um auf der geöffneten Mauer zu tanzen. Es ist mir peinlich, das zuzugeben, aber ich glaubte ihr kein Wort. Ich bin mit der Mauer aufgewachsen, sie war immer da gewesen. Ich konnte mir eine Welt ohne Mauer nicht vorstellen. Immerhin nahm ich mir vor, am Abend zur Tagesschau-Zeit in den Fernsehraum zu gehen.

Am Wochenende hatte es eine sehr große Demonstration auf dem Alexanderplatz gegeben. Ich hatte das im Fernsehen verfolgt. Dort redeten nicht die üblichen Wachsfiguren aus dem Politbüro, sondern Künstler, von denen ich schon gehört hatte, die Schriftsteller Stefan Heym, Christa Wolf, Christoph Hein, die Schauspielerin Steffi Spira. Ich erinnere mich an einen Satz, den Stefan Heym gesagt hatte. Am heutigen Tag sei ein Fenster aufgestoßen worden. Ein Fenster. Welches Fenster? Ich hatte vor dem Fernseher gesessen und nicht alles verstanden. Trotzdem merkte ich, dass sich etwas bewegte.

Freitags stand Staatsbürgerkunde auf dem Stundenplan. Der Lehrer, Herr Weinlein, ackerte und drillte uns, er paukte Statistiken ein, fragte die Jahreszahlen der Parteitage der SED ab und das Wirken der sozialistischen und kapitalistischen Produktivkräfte.

Auch an jenem 10. November 1989 wollte Weinlein seinen Unterricht durchziehen, als wäre nichts gewesen. Er war dünn, trug Brille und sächselte. Die schlimmsten Lehrer sächselten immer.

Ich saß seinen Unterricht meistens ab, ich schaute aus dem Fenster und verbrachte die Stunde wie in Trance. Ich lernte gerade genug, damit es für eine Eins reichte.

Jemand meldete sich. Das folgende Gespräch gab einen Vorgeschmack darauf, wie sich die Machtverhältnisse zwischen Lehrern und Schülern umkehren würden. Es war, natürlich, Conny. Sie fragte den Lehrer, ob er nicht etwas zu den aktuellen Ereignissen sagen wolle. Ihr Ton klang herausfordernd, provokant. Herrn Weinleins Blick flackerte. Er wich aus. Conny ließ nicht locker. Ich staunte. Ich hätte mich das nie getraut.

Ich hatte bei meiner Jugendweihe-Rede Erich Kästner zitiert. Ein Mensch muss Kind bleiben, um erwachsen zu werden. Danach hatte es Ärger wegen Kästner mit der FDJ-Leitung gegeben. Das hatte gereicht, um mich zum Verstummen zu bringen.

Der Unterricht ging immer noch nicht los. Der Staatsbürgerkundelehrer berief sich auf den Lehrplan, den er einzuhalten habe. Die aktuellen Ereignisse kämen darin leider, leider nicht vor. Er könne da auch nichts machen.

Ich wartete darauf, wie Conny reagieren würde. Ich sah sie an, sie hatte ihren starren Blick. Ich kannte ihn, er verriet ihre Wut. Sie stammelte. Was jetzt kam, hatte sie sich nicht überlegt, es kam spontan.

Aber Honeckers Rücktritt. Aber die Demonstration auf dem Alexanderplatz.

Sie blickte den Lehrer herausfordernd an. Ich sagte nichts, niemand sagte etwas, niemand bewegte sich. Es war unheimlich still. Ich wartete darauf, dass Weinlein anfangen würde zu brüllen, zu schreien. Er musste etwas tun, wenn er nicht als Unterlegener aus diesem Gefecht hervorgehen wollte.

Alle fixierten den Lehrer. Was sich hier vollzog, war außergewöhnlich. Selbst die unbeliebtesten Lehrer hatten sich bisher darauf verlassen können, dass ihre Autorität nicht in Frage gestellt würde. Doch genau das passierte. Ich rutschte auf meinem Stuhl hin und her. Ich hielt die Anspannung kaum aus. Es war ein Duell, das denen, die ich in den Romanen Karl Mays gelesen hatte, in nichts nachstand.

Weinlein war der Cowboy, Conny war Winnetou. Ich sah gebannt zu. Winnetou nahm den Cowboy ins Visier. Winnetou griff nach seinem Tomahawk und schleuderte ihn heraus. Conny hatte die besseren Argumente, sie redete immer weiter. Weinlein guckte ängstlich. Ein Cowboy hätte jetzt seinen Revolver gezogen. Weinlein hatte keinen Revolver.

Stefan Heym hatte auf dem Alexanderplatz gesagt, ein Fenster sei aufgestoßen worden. Unsere Fenster waren zu, und trotzdem schien eine frische Brise durch den Raum zu wehen. Ich bekam eine Gänsehaut.

Weinlein schwieg. Es sprach nur noch die Angst in seinen Augen. Der Cowboy hatte seine Waffe verloren und er wusste es. Er schluckte, kämpfte mit den Tränen. Schließlich stürmte er aus der Klasse. Es war still im Klassenraum. Wir schlugen unsere Hefte zu.

Jenseits von Eden

Das Besondere am 10. November, dem ersten Tag in Freiheit für die DDR-Bürger, war seine Unscheinbarkeit. Der Rest des Schultages verging unauffällig, nur das Bild vom weinenden Staatsbürgerlehrer würde in meinem Kopf haften bleiben. Am Abend ging ich in den Fernsehraum, um die Nachrichten zu sehen. Ich sah die jubelnden Erwachsenen, die meine Eltern hätten sein können, die sich aber viel ausgelassener und fröhlicher benahmen, als das bei Erwachsenen normalerweise der Fall war. Es war wie ein Rausch. Man hätte schon ahnen können, dass das nicht anhält und dass danach der Kater kommen muss. Ich schaute den tanzenden Menschen zu, ich fand das alles etwas seltsam. Die große Euphorie, sie sah von Eisenhüttenstadt betrachtet etwas irre aus.

Als ich klein war, sind wir öfter zum Einkaufen nach Ostberlin gefahren. Als ich neun oder zehn war, nahmen mich meine Eltern mit auf den Fernsehturm. Ich fuhr im Fahrstuhl die vielen Stockwerke hinauf. Oben stieg ich aus, ich traute mich kaum zu atmen, aus Angst, ich würde sofort hinunterfallen, obwohl mich vom Abgrund doch eine Kugel aus Stahl und Glas trennte. Nach einer Weile gewöhnte ich mich an die Höhe. Jemand sagte, guck mal, das ist der Westen. Ich war überrascht, dass dieser Westen, aus dem die Weihnachtspakete und Milka-Schokoladen kamen, so nah sein sollte, dass man ihn sehen konnte, ich hatte immer gedacht, es sei ein fernes Land, in das man viele, viele Stunden reisen musste. Dann schaute ich hinunter. Ich heftete meinen Blick angestrengt nach unten, ich fasste die Straßen ins Auge, aber ich sah nichts, fand nichts Besonderes. Von oben sah Westberlin genauso aus wie Ostberlin. Es war vielleicht gar nicht wirklich Westen, sondern nur so ein Überbleibsel, das irgendwann, wenn Unterdrückung und Ausbeutung verschwunden waren, auch vergehen würde.

Ich finde ein altes Schulheft. Papier war in der DDR knapp, das sieht man dem Heft noch viele Jahre später an, das Papier ist dünn und inzwischen gelb wie Zeitungspapier. Die Linien sind kaum mehr zu sehen. »Jenseits der Mauer – jenseits von Eden«, so überschrieb ich meine ersten Eindrücke von Westberlin im November 1989 in meinem Tagebuch. Ich lese und stutze. Ich weiß nicht, wie ich auf diese Überschrift gekommen bin. Ist das nicht ein Schlager von Drafi Deutscher, »Jenseits von Eden«? Was soll das überhaupt sein, Eden? Es klingt pathetisch, kitschig, ich fand das witzig, vielleicht dachte ich, ein Zitat des großen Volkssängers Drafi Deutscher wäre dem Ernst der Lage angemessen.

Am 12. November fuhren wir nach Westberlin, meine Oma, meine Schwester und meine Eltern. Wir quetschten uns zu fünft in den Dacia und fuhren über den Grenzübergang Dreilinden nach Berlin-Zehlendorf. Ich saß im Auto und beobachtete die Erwachsenen. Meine Mutter redete viel, um die Aufregung zu vertreiben. Meine Oma, die mit uns hinten saß, murrte: »Dass sie uns ja auch wieder rauslassen.« Mein Vater starrte auf die Straße, um seine Nervosität zu verbergen.

Die Grenzer machten sich nicht mal die Mühe, unsere Ausweise zu kontrollieren, sie winkten uns und die anderen Ostler durch – und plötzlich waren wir im goldenen Westen.

Es war fast zu einfach gewesen. Ein Soldat hätte wenigstens bedrohlich mit der Waffe schwenken können.

Wir besuchten im Stadtteil Zehlendorf ein kinderloses Ehepaar, das uns regelmäßig Pakete zu Weihnachten geschickt hatte. Sie waren nicht verwandt, sondern auf verschlungenen Wegen mit meiner Mutter bekannt. Er war pensionierter Architekt, sie Hausfrau. Das Haus des Architekten lag in der Nähe eines Friedhofs, ringsherum standen Koniferen. Man war in der Stadt und trotzdem fühlte man sich sehr ländlich.

Eine kleine graue Frau öffnete die Tür und begrüßte uns so salopp, als würden wir jeden Sonntag zum Kaffee kommen. Wir betraten das Haus, ich schaute mich neugierig um. Aber die Fenster waren verhängt, ich konnte kaum etwas erkennen. Wir wurden ins Wohnzimmer gebeten, das sehr düster wirkte, mit dunklen, schweren Möbeln, die Wände waren mit Bücherregalen vollgestellt.

Die Frau des Architekten stellte uns Getränke hin, Sherry für die Erwachsenen, Saft für mich und einen Teller Butterkekse. Das fand sie offenbar der Situation angemessen. Die Ostler sollten nicht denken, dass es im Westen besonders üppig zugehe, dass es gar etwas zu holen gebe.

Es wirkte, als hätte die Frau des Architekten von dem Sherry selbst schon ein paar Gläschen getrunken. Sie fragte nun schon zum dritten Mal, wie die Fahrt war. Ich hatte den Eindruck, dem Architekten und seiner Frau war unser Besuch ein wenig unangenehm. Ich mochte auch den devoten Ton nicht, den meine Mutter gegenüber den Westlern anschlug. In langen Briefen bedankte sie sich für die Pakete, erwähnte jede Schokolade, jede Packung Tortenguss einzeln. Zu Weihnachten schickte sie selbstgebackenen Stollen und Plätzchen.

Man hätte schon wissen können, dass es mit der inneren Einheit nicht so einfach wird, das Verhältnis von Ost und West war schon lange gestört.

Ich ärgerte mich über meine Mutter, die sich so klein machte, und ich verachtete die Westler, die sich groß machten.

Nach der Wende ließen sie uns fallen. Meine Mutter hatte gedacht, die West-Bekannten sehen uns als Freunde, dabei waren wir nur Steuerabschreibungen. Es waren künstliche Beziehungen, die sofort zerbrachen, als die Mauer fiel. Onkel Ulf aus Hamburg fuhr Anfang der neunziger Jahre lieber an den Plattensee nach Ungarn. Das sei günstiger und die Menschen seien dort dankbarer, ließ er uns per Ansichtskarte wissen. Man könnte sagen, er arbeitete strategisch weiter an der europäischen Einigung.

Der Architekt und seine Frau in Berlin-Zehlendorf entdeckten an jenem historischen Sonntag sofort die Vorteile des Mauerfalls für sich: Einen Gärtner und eine Haushälterin hatten sie schon. Aber der Gärtner könne leider kein Vogelhaus zimmern, das sie sich so wünschten. Ob mein Vater wohl? Er sei doch handwerklich so begabt. Da die Grenzen offen waren, könnte er den Transport auch gleich übernehmen.

Mein Vater war kaum eine Stunde im Westen und hatte gleich seinen ersten Arbeitsauftrag. Und die Westler sparten sich praktischerweise einen Handwerker. Der Mauerfall hatte sich schon gelohnt. Sie spielten weiter die Überlegenen. Und mein Vater sagte nicht nein, natürlich nicht.

Das meistgesprochene Wort eines Ostlers zu einem Westler lautete: ja.

Ich fühlte mich beengt in dem Wohnzimmer. Die Frau des Architekten gab uns noch ein paar Tipps, wir sollten nicht gleich unser Begrüßungsgeld auf einen Schlag ausgeben. Sie empfahl uns, morgens in die Zeitung nach Sonderangeboten zu schauen. Das mache sie seit Jahren so. Jetzt verstand ich, warum sie eine Haushälterin brauchte. Als wir nach einer Stunde gingen, waren alle froh. Ich sah den Architekten und seine Frau nie wieder.

Wir fuhren zum Ku'damm, den wir aus dem Fernsehen kannten. Alles wirkte seltsam vertraut und gewöhnlich, ich fühlte mich an die Fernsehserie »Drei Damen vom Grill« erinnert. Mit dem Westen, von dem ich träumte, den ich von Dickens und Maupassant kannte, hatte Westberlin nichts zu tun. Ich hatte mir alles etwas prächtiger vorgestellt.

Wir holten die Hundertmarkscheine von der Bank und setzten sie sofort um. Ich gab das ganze Geld allen Warnungen zum Trotz auf einen Schlag aus. Das war, glaube ich, das einzige Mal, dass ich eine Art Euphorie über den Mauerfall fühlte, als ich in einem vollgestopften Laden im Europacenter eine lilafarbene Jeansjacke von Levis für 99 DM kaufte. Gleichzeitig fühlte ich mich schmutzig, es war mir peinlich, dass ich mich wie die anderen Ostler an Waren berauschte.

Am Abend schrieb ich in mein Tagebuch:

Es war erschreckend, erdrückend, enttäuschend. Der große Jubel über die große Freiheit blieb aus. Etwas anderes hatte ich mir unter dem Westteil Berlins vorgestellt. Eine Weltstadt! Ein Witz. Ich dachte, dort ist alles ganz anders als bei uns, schön und gut. Es sieht wirklich überall aus wie bei »Drei Damen vom Grill«. Nur die Architektur ist abwechslungsreicher. Aber wer weiß, wie hoch die Miete ist. In manchen Teilen Berlins fühlt man sich wie in einem Dorf, wenn nicht die großen Kaufhäuser wären. Dort kann man alles kaufen von der Zahnbürste bis zum Blumentopf. Und in jedem Warenhaus sind die Preise anders. Man kann den ganzen Tag suchen, um das Billigste zu finden.

Die Straßenverhältnisse sind mit unseren nicht zu vergleichen. Ein Trabbi kommt sich neben einem Mercedes verlacht vor. Genauso wie ein kleiner Trabbi fühle ich mich, wenn ich in der Commerzbank nach Begrüßungsgeld anstehe. Verlacht! Wenn ich meine Landsleute ansehe, schäme ich mich, das sind also die Produkte des Sozialismus. Wie die verhungerten Raubtiere, wie Bettler stürzen sie sich auf die Produkte des Westens, sogar auf Zeitungen und Taschentücher. Auch die Pornokinos sind voll besetzt.

Ich lese heute die Tagebuch-Auszüge, ich verstehe selbst nicht mehr, auf wen ich so wütend war. Auf die Raubtiere? Auf mich selbst?

Wenn ich alte Fernsehbilder aus der Zeit nach der Maueröffnung sehe, wirken die Menschen immer so euphorisch, gelöst, freudig. War es nicht die beste Zeit, um in der Pubertät zu sein? Mitten im Aufbruch? Waren die Jüngeren nicht die Gewinner der Wende?

Meine Aufzeichnungen scheinen nicht dazu zu passen. Ich spürte keine Freude, keine Aufbruchsstimmung. Die DDR, das Experiment, war nicht zu Ende gegangen. Es war abgebrochen worden. In meinem Kopf kreisten damals die Gedanken, wie es hätte sein können. Ein anderer, ein besserer Sozialismus.

Ich finde in meinen Tagebüchern ein nicht zu Ende geschriebenes Theaterstück, in dem ich das Verhältnis zwischen Ostlern und Westlern aufgreife, es geht um Unterlegenheit, um Siegerposen. Es spielt in Zürich, an einem fiktiven Hotel namens *La Grande Belle*. Als handelnde Personen tauchten ein Ostler namens Schulze, ein Schweizer Portier sowie der Russe Iwan Orgarowitsch und die Amerikanerin Gloria Glamour auf. Ich spiele das Ende des Kalten Krieges als Parodie durch. Alle machen sich über den Ostler Schulze lustig, sie verspotten ihn, weil sie glauben, dass er sich verlaufen hat, dass er nicht dort hinpasst, in diese glamouröse Welt des *La Grande Belle*. Der Schweizer Portier zieht ihn wegen seines Akzents auf, die Amerikanerin fragt, ob er hungrig sei und steckt ihm einen Zehn-Dollar-Schein zu, damit er etwas zu essen kaufen kann. Am Ende holt Schulze einen Packen Geld hervor und zahlt das Zimmer im Luxushotel in bar.

Ich schrieb weiter. Meine Geschichten spielten in Paris, in Chicago, an fernen Orten, die Heldinnen heißen Victoria, Antonia, Jane. So hieß niemand in der DDR. Die Veränderungen, die im Lande vor sich gehen, Volkskammerwahl, Währungsunion, Zwei plus vier, erwähne ich nicht. Sie sind für mich Nebensachen.

Die DDR verschwand, nur in Eisenhüttenstadt lebte sie weiter. Es schien, als habe der Mauerfall für unser Leben keine Bedeutung. Die Internatsleiterin lief immer noch im Kostüm herum und sprach von »ihrem« Internat, »ihren« Schülern, »ihren« Zimmern.

In der Kaufhalle stand plötzlich Zott-Joghurt und auf der Straße fuhren zwischen Trabis und Wartburgs auch alte VW und Fords. Der *Neue Tag* – die sozialistische Tageszeitung – wurde von einem Tag zum andern zur *Märkischen Oderzeitung* – überparteilich, unabhängig, überregional – und kostete immer noch fünfzehn Pfennig. Die ersten Westler, die nach Eisenhüttenstadt kamen, waren Versicherungsvertreter und Mormonen. Sonst kam niemand. Am Straßenrand standen reihenweise ausrangierte Schrankwände. Die Menschen dachten, wenn sie ihre Möbel rauswarfen, räumten sie die Vergangenheit gleich mit aus.

Einmal wurde ich im neuen Penny-Markt in der Kreisstadt

vom Ladendetektiv aufgegriffen. Er war sich sicher, dass ich eine Schachtel Zigaretten in meine Tasche gesteckt hatte. Ich weigerte mich, mit ihm mitzugehen, ich beteuerte meine Unschuld. Ich rauchte nicht. Er sagte, er müsse die Polizei rufen. So lange müsste ich warten. Im Übrigen glaubte er mir kein Wort, er vermutete, ich würde mit einem Freund operieren, der wahrscheinlich schon über alle Berge sei. Ich saß in der Ecke in ihrem Ladenbüro, ich trug eine abgewetzte Lederjacke, abgelaufene Schuhe und eine große Reisetasche. Wahrscheinlich stellten sich die Verkäuferinnen so Ladendiebe vor. Früher waren wir alle arm gewesen. Jetzt wurden Unterschiede gemacht. Wer arm und noch dazu jung war, machte sich verdächtig. Dabei hatte ich mir im Penny-Markt nur die Zeit vertreiben wollen, bis mein Bus ins Dorf abfuhr. Eine Polizistin kam, sie wühlte in meiner Reisetasche. Am Ende mussten sie mich gehen lassen.

Mein Vater verlor als Erster seine Stelle. Er arbeitete beim Verkehrs- und Tiefbaukombinat Frankfurt/Oder, das verschiedene Betriebsteile im ganzen Bezirk hatte. Als sein Sommerurlaub 1990 zu Ende ging, wurde ihm mitgeteilt, dass er nicht zurückkehren musste. Das Kombinat wurde nicht geschlossen, es löste sich auf, seine Werkstatt übernahm eine Firma aus Westberlin.

Mein Vater wurde nicht mehr gebraucht.

Mein Vater saß von da an zu Hause, er redete wenig. Wenn er etwas sagte, dann beschwerte er sich über das, was er »die neue Zeit« nannte.

Meiner Erinnerung nach markierte die Kündigung einen tiefen Einschnitt, eine existentielle Katastrophe, auf die niemand eingestellt war. In der DDR verdiente man als Schlosser fast so viel wie ein Arzt. Jetzt waren seine Fähigkeiten nichts mehr wert. Obwohl mein Vater später wieder einen Job in einer neuen Firma finden würde, verschwand die Verbitterung nie ganz. Die neue Stelle hatte er bis 1998, danach hangelte er sich von Umschulung zu Umschulung, von einem befristeten Job zum nächsten.

Wenn ich meinen Vater heute frage, ob ihn die Arbeitslosigkeit getroffen hat, dann antwortet er darauf nicht direkt. Es ist ihm unangenehm, über damals zu sprechen. Es gelingt ihm nur, als ich ihm einen Fragenkatalog per E-Mail schicke. Er habe damals unter der Arbeitslosigkeit nicht gelitten, teilt er mir mit. Mich überrascht das nicht. Er würde es auch nicht zugeben, wenn es anders gewesen wäre. Er kommt aus der Generation, in der Männer keine Schwäche zeigen. Er schreibt sachlich: »Ich habe die Tragweite der Situation nicht erfasst.« Er sei überzeugt gewesen, dass es weitergehe, irgendwie. »Hier in der DDR bleibt keiner auf der Strecke«, schreibt er weiter. Hier in der DDR.

Ich habe die Zeit ganz anders wahrgenommen.

Während mein Vater zu Hause war, hielt er sich an eine strikte Disziplin, er schlief nicht aus, sondern stand weiter um fünf Uhr morgens auf und machte sich eine Thermoskanne Kaffee, die er mit in die Werkstatt nahm, als würde er in den Betrieb gehen. Er zeigte sich nur zum Mittagessen, setzte sich an den gedeckten Tisch, drumherum wir Kinder, meine Mutter stellte einen warmen Topf hin. Sie gab meinem Vater zuerst, er fing an zu essen, mit hängendem Kopf, während wir anderen noch warteten. Alle schwiegen, man hörte nur das Geklapper der Messer und Gabeln. Meine Mutter versuchte, die Stille zu durchbrechen, schmeckt's, fragte sie. Mein Vater: unbeweglich, als gehöre er nicht dazu.

Es war, als würde er ohne eine Arbeitsstelle aufhören zu existieren. Früher kurvte er stolz mit seinem Betriebswagen, einem Barkas 100, herum, er holte mich damit von der Schule ab. Arbeitskollegen, die regelmäßig auf ein Bier vorbeikamen, ließen sich nicht mehr blicken.

Es gab auch keine Dienstreisen mehr nach Bukarest, auf die mein Vater einst geschickt wurde und von denen er mit einem fröhlichen Gesicht und einem Koffer voller Geschenke zurückkam: eine Puppe für mich, Weingläser für meine Mutter.

Mein Vater versteckte sich hinter den Türen seiner fensterlosen Werkstatt. Wie verkraftet man das als Kind, wenn die Eltern und Verwandten, das nächste Umfeld, plötzlich die Hoffnung verlieren?

Meine Tante, deren Verkaufsstelle aufgelöst wurde, saß im Nachbarhaus hinter zugezogenen Gardinen in ihrem Wohnzimmer. Wir hatten uns meistens über Bücher unterhalten, alle Werke, die ich gelesen hatte, stammten aus ihrem Regal. Nach der Wende hörte sie auf zu lesen. Sie wurde eine Andere, unsere Gespräche schliefen ein.

Das Geld wurde knapp. Meine Mutter dachte sich immer wieder neue Methoden aus, wie man Kohl und Kartoffeln zubereiten konnte. Für größere Anschaffungen, neue Möbel oder eine Urlaubsreise, gab es keinen Spielraum.

Mein Vater hatte viele Fähigkeiten, jeden Motor, der nicht mehr funktionierte, brachte er wieder in Gang. Im Haus verlegte er alle elektrischen Leitungen selbst und konstruierte eine Gasheizung. Doch er hat nicht gelernt, aus seinen Fähigkeiten eine Karriere zu machen. Das DDR-System forderte, dass man sich still verhält.

Auch für meine Mutter ist die Wende kein Aufbruch. Den Brief der Behörden, der ihr Studium beendete, hat sie 1987 verbrannt. Sie hatte niemandem von der Drohung erzählt und den einzigen Beweis vernichtet. Sie fühlte sich danach nirgendwo mehr sicher und zog sich in ihr Refugium zu Hause zurück. Wenn ich meiner Mutter damals Unternehmungen außerhalb des Dorfes vorschlug, brachte sie eine Liste von Hindernissen vor, zu weit weg, zu teuer, zu gefährlich. Sie interessierte sich für Politik, für Literatur, sie verpasste keine politische Sendung im Fernsehen, aber sie setzte keinen Fuß vor die Tür.

Das war vielleicht das Schwierigste am Aufwachsen in der Wendezeit: zu sehen, wie hilflos und gekränkt die Eltern waren. Wie soll man einen Platz in der Welt finden, wenn diejenigen, die einem dabei helfen sollen, selbst verloren waren?

Nicht allen ging es so wie mir, aber viele Väter und Mütter verloren damals ihre Arbeit. Nach Berechnungen des Instituts für Arbeitsmarkt- und Berufsforschung wurden in den Jahren 1990 und 1991 rund 2,5 Millionen Ostdeutsche arbeitslos. Zu keinem anderen Zeitpunkt in der deutschen Nachkriegsgeschichte verloren so viele Menschen in so kurzer Zeit ihren Arbeitsplatz.

Eine halbe Million Menschen verließ allein in den ersten zwei Jahren nach der Wende ihre Heimat, um anderswo Arbeit zu finden. Bis 2012 kamen aus Ostdeutschland mehr als 1,5 Millionen Wirtschaftsflüchtlinge in den Westen. Wer nach 1990 nicht wegzog, um woanders zu arbeiten, hangelte sich oft mit Mini-Jobs oder Arbeitsbeschaffungsmaßnahmen durch. Depressionen und psychische Krankheiten breiteten sich aus. Besonders Männer, die ihr Selbstwertgefühl stärker aus ihrer Karriere, ihrem Marktwert ziehen, litten unter der Arbeitslosigkeit.

Damals war die Zeit, in der ich es nur schwer zu Hause aushielt. Ich fieberte dem Sonntagabend entgegen, wenn ich zurück nach Eisenhüttenstadt konnte. Im Zug traf ich meine Mitschülerinnen. Jede hatte ihre eigene Geschichte. Inas Familie sollte ihr Haus aufgeben, weil die alten West-Eigentümer zurückgekommen waren. Claudias Eltern wurden arbeitslos. Der Einzige, der begriffen hatte, wie die neue Zeit funktionierte, war Nancys Vater. Er wollte das größte Fahrrad der Welt bauen und damit ins Guinness-Buch der Rekorde kommen.

Die Kunst besteht im Warten

Auf dem Rummelplatz war ich mal in einem Raum voller Spiegel. Ich ging hinein, erst forsch, dann vorsichtiger. Die Menschen, die mir in den Spiegeln begegneten, sahen verzerrt aus wie Monster, mit riesigen Köpfen und kleinen kurzen Beinen. Man hätte kleine Kinder damit erschrecken können. Ich ging weiter und stand kopf. Als wäre die Schwerkraft ins Gegenteil verkehrt. Der nächste Spiegel verschluckte Arme, Beine und Rumpf. Mein Kopf schwebte im Nichts, wie ein Geist aus dem Märchen, ein Aladin, aber ohne magische Kräfte.

Ich erinnere mich, dass ich Schwierigkeiten hatte, den Weg zurück ins Freie zu finden.

Wenn ich an die erste Zeit nach dem Mauerfall zurückdenke, fällt mir das Spiegelkabinett ein. Ich hatte die Orientierung verloren. Ich setzte vorsichtig einen Fuß vor den anderen und lachte zu laut, wenn ich gegen eine Spiegelwand lief. Im Rückblick erscheint es mir, ich hätte sehen können, wie verloren ich war, wie unsicher ich durch die Gegend lief. Ich würde mich irgendwann an ein Bild klammern, das mir Halt versprach.

Ich beobachtete die Lehrer, wie sie sich bewegten. Wie langsam sie über die Gänge schlichen. Der Cowboy, den Conny aus dem Raum getrieben hatte, war wieder da. Der weinende Staatsbürgerkundelehrer.

Es war, als hätte er das Genre gewechselt und sei jetzt Held in einem Science-Fiction-Film, in dem Pillen verteilt werden, die die Vergangenheit vergessen lassen. Er war in ein neues Westler-Kostüm geschlüpft, feine Hemden, farbige Hosen, große Armbanduhr.

Ich sah ihm zu, wie er neue Merksätze von Ludwig Erhard an die Tafel schrieb.

»Die Sozialleistungen in der DDR waren gemessen an der Produktivität viel zu hoch.«

»Arbeitslose sind völlig normal.«

Herr Weinlein war der neue Gesellschaftskundelehrer. Er wiederholte die neuen Phrasen mit der gleichen Überzeugung wie die alten. Aus »Frieden und Sozialismus« wurde »Demokratie und Toleranz«. Beides klang gleich hohl und leblos. Ich fand alte Aufzeichnungen: Im März 1989 verteidige ich den Mauerbau als antifaschistischen Schutzwall. Ein Jahr später ist der Mauerbau ein Akt der Unmenschlichkeit. Ich kam bei dem Tempo nicht mehr mit.

Es stieß mich ab, wie leicht Weinlein von einem System ins nächste glitt, gleichzeitig war ich merkwürdig fasziniert. Ich stand vor den verzerrten Bildern und konnte nicht wegsehen. Die Macht des Spiegelkabinetts.

Der Staatsbürgerkundelehrer verschwand im Frühjahr 1990. Er kam von einem Tag zum anderen nicht mehr in die Schule. Natürlich gab es sofort die abenteuerlichsten Gerüchte. Es hieß, dass er vor einer Stasi-Überprüfung geflohen war. Er arbeitete angeblich als Versicherungsvertreter. Sein neuer Chef sei ein ehemaliger Stasi-Hauptmann. Aber das waren nur Gerüchte. Weinlein blieb verschwunden, der alte Deutschlehrer übernahm.

Es ist zwanzig Jahre später nicht genau zu klären, was damals wirklich passierte. Mir leuchtet folgende Erklärung am meisten ein: Herr Weinlein hatte die neuen Meinungen zu schnell übernommen. Es wurde eine Schulkonferenz einberufen. Weinlein musste sich rechtfertigen. Die, die dabei gewesen sind, sprechen von einem »Tribunal«. Das schlimmste Verbrechen in Eisenhüttenstadt im Frühjahr 1990 war es, sich zu schnell anzupassen. Wendehälse nannte man solche Leute. Es reichte damals zu wissen, was man nicht sein wollte: kein Wendehals, kein Stasi-Hauptmann, kein Arbeitsloser.

Ich beobachtete die Veränderungen an unseren Lehrern. Die Russischlehrerin, die das gleiche Engagement, das sie früher in den Unterricht gesteckt hatte, jetzt in eine New-Age-Bewegung steckte, Herr Weise, der sich mehr und mehr zurückzog und zur aktuellen Lage uns Schülern gegenüber nie Stellung bezog, Frau Wilke, die sich nicht mehr traute, im Unterricht hart durchzugreifen.

Im Lehrerzimmer schienen sie damals die Direktoren zu klonen. Dauernd kamen neue heraus. Man verlor schnell den Überblick. Frau Koschke, die Direktorin, vor der alle Angst hatten, ging, und eine Frau, die ihr aufs Haar glich, übernahm als neue Direktorin. Die neue Frau Koschke trug dieselben Röcke, dieselbe Frisur und dieselben Ansichten im Kopf wie die alte Frau Koschke. Die neue Frau Koschke hieß Frau Heinrich und war die ehemalige Parteisekretärin. Den Mauerfall erlebte sie, als sie auf einer Parteischulung war. Parteisekretäre, die anderswo entlassen wurden, bekamen bei uns eine Beförderung. Die DDR wurde gerade zusammengefaltet, bei uns wurde sie wieder ausgepackt. Wie das passieren konnte, kann heute auch niemand mehr so richtig erklären. Vielleicht wurde sie dazu gezwungen, weil niemand anders den undankbaren Job machen wollte. »Es war Anarchie«, sagt mein damaliger Geschichtslehrer, Herr Weise, viele Jahre später.

Am 3. Oktober 1990, dem Tag der deutschen Einheit, schrieb ich in mein Tagebuch:

Meine lieben Landsleute, sagt Kohl. Er ist nicht mein lieber Landsmann!! Mein Land gibt es nicht mehr. Und ich kann nichts dagegen tun. Ich weiß, dass wir keinen richtigen Sozialismus hatten, aber wir hätten es probieren können. Aber wir sind ja nur die doofen Ossis! Dieser heutige Tag bedeutet mir nichts!

Ich verstehe nicht, warum ich so wütend war. Nicht alle waren wütend, aber viele waren enttäuscht. Es gab eine Zeit lang die Träume der bärtigen Bürgerrechtler, eine andere DDR aufzubauen. Es war nur ein schöner Traum. Heute mögen das einige bestreiten, aber ich weiß, dass ich damals niemanden kannte, der sich über die Wiedervereinigung freute.

Als ich später im Ausland gefragt wurde, wie ich den Nationalfeiertag feiere, antwortete ich, dass ich niemanden kenne, der den 3. Oktober feiert.

Es ist nur ein freier Tag, an dem man sich ausruhen, mit dem Neffen Fußball spielen, in eine Ausstellung gehen, eine ganze Serienstaffel auf DVD gucken kann.

Doch, einmal wurde ich auf eine Einheitsfeier eingeladen. Es war eine Party, die die deutsche Botschaft in London organisierte. Ich erinnere mich an die Villa im feinen Belgravia, ein roter Teppich, der über der Treppe lag, ein Raum voller Nadelstreifenanzüge, die Männer waren Chefs deutscher Sparkassenbüros in London, zogen sich jetzt aber so an wie englische Banker. Ich sah den Westlern zu, wie sie die Einheit feierten. Sie feierten sich selbst. Der Botschafter, ein jovialer, aufgeräumter Schwabe, tänzelte über den dicken Teppich. Die philippinischen Hausdiener in Livree servierten den Herren frisch gezapftes deutsches Bier und Buletten. Marius Müller-Westernhagen stand in der Ecke und aß ein Würstchen.

Vielleicht gab es keine prominenten erfolgreichen Ostdeutschen in London. Dann fiel mir Michael Ballack ein, Neuzugang beim FC Chelsea, ich hoffte fast, er würde kommen, obwohl ich Chelsea nicht mochte und obwohl Ballack auf mich den Eindruck machte, dass er eigentlich kein Ostler mehr sein wollte, sondern Münchner, aber er kam trotzdem aus Karl-Marx-Stadt. Michael Ballack kam nicht, nur der Torwart Jens Lehmann mit seiner Frau. Ich blieb die einzige Ostdeutsche. In der BBC sollte ich erzählen, wie ich die Wende erlebte, damals. Sie wollten unbedingt hören, wie toll es gewesen war, auf der Mauer zu tanzen und plötzlich in Freiheit zu leben. Es war schwer zu vermitteln, dass ich nicht auf der Mauer getanzt habe. Dass die Wende viel länger dauerte als eine Nacht im November '89.

Nach und nach verschwand der alte Staat, aber der neue war noch nicht entstanden. Kombinate wurden aufgelöst. Straßenschilder abmontiert, Gebäude geleert. Nach ein paar Jahren sah man überall frisch geteerte Straßen, pink und gelb gestrichene Plattenbauten.

Überall wurden Schulen geschlossen, zusammengelegt und umbenannt. Zwanzig Jahre später sollten sie wieder geschlossen, zusammengelegt und umbenannt werden. Erst dann würde man die Schulen, in denen die Kinder so lange wie möglich zusammen lernten, wieder schätzen. Aber sie durften nie wieder polytechnische Oberschulen genannt werden. Sie mussten Gemeinschaftsschulen heißen. Gemeinschaft, dagegen konnte niemand etwas haben.

Ich registrierte das alles wie in Trance. Alles, was bisher richtig war, galt nicht mehr. Wir hatten, und das wurde mir erst langsam klar, das falsche Leben gelebt, nicht nur meine Eltern, auch ich, mit meinem stillen Ehrgeiz, meinen großen Plänen.

Wir zogen in ein neues Schulgebäude, es schien größer, ich irrte durch die Flure, fand die Klassenräume nicht mehr. Neue Schülerinnen und Schüler kamen in unsere Klasse, ohne dass sie eine Aufnahmeprüfung bestehen mussten. Wir sollten ein Gymnasium werden, aber ich konnte mich nicht darüber freuen, denn die Talente-Klasse wurde abgewickelt. So wie die Kombinate, die Kinderkrippen, die Polikliniken. Wir, die Internatsschüler, waren ein Überbleibsel aus einer anderen Zeit.

Das Talente-Förder-System der DDR galt auf einmal als unmoderner Drill, Leistungsdenken war verpönt.

Ich erinnere mich an den Satz meiner Klassenlehrerin, der wahrscheinlich beruhigend klingen sollte. Ihr werdet trotzdem euer Abitur machen können, versicherte sie uns Zehntklässlern. Leider sei noch nicht klar, ob das Abitur auch im Westen anerkannt würde.

Ich fühlte mich gekränkt, ich nahm das alles persönlich. Als ich in der Schule aufgenommen wurde, war mir Sicherheit versprochen worden.

Niemand brauchte jetzt mehr die Talente der DDR. Es wirkte so, als seien wir gerade noch gut genug, um einen Traktor über die Felder zu fahren. Wie die meisten Menschen war ich davon ausgegangen, dass das Leben eine gute Zukunft für mich plante. Die DDR war nicht perfekt, aber man musste sich nicht um Arbeit, Wohnung und das Gesundheitssystem sorgen. Ich war davon ausgegangen, dass ich studieren und einen guten Arbeitsplatz finden werde. Jetzt war ich mir nicht mehr so gewiss. Dazu kamen ganz praktische Probleme, die sich zu unvorhergesehenen Hürden entwickelten: Zu DDR-Zeiten war das Internat kostenlos, nun musste man jeden Monat rund 85 D-Mark für die Unterkunft überweisen. Dazu kamen Fahrgeld und Essensgeld. Wie sollte ich das bezahlen?

Das neue Punkte- und Kurssystem war kompliziert. Ich habe es bis heute nicht verstanden. Die Lehrer schrieben kaum noch Kontrollen, weil es zu viel Arbeit machte. Sie wurden angehalten, keine schlechten Noten zu vergeben. Sie kamen mit einem Stapel Kopien unter dem Arm in den Raum, Schulbücher gab es lange Zeit nicht, weil die westdeutschen Verlage mit dem Drucken nicht hinterher kamen. Es durften nicht einmal mehr die Mathebücher des unterlegenen Systems verwendet werden. Die Lehrer standen vorn an der Tafel und zogen ihren Unterricht durch. Sie waren von den Umwälzungen so überrascht wie wir.

Sie schauten uns an, aber sie sahen uns nicht. Sie waren sich ihrer neuen Rolle nicht sicher. Früher durften sie Schüler, die den Unterricht störten, verwarnen, jetzt musste man vorsichtiger sein. Es gab die Parole von oben, möglichst alle Schüler mitzuziehen, Auffälligkeiten zu übersehen.

Strafarbeiten und Nachsitzen galten auf einmal als verpönt, als »Stasi-Methoden«. »Alle Staatsbediensteten der DDR wurden mit der Stasi gleichgesetzt, wir wurden degradiert. Der Ansehensverlust reicht bis heute«, klagt eine pensionierte Lehrerin, die ihren Namen nicht nennen will.

Die Lehrer liefen durch die Gänge, als läge eine schwere Last auf ihren Schultern, über die sie mit niemandem reden können. Sie mussten um ihre Stellen fürchten, sie hatten sich beim Schulamt neu beworben, mit Anschreiben und Lebenslauf. Manche waren überfordert, andere traurig oder wütend.

Später treffe ich meine ehemalige Englischlehrerin, Frau Mai, die damals mit uns Pet Shop Boys gehört hat. Nach der

Wende wirkte sie manchmal überfordert. 1992 kamen zwei Neue in unsere Klasse, die ein Austauschjahr in den USA verbracht hatten. Ihr Englisch war viel besser als das der Lehrerin. Ich erinnere, wie sie hinten in der Bank saßen, Grimassen schnitten und sich über die Aussprache von Frau Mai lustig machten. Wenn sie etwas davon mitbekam, ließ sie es sich nicht anmerken.

Zwanzig Jahre sind vergangen, aber sie hat sich äußerlich kaum verändert. Derselbe dynamische Schritt, dieselbe direkte Art, diesselbe helle Stimme. Sie erinnert sich so:

»Einmal haben wir eine Schulung von Lehrern aus Nordrhein-Westfalen bekommen. Ich fand es schrecklich, dass wir kritiklos alles übernehmen mussten. Später habe ich in einem Gymnasium in Berlin-Steglitz im Englischunterricht hospitiert. Es gab kein Klingeln zu Stundenbeginn, das war schon mal komisch. Ein Schüler stand mitten im Unterricht auf, ein anderer biss in ein Brötchen, der Nächste trank aus einer Flasche Cola. Das war alles erlaubt. Es gab eine klare Aufteilung: Die, die arbeiten wollen, saßen vorn, die anderen hinten. Das waren wir nicht gewöhnt, dass auf Störungen nicht eingegangen wird. Ein anderer West-Lehrer riet mir: die Kunst besteht im Warten. Ich dachte, wenn das bei uns so wird, dann höre ich auf.«

Sie hat dann doch nicht aufgehört, sondern hat angefangen Latein als neues zweites Fach zu studieren, weil nur noch wenige Russisch lernen wollten.

Ich habe damals von den inneren Kämpfen der Lehrer nichts mitbekommen. Ich hatte alle möglichen Gefühle: Angst, Gleichgültigkeit, Enttäuschung, aber das zeigte ich nicht. Man wurde eher in Ruhe gelassen, wenn man seine Pflicht erfüllte, da hatte sich nichts geändert. Da waren wir ganz pragmatisch.

Meine Russischlehrerin aß nur noch Rohkost. Sie futterte sich durch das neue westliche Warenangebot, Bananen, Orangen, Papayas und Kiwis und selbst Erdbeeren konnte man im Winter kaufen, obwohl die Ersten schon vor dem Ozonloch warnten.

Sie erinnerte mich an eine Figur aus dem *Struwwelpeter*-Buch, den Mäkelfritzen, der nur noch Stachelbeeren aß, bis ihm die Nadeln aus der Haut wachsen.

In das Leben meiner Russischlehrerin war ein neuer Mann getreten. Er hieß Harvey Diamond und hatte ein Diätkonzept namens *Fit for Life* entwickelt. Er lehnte Medikamente als Gift für den Körper ab und lehrte, dass der menschliche Körper sich selbst heilen kann. Er empfahl, rohes Obst und Gemüse statt Fleisch zu essen. Seine Bücher verkauften sich in rund 14 Millionen Exemplaren und wurden in 33 Sprachen übersetzt.

Harvey Diamond versorgte meine Russischlehrerin in seinen Büchern nicht nur mit Speiseplänen, sondern auch mit Lebensweisheiten. »Verändern Sie Ihr Leben!«, »Sie sind selbst für Ihr Leben verantwortlich!«, »Nehmen Sie Ihr Glück selbst in die Hand!«.

Die Lehrerin funktionierte unsere Russisch-Klasse zu *Fit-for-Life*-Seminaren um. Sie schwärmte, wie viel jünger und vitaler sie sich fühle. Ich habe ein Bild im Kopf, wie sie einmal Gymnastik-Übungen vormachte, in einem blauen Kleid machte sie den Hampelmann. Komischerweise fanden wir es überhaupt nicht seltsam, dass unsere Russischlehrerin den Hampelmann machte. Es passte ins Bild.

Harvey Diamond war ein amerikanischer Selbsthilfe-Guru, und es passte gut zum neuen System, wie er den Glauben an eine zweite Chance, ein Ur-Dogma des Kapitalismus, propagierte. Ich kann verstehen, wie anziehend das auf Menschen wie meine Lehrerin gewirkt haben muss, die nach neuen Werten suchten. Auch wenn die Regeln von *Fit for Life* nicht gerade überraschten: Dass Obst und regelmäßige Bewegung gesund waren, wusste jedes Kind.

Für meine Russischlehrerin war *Fit for Life* dennoch eine Offenbarung, ein Weg zur Selbstfindung.

Eisenhüttenstadt war eine Stadt, die nicht zum Sitzen in Cafés oder zum Flanieren gebaut worden war, sondern eine Stadt zum Marschieren. Es gab keine verwinkelten Gassen, keine romantischen Treppen, dafür gab es jede Menge Aufmarschplätze. Man marschierte an den Geburtstagen der Republik und um an den Sieg der Arbeiterbewegung zu erinnern. Platz für Panzer gab es genug. Der Krieg hatte etwas sehr Aufgeräumtes. 1991 marschierten wir wieder. Wir lebten in einer merkwürdigen Zwischenwelt. Die Leninallee heißt jetzt zwar Lindenallee, aber die Feindbilder ließen sich nicht so schnell wie die Straßenschilder ändern.

Der Irak hatte Kuwait besetzt, und die USA schritten nun ein, um den Irak zu vertreiben. Die ganze Schule versammelte sich morgens in der Lindenallee. Es war fast wie früher beim Fahnenappell. Ich hasste diese Zwangsveranstaltungen und ich hatte insgeheim gehofft, dass damit nach der Wende Schluss sei. Ich fühlte mich nicht imstande, eine Meinung zur Lage in Kuwait zu haben, wenn ich nicht mal wusste, wo Kuwait lag.

Meine Hoffnung, dass die neue Freiheit darin bestand, dass man auch mal keine Meinung haben konnte, verflog.

Alle gingen. Ich sah meine Mitschüler, einige hatten Kerzen, Plakate und Transparente dabei. »Kein Blut für Öl« stand auf einem Plakat, »Nieder mit dem Imperialismus der USA« auf einem anderen. Ich glaube, sie demonstrierten mehr aus Gewohnheit, denn aus Überzeugung.

Ein Reporter der Lokalzeitung protokollierte anschließend, dass die Schüler des Gymnasiums Eisenhüttenstadt an die irakischen Machthaber appellierten, sich aus Kuwait zurückzuziehen. Die irakischen Machthaber ließen sich aber nicht beeindrucken. Zwei Tage später begann die Operation *Desert Storm*. Es war der erste Krieg, den ich im Fernsehen verfolgte.

Im Herbst 1991 bekam die Schule einen neuen Direktor, der dritte in zwei Jahren.

Aus heutiger Sicht stellt man sich gerne vor, dass nach der Wende sofort neue Leute in die Ämter kamen, unverbrauchte Gesichter, kleine Freiheitslehrer. Aber in Eisenhüttenstadt und vielen anderen ostdeutschen Städten gab es solche Leute nicht. Es wird oft vergessen, dass die DDR nicht mehrheitlich aus Bürgerrechtlern bestand, die nur darauf warteten, Gerichte, Polizei und Schulen aufzubauen.

In Eisenhüttenstadt gab es nicht einmal eine nennenswerte kirchliche Opposition, aus der man Personal hätte rekrutieren können. Westler trauten sich schon gar nicht in das Niemandsland an der polnischen Grenze. Einmal kam eine Referendarin aus dem Westen ans Gymnasium. Sie hielt es ein halbes Jahr aus.

Also nahm man die, die schon da waren. Das Schulamt leiteten 1991 zwei Blockflöten, einer von der CDU, einer von der NDPD, zwei Parteien, die in der DDR zwar erlaubt waren, aber nichts zu sagen hatten. Diejenigen, die mit der SED unter einer Decke steckten, waren dafür verantwortlich, die Schulen zu reformieren und den Nachwuchs zu Toleranz und Freiheit zu erziehen. Man darf annehmen, dass sie versuchten, ihre Arbeit anständig zu machen. Sie wählten Jörg Weise aus. Er war auch nicht gerade unbelastet, aber er war verlässlich. »Wir kennen uns schon seit vierzig Jahren, du machst uns keinen Ärger, du musst das machen«, sagten sie ihm.

Unter Weise wurde das Gymnasium umgebaut, man wirbt heute mit »Weltoffenheit, Tradition, Sprachkompetenz und naturwissenschaftlichem Profil«, wie es auf der Website heißt. 1996, als ich bereits in Hamburg lebte, kam sogar der damalige Bundespräsident Roman Herzog und weihte das »Albert-Schweitzer-Gymnasium« ein. Dass die Schule vor der Umbenennung zum Gymnasium 1991 eine EOS war, dass die Schule vor 1991 überhaupt existierte, das wird nicht erwähnt. Es ist, als ob die Vergangenheit nicht existierte. So viel zum Traditionsbewusstsein.

1992 endete eine Ära. Es gab keine Talente-Klasse mehr, also kamen auch keine neuen Internatsschüler hinzu. Das Internat wurde nicht mehr gebraucht. Ich gehörte zu den letzten, die übrig blieben, für uns wurden ein paar Zimmer im Lehrlingswohnheim frei geräumt. Ich mochte das Gebäude nicht. Ich vermied die Gemeinschaftsküche, die wir uns mit künftigen Fleischern und Krankenschwestern teilten. Sie hatten es richtig gemacht, Krankenschwestern und Fleischer würden immer gebraucht.

Das Gebäude war ein langer Schlauch mit glänzendem, stets frisch gebohnert aussehendem Linoleum, rechts lagen die Gemeinschaftsduschen, von dem langen Flur gingen viele kleine Türen und Nummern ab, eigentlich eher amerikanisch. Die Regeln von früher waren weg, die Verbote, aber auch das Gemeinschaftsgefühl. Jeder machte von nun an sein eigenes Ding. Ich sah meine alten Mitbewohnerinnen nur noch selten. Ich freundete mich mehr mit Marlene an, dem Mädchen, das Turbo Pascal programmieren konnte. Uns einte, dass wir das Interesse an der Schule verloren.

Temple of Love

Eines Tages wurden wir, meine Freundin und ich, von zwei jungen Männern angesprochen. Beide fielen in Eisenhüttenstadt sofort auf: Sie trugen graue Anzüge, weiße Hemden und Krawatten. In Eisenhüttenstadt trugen nur Versicherungsvertreter Krawatten. Aber sie waren keine Versicherungsvertreter. Sie stellten sich als Jim und Michael aus Amerika vor. Obwohl mich meine Mutter immer davor gewarnt hatte, mich von Fremden ansprechen zu lassen, blieb ich sofort stehen.

Marlene und ich waren damals 16 oder 17 Jahre alt, und wir hatten bisher keinen einzigen Amerikaner kennengelernt. Wir kannten überhaupt keine Ausländer. Jim und Michael sahen nett aus und wirkten kaum älter als wir. Während wir unser Schulenglisch ausprobierten, warfen wir uns ungläubige Blicke zu. Wir fühlten uns wie Auserwählte.

Jungs kennenzulernen war in Eisenhüttenstadt schwierig. Die vier in unserer Klasse waren aus verschiedenen Gründen indiskutabel. Wir schauten in der Pause zu den älteren Jungs aus der 12. Klasse rüber, aber für die waren wir uninteressant. Unsere Klasse hatte in der Schule einen Spitznamen: »die Hässlichen«. Das erfuhr ich erst Jahre später, ich fand es erst ein bisschen gemein. Aber dann schaue ich mir noch mal alte Fotos an und ich sehe die unbeweglichen Gesichter, mit denen wir in die Kamera gucken und ich verstehe, woher der Spitzname kam. Schlechte Frisuren hatten wir alle, auch die glücklichen, selbstbewussten Teenager, aber mich überrascht vor allem etwas anderes, wie verstört und verzweifelt wir damals aussahen.

Die Unsicherheit der Zeit spiegelte sich auch in den Mienen und machte uns hässlich.

Mein Liebesleben war bisher enttäuschend verlaufen. Meine Zimmergenossin ließ die Pille offen herumliegen, es schien mir wie eine Mahnung an meine eigene Rückständigkeit. Ich war schüchtern, ich las zu viele alte Bücher, die Vergangenheit erschien mir lebendiger als die Gegenwart. Ich machte Witze darüber, wie altmodisch ich sei.

Nach Charles Dickens, den Brontë-Schwestern und Thomas Hardy war ich bei Guy de Maupassant hängengeblieben. Bei den Engländern endete die Geschichte meist mit einer Hochzeit. Bei den Franzosen fing die Geschichte damit an. Die Ehe, ein Fiasko. Ich hatte keine gute Meinung von der Liebe.

Ich las mich durch die Bücherregale meiner Tante. Jedes Wochenende ging ich zu ihr und bediente mich, auch wenn sie längst aufgehört hatte, sich für alte Bücher zu interessieren. Ich verbrachte das Wochenende eingerollt auf einem alten Sessel mit einem Buch in der Hand. Nur zum Essen bewege ich mich heraus.

Mein damaliges Lieblingsbuch, das ich dreimal gelesen habe, handelte von einer gewissen Jeanne. Jeanne ging auf eine Klosterschule, sie wurde mit dem erstbesten Grafen, der sie gut findet, verheiratet. Sie war sehr verliebt und merkte zu spät, dass er kein guter Mensch war.

Die beste Stelle war, als sie mitbekommt, dass ihr Mann das Dienstmädchen geschwängert hat und dieses Kind bei ihr im Haus zur Welt kommt. Das war für Jeanne ein Schock. Aber sie drehte nicht durch, sie blieb ganz ruhig. Dabei ist sie erst 18. Das Buch ging darum, wie sie später im Leben zu sich selbst und innerer Freiheit findet.

Das Buch war eigentlich nichts für 16-Jährige, und ich bin nicht sicher, ob ich wirklich alles verstand, aber ich kam mir sehr reif und erwachsen vor, als ich es las. Als ob ich von den großen Gefühlen wüsste, die die Menschen durch die Geschichte treiben.

Auch Maupassants irres Leben faszinierte mich. Er nahm Drogen, schlief mit unzähligen Frauen und starb mit 43 an Syphilis. Ich musste im Lexikon nachschlagen, was Syphilis war und wurde rot, als ich die Stelle las.

Ich weiß nicht, wie ich darauf komme, es hat mit den Amerikanern, die meine Freundin und ich auf der Straße trafen, nichts zu tun. Wir standen mit Jim und Michael zusammen und unterhielten uns. Nach einer Weile baten sie uns, ob sie mit ins Wohnheim kommen dürften. Wir nahmen sie mit.

Michael und Jim wirkten sympathisch und höflich, viel höflicher als die Jungs, die wir kannten. Außerdem gab es sonst keinen Ort, an dem wir uns hätten hinsetzen können. Cafés gab es nicht und für die Kneipe waren wir zu jung. Niemand hielt uns im Lehrlingswohnheim auf, niemand fragte, was wir mit den Fremden in unseren Zimmern wollten.

Wir betraten das Zimmer meiner Freundin, weil ihre Mitbewohnerin nicht da war. Die beiden Amerikaner setzten sich auf die Betten. Meine Freundin und ich nahmen auf den Stühlen Platz. Ich stellte Fragen. Ich wollte wissen, woher sie kamen und wie es sie ausgerechnet nach Eisenhüttenstadt verschlagen hatte. Sie beantworteten die Fragen zögernd, so als ob sie dauernd überlegten, was sie sagen dürften und was nicht.

Sie sagten, dass sie Mormonen seien und jeder Mormone

die Pflicht habe, ein Jahr nach der Schule seiner Kirche als Missionar im Ausland zu dienen. Sie hatten ihre Schule kürzlich beendet und ihre Kirche hatte sie nach Germany geschickt. Es gebe da einen Ort an der polnischen Grenze. Aisenchuttenschdaaad. Sie kannten Munich, sie kannten Börlin, aber von Aisenchuttenschdaaad hatten sie noch nie gehört. Es klang nach einem Abenteuer.

Ich sah Michael und Jim an und ich konnte mir vorstellen, wie sie morgens ihre Missionsuniformen gebügelt hatten, die Männer müssen Anzüge mit Hemd und Krawatte tragen, das schrieb ihnen ihre Kirche vor, wie sie ihre Namensschilder auf das frisch gebügelte Jackett gesteckt hatten, Elder Michael, Elder Jim. Wie sie am Frühstückstisch über ihre Route durch die Stadt geredet haben, die sie wieder zu Fuß ablaufen würden. Erst Wohnkomplex 1, dann Wohnkomplex 2, dann Wohnkomplex 3. Sie fühlten sich fremd in ihrer neuen Stadt, aber auf eine anregende, gute Weise. Sie fanden es lustig, dass die Wohnkomplexe keine Namen hatten, nur Zahlen. Vielleicht erinnert es sie an Science-Fiction.

Vielleicht erinnerte sie der Ort auch an ihre amerikanischen Städte, die ebenso für einen neuen Menschentyp aus dem Boden gestampft worden waren, ohne Tradition, ohne Erinnerung, nur auf die Zukunft gerichtet.

Hier, in Aisenchuttenschdaad, war alles nur etwas grauer als zu Hause. Auf den Straßen fuhren keine oder nur wenige Autos. Viele Läden waren geschlossen. Die Supermärkte sahen noch aus wie früher, als es dort einmal im Jahr Apfelsinen aus Kuba gab.

Michael und Jim fühlten sich wie Eroberer, wie ihre Vorväter. Sie haben alle großen Kriege des zwanzigsten Jahrhunderts gewonnen. Nun, da niemand mehr von heißen oder kalten Kriegen redete, steckten sie neue Grenzen im Osten ab.

Vielleicht machten sie manchmal Fotos, die sie später noch ihren Enkeln zeigen konnten, guckt mal, so sah es hinter dem Eisernen Vorhang aus. We've been there – Michael and Jim.

Und mitten in diesem Museum des Kalten Krieges saßen zwei Mädchen, die darauf warten, dass etwas passierte, wie festgefroren.

Mormonen, was machten die noch mal? Ich hatte keine Ahnung, dass es zwischen der DDR-Staatsführung und den Mormonen seit langem freundschaftliche Beziehungen gab. 1985 wurde im sächsischen Freiberg der erste Tempel für ganz Deutschland eröffnet. Erich Honecker, der inzwischen tot ist, und Thomas S. Monson, der immer noch den Mormomen vorsteht, lobten sich 1988 bei einem Treffen gegenseitig. Damals, in Eisenhüttenstadt, waren mir die Mormonen fremd.

In einem Buch hatte ich von einer amerikanischen Sekte gelesen, deren Mitglieder sich in den Urwald zurückgezogen hatten. Irgendwann brachten sie sich mit Zyankali um, weil sie dachten, dass die Endzeit naht.

Ich musterte die beiden Männer auf dem Bett vor mir gründlich, mit ihren rasierten Gesichtern, den kurz geschnittenen Haaren. Sie wirkten nicht unsportlich. Sie sahen nicht so aus, als ob sie in nächster Zeit einen Massenselbstmord planen. Sie wollten nur unsere Seelen retten.

Der eine Mormone kramte in seinem Rucksack und holte ein blaues Buch heraus. Er schenkte uns das Buch Mormon. Ich verstand, dass das eine Art Bibel für die Mormonen war. Sie erzählten uns von Joseph Smith, einem Landarbeiter, der Gott und Christus und später einem Engel namens Moroni begegnet war. Ich hörte ihnen zu, es klang alles ausgedacht. Andererseits hätte ich dem Klang ihres Englisch ewig zuhören können. Es war, als wäre die Welt in unser Wohnheimzimmer gekommen.

Der Engel hatte Smith goldene Platten übergeben, auf denen in altägyptischer Schrift die neue Religion geschrieben stand. Der Landarbeiter Joseph Smith hatte plötzlich Altägyptisch verstanden. 1830 war das Buch Mormon erschienen, und Smith wurde ein Prophet, den Tausende anbeteten.

Ich fand es interessant, dass ein Mensch Gott werden konnte, bei den Christen, so hatte ich das aus meinen rudimentären Kenntnissen im Hinterkopf, ging das nur umgekehrt. Außerdem rührte es mich, wenn Menschen für ihre Überzeugungen und Ideen einstanden, auch wenn sie noch so absurd waren.

Vielleicht dachten sie, Deutschland stehe nach der Wende an einer ähnlichen Stelle wie Amerika 1830, es war ein aufgewühltes, neues Land, das neue Götter brauchte.

Die Mormonen hatten strenge Regeln. Jim und Michael wollten bald heiraten und dann viele Kinder mit einer anderen Mormonin zeugen. Sie sagten, dass ein Mormone nur einen anderen Mormonen heiraten darf. Früher sei es erlaubt gewesen, mehrere Frauen zu haben, aber das sei nun leider verboten. Joseph Smith soll 27 Frauen gehabt haben. Ich hörte ein leichtes Bedauern in Jims Stimme.

Ich glaubte ihnen, dass diese Polygamie-Zeit vorbei ist. Ich schaute mir die beiden an, sie waren eigentlich recht attraktiv. Ich dachte darüber nach, wie es wäre, Mormonin zu sein. Vielleicht würde ich Jim oder Michael heiraten und in eine amerikanische Kleinstadt nach Utah oder Illinois ziehen und viele Kinder bekommen. Ich stellte es mir schön vor, irgendwo dazuzugehören. Als ostdeutsche Mormonin in Salt Lake City.

Habt ihr Freundinnen?, fragte ich. Nein, sagten sie. Das wäre nicht erlaubt während des Missionsjahres. Da gebe es ein Gelübde. Ich war enttäuscht, als ob ich mir ein bisschen Hoffnungen gemacht hätte.

War ich wirklich so naiv? War ich so leicht zu beeindrucken? Ein bisschen Freundlichkeit, ein bisschen internationales Flair, und dafür hätte ich meine Seele an irgendeinen Sektenführer verkauft?

Meine Freundin starrte die beiden die ganze Zeit nur an, sie lächelte nicht, sie stellte keine Fragen, sie saß mit verschränkten Armen da. Am Ende forderte sie die beiden auf zu gehen. Es gäbe nichts mehr zu bereden. Ich war erst wütend auf meine Freundin, ich hätte gerne noch weitergeredet, aber insgeheim war ich auch ein bisschen erleichtert.

Wir sahen Jim und Michael manchmal auf der Straße wieder und grüßten sie freundlich. Ich hörte, dass sie Englischkurse anboten.

In Eisenhüttenstadt öffnete eine Disko, das *Eastside*. Meine Freundin und ich rannten da drei Tage die Woche hin und suchten weiter. Jedes Mal, wenn wir durch den Eingang in den dunklen Saal kamen, spürten wir eine Gänsehaut. Allein die Vorstellung, dass etwas passieren könnte, war aufregend genug.

Wir wussten selbst nicht genau, was wir erwarteten, aber wir waren mit einer Hartnäckigkeit von Forschern dabei.

Das *Eastside* war eine leere Halle, die mit wenig Aufwand umfunktioniert worden war. Am hinteren Ende stand eine Bühne, davor lag eine kleine Tanzfläche, mit bunten Platten, die aufleuchteten, eine Nebelmaschine gab es auch. Aber die wurde nur am Donnerstag, Freitag und Samstag angemacht. Rund um die Tanzfläche standen Stühle und Tische, als würden mehrere Schulklassen erwartet, die aber niemals kamen. Viele blieben unbesetzt.

Wir setzten uns an einen Tisch und warteten. Gegen zehn füllte sich der Laden etwas. Die Tanzfläche füllte sich mit Hausfrauen, die sich zu Modern Talking hin und her schoben. Die Männer: Sonnenbankgebräunte Prolls. Jungs in Stonewashed-Jeans-Anzügen. Einer trug zum Anzug weiße Cowboystiefel. Die, die Anzug trugen, das waren die Westler, die Versicherungsvertreter.

Mormonen und Versicherungsvertreter, das waren die einzigen Westler, die nach der Wende in unser Niemandsland fanden. Und beide trugen Anzüge und Krawatten. Wie eine Uniform, ein Anstrich von Bürgerlichkeit, damit konnte man die Ostler beeindrucken.

Die Männer kamen in Dreier- und Vierergrüppchen, die guckten, wir guckten zurück. Ein Spiel, das ewig laufen konnte.

Wir hatten diesen Blick perfektioniert, bei dem man so aussieht, als ob man in die Leere starrt und gar nichts mitkriegt, aber trotzdem den Raum erfasst und genau sieht, wer wo sitzt und wer was bestellt.

Ich kann mich nicht erinnern, dass wir uns besonders gestylt hätten. Nicht wie die Mädchen heute. Wenn ich mich schick machen wollte, zog ich einen anthrazitfarbenen eng anliegenden Rollkragenpullover an. Meine Freundin trug manchmal eine durchsichtige weiße Bluse, durch die man ihren BH sah. Sie lächelte, wenn die Männer sie anstarrten.

Ich bestellte einen Kirschsaft und einen Bananensaft. Ich muss fast lachen, wenn ich daran denke. Unsere Saft-Obsession. Ich war verrückt nach Kirschsaft. Alkohol tranken wir nie oder nur ganz selten.

Wir hielten uns an einem Glas Saft fest und dachten uns Spitznamen für die Gäste aus. Wir schufen uns eine Parallelwelt.

Wir träumten, wir wären in einer anderen Stadt, einer Fantasiestadt. Den Sonnenbank-Prolls gaben wir Namen wie Dave oder Angelo, den DJ machten wir zu einem Filmstar, der nebenbei auflegt. Die trostlose Theke verwandelte sich in eine wilde Bar, an der Drogen in die Drinks gekippt wurden, die unsere Rivalinnen müde und hässlich machten. Die Abende waren eigentlich nie langweilig.

Wie jedes Mädchen in den neunziger Jahren himmelte ich den DJ an. Er war blond, hatte etwas längeres Haar und kam aus Berlin. Berlin!

Die Stadt war zwei Stunden mit dem Zug entfernt und für uns sehr weit weg. Dort war das Leben. Der DJ stand erhöht auf der Bühne hinter einem Pult. In seinem Mund hing eine Zigarette. Wenn man sich ein Lied wünschen wollte, musste man zu ihm hinaufklettern und ihm den Titel ins Ohr flüstern. Er entschied, ob er den Wunsch erfüllen würde oder nicht. Er war der Star des *Eastside*.

Ich konnte Stunden damit verbringen zu überlegen, was ich mir wünschen sollte. Bevor ich das Treppchen hinaufstieg, atmete ich tief durch und zählte bis zehn. Einerseits hielt ich mich für reif, andererseits traute ich mich nicht, mit dem DJ zu reden.

In Berlin war damals alles offen und chaotisch, eine neue Musik entstand, Techno. Aber der DJ in Eisenhüttenstadt spielte die Playlist eines Achtziger-Jahre-Kindes, das nicht erwachsen werden will: ABC, New Order, Depeche Mode, The Smiths. Er spielte die Musik, als stünde er im Radiostudio, hinter jedem Lied machte er eine Ansage, immer mit den gleichen Worten. Und jetzt, Pause, ein Lied für Claudia, »The Look of Love« von der wunderbaren Band ABC!, Und jetzt, Pause, ein echter Klassiker, »Blue Monday« von New Order aus Manchester!

Marlene und ich spezialisieren uns darauf, die Songs schon an den ersten Rhythmen zu erkennen.

Langsam erweiterte sich mein Musikgeschmack. Ich entdeckte The Sisters of Mercy. Ich mochte das Düstere, das Aggressive, dazu die dunkle Stimme von Andrew Eldritch. Meine Freundin und ich kürten »Temple of Love« zur Hymne des *Eastside*, wir konnten den Text irgendwann auswendig und sangen ihn laut mit. Wir ließen uns von der Musik treiben.

Die cooleren Jungs tanzten auch zu den Sisters. Sie kamen meist an Donnerstagen. Sie trugen Schwarz und waren toll aufgestylt, mit engen Hosen und spitzen Schuhen, die Haare trugen sie wie Dave Gahan von Depeche Mode. Sie stürmten auf die Tanzfläche, wenn »Tainted Love« von Softcell gespielt wurde. Dann pustete die Nebelmaschine dicke weiße Flocken auf die Tanzfläche. Todesmutig sprach meine Freundin den Kleinsten aus der Gruppe an. Er nahm sie später mit nach Hause. Er hatte keinen Job, aber eine Band. Eine Depeche-Mode-Cover-Band in Frankfurt/Oder.

Ich erinnere mich an einen Abend, Marlene war beschäftigt, ich saß allein da und ließ mich von dem Versicherungsvertreter zu einem Kirschsaft einladen. Er setzte sich neben mich und blies mir Rauch ins Gesicht. Ich fand das albern und wollte erst aufstehen, dann zog er an meiner Hand und ich setzte mich wieder. Er erzählte von seinem Leben als Versicherungsvertreter. Er war 25 und doch kein Westler.

Ich war enttäuscht.

Ich hatte unbedingt einen Westler kennenlernen wollen. Er war Dreher wie mein Vater und hatte seine Arbeit im EKO verloren. Wie Tausende andere damals. Er hatte kein Büro, sondern musste von Tür zu Tür gehen. Er bekam nur Geld, wenn er Policen verkaufte. Er sagte, er macht sich Sorgen, weil er noch keine Police verkauft hatte und wahrscheinlich bald wieder bei seiner Mutter einziehen müsste. Er hatte schwarze Haare, braune Augen. Er war der mit den weißen Cowboystiefeln.

Irgendwann versuchte er, mich zu küssen. Er steckte seine Zunge in meinen Hals, so dass ich dachte, ich muss würgen, aber ich würgte nicht und fühlte mich auf einmal sehr erwachsen. Es war mein erster Kuss. Der Mann fragte mich, ob ich mit zu ihm komme, und ich sagte nein.

Um Mitternacht lag ich im Wohnheim im Bett. Ich bereute meine Entscheidung. Vielleicht war das meine letzte Chance für ein Rendezvous? Über dieser Frage schlief ich ein. Love is always over in the morning.

Meine Freundin und ich verarbeiteten unsere Erlebnisse allein. Vielleicht war unsere Internatssituation speziell, doch auch anderswo ließen die Eltern in jener Zeit ihre Kinder aus den Augen. Wir wurden Waisen.

Wenn ich müde war, ging ich manchmal nicht in die Schule und schrieb mir selbst eine Entschuldigung. Als meine Noten ein wenig schlechter wurden, begründete ich das mit dem Druck in der Schule, mit dem neuen westlichen System. Meine Eltern waren damit zufrieden.

Der Druck war weg, aber was man mit der neuen Freiheit anfangen sollte, wusste auch niemand so genau. Es gab keine Vorbilder, die bestimmte Ideen oder Ideale vertraten. Wir waren die, die Ideen hatten.

»Es gab keine Regeln mehr«, sagt Oliver Marquardt, der als DJ Jauche Platten auflegt, in dem Buch *Der Klang der Familie*. In dem Buch geht es um Techno und ich habe mit Techno nichts zu tun und trotzdem war es so. Es gab keine Regeln mehr.

Es stimmt wahrscheinlich nicht, es muss ja neue Regeln und neue Gesetze im vereinigten Deutschland gegeben haben. Es gab nur niemanden, der darauf achtete, dass sie eingehalten wurden.

»Man konnte auf der Straße neben Polizisten kiffen und es gab keinen Ärger. Die Polizisten aus der DDR kannten das ja eh nicht, und der Rest hatte andere Sorgen. Es gab so eine Gruppe aus Magdeburg, die haben sich immer Autos geklaut, um nach Berlin zu fahren. Zum Raven, die haben das dann wahrscheinlich hier stehen lassen, weil sie zu druff waren«, erinnert sich DJ Jauche.

Man hatte solche Jungs wie die Magdeburger damals überall. In Eisenhüttenstadt. In Chemnitz. In Prenzlau. In Jena. Überall.

Ich klaute keine Autos und nahm auch keine verbotenen Drogen. Ich empfand aber eine ähnliche Langeweile. Ich hatte ein Auto, einen Dacia, für 300 DM von meinem Onkel gekauft. Es wurde mein Wohnzimmer. Ich fuhr mit meinem Auto die Lindenalle hinab, vorbei an den Geschäften, die jetzt leer standen, weil alle lieber zu den billigen Discountern gingen, rechts um die Post herum die Straße hinunter und drehte eine Runde.

In der Erich-Weinert-Allee gab es eine Aral-Tankstelle. Dort hingen meine Freundin und ich oft ab.

Wir saßen im Auto, kurbelten das Fenster hinunter. Wir guckten uns die anderen Autos an. Wir guckten nach links, wir guckten nach rechts. Wir sahen ein Auto, fünf Minuten später tauchte es von der anderen Seite wieder auf. Jeder drehte so seine Kreise, wir kannten bald die üblichen Kunden. Wir prägten uns Autokennzeichen ein. Und wenn wir ins *Eastside* gingen, prüften wir schon auf dem Parkplatz, wer da war.

Die Autos, die nicht aus der Gegend kamen, kannten wir schnell. Es gab einen BMW mit Hamburger Kennzeichen und einen Opel aus dem Lahn-Dill-Kreis, wo immer das auch lag.

Wenn wir Geld hatten, kauften wir uns abends bei Aral eine Flasche Sangria und teilten sie uns. Danach fuhr ich ins *Eastside*. Wenn ich zurückkam, drückte ich in der Lindenallee auf das Gaspedal, bis es nicht mehr weiterging. Wir flogen durch die Stadt. Wir waren ganz allein im Weltall.

Eisenhüttenstadt brennt

Die Stadt veränderte sich. Die Schlote des EKO qualmten weniger, an manchen Tagen schien es, als sei das Feuer ausgegangen. Große Limousinen mit westdeutschen Kennzeichen fuhren vor. Männer in Anzügen stiegen aus, sie gingen grußlos an den Männern vorbei, die Transparente in der Hand hielten. Stirbt das EKO, stirbt die Stadt, stand auf ihnen. Dreitausend Mann waren schon entlassen worden. Innerhalb eines Jahres. In der Schule hatten wir früher vom Manchester-Kapitalismus gehört, jetzt erlebten wir den Manchester-Treuhand-Kapitalismus.

Ein Bild von damals habe ich vor Augen, wie ich in meinem Bett lag. Es war dunkel, schon spät, ich schreckte kurz auf. Ich hatte etwas gehört. Es war nach elf, vielleicht halb zwölf, normalerweise säße ich um diese Uhrzeit im *Eastside*, in der Disko und würde darauf warten, dass der DJ ein gutes Lied spielte. Aber das Schuljahr hatte gerade erst angefangen, in diesem Jahr würde ich Abitur machen. Meine Zimmergenossin lag gegenüber, schlief fest. Noch einmal krachte es. Es klang wie ein Silvesterknaller.

Aber es gab kein Feuerwerk. Es war auch nicht der 31. Dezember, sondern der 1. September 1992. Der Tag, den wir früher Weltfriedenstag nannten.

1992 sprach keiner mehr von kalten, heißen oder sonstigen Kriegen.

Im *Trockendock* begrüßten sich die Jungs unter den Augen der Sozialarbeiterinnen mit Heil Hitler. Da es der einzige von vierzehn Jugendklubs in Eisenhüttenstadt war, der die Wende überlebt hatte, grüßte man entweder zurück oder trieb sich lieber auf der Straße herum.

Jahre später lese ich vom *Winzerclub* in Jena, zweihundert Kilometer entfernt, in dem sich ab 1991 ein gewisser Uwe Mundlos aufhielt und seinen späteren Mordkomplizen Uwe Böhnhardt traf. Dort wurden die Rechten in Ruhe gelassen, sogar Skinhead-Bands durften auftreten. »Akzeptierende Jugendarbeit« hieß das Konzept, das offensichtlich zur gleichen Zeit auch in Eisenhüttenstadt im Trend lag.

In den achtziger Jahren waren in der DDR rechtsradikale Gruppen entstanden. Der Antifaschismus gehörte zwar zur Staatsräson, machte aber nicht jeden automatisch zum Antifaschisten. Bei manchen bewirkten die regelmäßigen Besuche von Konzentrationslagern, die für Pioniere vorgeschrieben waren, und die penetrant wiederholten Merksätze über die deutsche Schuld das Gegenteil. Wenn man als Jugendlicher die Autoritäten provozieren wollte, musste man Nazi-Symbolik verwenden oder etwas gegen die Sowjetunion sagen. Das war der größte Tabubruch. Uwe Mundlos ging zwar auf eine Schule, die den Namen eines Widerstandskämpfers trug, ritzte aber in der neunten Klasse im Werkunterricht Hakenkreuze. Das war 1988.

Das Ausländerheim war nicht weit weg vom Lehrlingswohnheim, in dem ich schlief. Manchmal sah ich unter dem Fenster Gestalten vorbeihuschen. Frauen mit Kopftüchern und langen Röcken. Männer mit hungrigen Blicken und fremden, lauten Stimmen. Am Montag, wenn ich in die Kaufhalle ging, standen dieselben Gestalten am Eingang und bettelten.

Bettler kannte ich bisher nur aus dem Westen. Eine Freundin, die mit dabei war, sagte, ich solle nichts geben, die würden alles umsonst bekommen, Essen, Klamotten, Computer, Kameras.

Es wäre eine Lüge zu behaupten, dass ich damals vorm Einschlafen besonders an die Menschen im Heim gedacht hätte. Ich kannte keine Ausländer und ich kannte keine Neonazis, zumindest nicht persönlich. Wenn mir eine Gruppe Jungs mit Glatzen und Springerstiefeln auf dem Bürgersteig entgegen kam, wechselte ich die Straßenseite. Sie suchten Streit, wollten auf sich aufmerksam machen.

Jetzt durfte man endlich alles sagen, was vorher verboten war.

Die Tabus fielen, und manche wurden übermütig. An den Mauern von Eisenhüttenstadt tauchten Hakenkreuze auf und Deutschland-über-alles-Sprüche. Es gab keine Regeln mehr, keinen funktionierenden Staat. Jede Woche wurden Behörden aufgelöst und wieder neu gegründet. Die Beamten, auch die Lehrer, wussten nicht, was sie nach Westgesetzen erlauben sollten und was nicht. Rechts-Sein wurde zu einer Jugendkultur.

Neben mir schlief meine Zimmergenossin Nancy. Sie hatte sich verändert in letzter Zeit. Sie war immer eher unpolitisch gewesen, sie las keine Zeitung, sah keine Nachrichten, sie interessierte sich für Selbsterfahrungsbücher, Betty Mahmoody und solche Sachen, ihre Lieblingsband war Roxette. Neuerdings hörte sie Böhse Onkelz und hatte Freunde, die mit Springerstiefeln und Bomberjacke rumliefen.

Das war auch eine neue Mode: Mütter kauften ihren Söhnen Bomberjacken, allein aus ökonomischen Gesichtspunkten war das sinnvoll. Die Jacken hatten eine gute Qualität, sie hielten ein paar Jahre, und sie waren, auch das ist nicht unwichtig in kleinen Städten, unauffällig, weil sie alle trugen.

In der Zeitung, die in der Schule herumlag, hatte ich gelesen, dass siebzig Jugendliche das Asylbewerberheim, das fünf Minuten vom Lehrlingsheim entfernt stand, am letzten Wochenende der großen Ferien in Brand gesteckt hatten. Sie ließen die Ferien mit einem Feuerwerk ausklingen. Glücklicherweise war niemand zu Schaden gekommen. In den Tagen danach versammelte sich jeden Abend ein Mob und warf Brandsätze. Ich fragte mich, warum die Polizei das Problem nicht in den Griff bekam. Oder wollte sie es nicht in den Griff bekommen? Jeder kannte doch die Jungs mit den tiefer gelegten Autos, Runen auf der Heckscheibe, kurzgeschorene Haare, jeder wusste, wo sie sich trafen. Ich lernte damals, dass die Polizei schwach ist. Ich wollte lieber nicht in eine Situation kommen, in der ich auf ihre Hilfe angewiesen war.

Die Beamten waren nach den Ausschreitungen schnell dabei, ihre Stadt zu schützen. Es hieß, dass die Täter aus Rostock kamen, der Polizeipräsident sprach von einem »Randale-Tourismus«. In Rostock-Lichtenhagen hatte ein Mob tagelang Vietnamesen, ehemalige Vertragsarbeiter, gejagt. Daneben standen die Nachbarn und klatschten. Die Bilder von aufgehetzten Jugendlichen, brennenden Gebäuden und der flüchtenden Polizei gingen um die Welt, seitdem waren alle Ostler Nazis. Gegen die Bilder von Rostock anzukommen war unmöglich.

Eisenhüttenstadt schaffte es nicht in die Nachrichten, obwohl sich im Kleinen etwas Ähnliches abspielte. Überall in Deutschland brannten damals Asylbewerberheime. Politiker heizten die Stimmung noch an, in der erregten Asyldebatte klangen die Äußerungen mancher Politiker nicht viel anders als die der Neonazis. Es war die schlimmste Welle rassistischer Ausschreitungen seit dem Ende des Zweiten Weltkrieges.

Gegen wen richtete sich die Wut? Hans-Joachim Maaz, Autor des Buches *Der Gefühlsstau,* erklärt sie so: »Sie schlugen den Ausländer und meinten den Westdeutschen.« Im Prinzip hat er wahrscheinlich recht. Die »Fidschis«, »Neger« und »Zigeuner« lagen einfach näher als die übermächtigen Westler.

Im Januar 1991 hatte das Asylbewerberheim in Eisenhüttenstadt eröffnet. Über zwanzig Jahre später lese ich die Artikel der Lokalzeitung dazu nochmal. »In den nächsten Tagen sollen die ersten Asylanten in unserer Stadt eintreffen. Mit diesem Gerücht macht sich Angst und Verunsicherung breit«, schreibt die Lokalzeitung am 17. Januar. Asylant, das klingt nicht gut, es klingt wie Intrigant, Simulant, Pedant. Es ist ein Neonazi-Wort, aber das wussten die Journalisten der ehemaligen Bezirkszeitung damals wahrscheinlich nicht. Eine Woche später fliegen die ersten Molotowcocktails. Wer nicht viel nachdenken und seinen Frust ablassen wollte, hatte jetzt ein Ziel gefunden.

Im Nachhinein könnte man fragen, wer die kuriose Idee hatte, Tausende Flüchtlinge ausgerechnet in eine Gegend des Landes zu schicken, in der die Menschen selbst gerade dem Zugriff eines diktatorischen Staates entkommen waren. Zwanzig Prozent aller Asylbewerber wurden nach Ostdeutschland geschickt, unter Protest von Menschenrechtsorganisationen wie Amnesty International. Woche für Woche wurden Hunderte traumatisierte Menschen aus Kriegsgebieten durch eine Stadt durchgeschleust, die selbst ihr Trauma noch nicht verarbeitet hatte. Die Ostler fingen gerade erst an, für sich selbst zu denken, Grenzen auszutesten. Aber Eisenhüttenstadt lag gut, in einer leeren Landschaft, am Rande Deutschlands, abseits von Autobahnen und Erholungsgebieten, ideal, um Probleme zu entsorgen. Wie Giftmüll.

1991 und 1992 wurden rund 34 000 Asylbewerber durch Eisenhüttenstadt geschleust, bevor sie auf andere Heime verteilt wurden.

Es gab keine Dolmetscher, keine erfahrenen Anwälte, keine Begegnungsstätten, die sich um die Verständigung zwischen den Fremden und den Einheimischen kümmerten. Kurzum, es gab die Infrastruktur nicht, die Westdeutschland über vierzig Jahre aufbauen konnte.

Kein Politiker in Eisenhüttenstadt hielt es für nötig, den Menschen zu erklären, warum ausgerechnet in ihrer Stadt ein Ausländerheim eröffnet wurde, warum sie sich an den Anblick von Fremden in ihrer Stadt gewöhnen müssen und warum es eine zivilisatorische Errungenschaft war, Verfolgte aus anderen Ländern aufzunehmen. Die Bundesregierung wollte ja gerade das Asylrecht abschaffen.

Aus Angst vor der Wut der Bürger heizten auch die Lokalpolitiker die Stimmung noch an. »Über die Ausländer, über die man sich hier beschwert, beschwert man sich auch anderswo«, diktierte der FDP-Bundestagsabgeordnete Jörg Ganzschow im September 1992 in den Block eines Lokalreporters. Er schien den Steinewerfern recht zu geben. Der SPD-Innenminister, Alwin Ziel, empfahl einen Zaun um das Ausländerheim zu bauen. Er versprach, den Zuzug von Ausländern zu begrenzen. Als müsste man die Heiminsassen einsperren. Als seien sie das Problem.

In der Lokalzeitung werden die Ausländer durchweg einseitig dargestellt, als Diebe, Ungeziefer, Krankheitsüberträger. Ich zitiere hier die Überschriften in der Lokalausgabe der *Märkischen Oderzeitung* in den ersten acht Monaten des Jahres 1992:

»Rumänen mit Diebesgut gefasst«
»Rumänischer Asylbewerber stiehlt Lebensmittel im Konsum Fünfeichen«
»Wenn wir aufpassen, schnappen wir manchmal fünf Ladendiebe die Stunde«
»Auch Ausländer haben keinen Freibrief beim Stehlen«
»Nierenklau in Polen: Kidnapperstory erfunden?«
»Bulgarische Großfamilie schleppt Ruhr nach Eisenhüttenstadt«
»Rumäne mit Spaten in 17 Gärten unterwegs«

Erschreckend, wie einseitig die Berichterstattung damals war. Immer wieder wurden die Ausschreitungen als »Protest« verniedlicht. Kein einziges Mal kommen die Menschen, um die es ging, zu Wort. Die Steinewerfer konnten sich im Einklang mit dem Rest der Gesellschaft fühlen.

Nach den tagelang andauernden Ausschreitungen, die die Stadt schockierten, ging Ende September 1992 ein Lokalreporter in den Jugendklubs auf Spurensuche. Die Sozialarbeiterin sagte, dass die wenigsten Gewalt wollten: »Die Jugendlichen sagen nur laut, was andere denken. Sie wollen auf sich aufmerksam machen.« Nach dem monatelangen Gerede über die Zukunft des Stahlwerks EKO seien die Jungen verunsichert.

Zwischen 1991 und 1992 wurden dreitausend Menschen aus dem Stahlwerk entlassen. Siebentausend waren in Kurzarbeit. Der Präsident der Wirtschaftsvereinigung Stahl, Ruprecht Vodran, wurde mit den Worten zitiert: »Jede Tonne Stahl, die in Ostdeutschland produziert wird, ist eine Tonne zu viel.«

»Den Jugendlichen gehen in einer solchen Situation die Orientierungen der Neonazis runter wie Öl«, meinte die Sozialarbeiterin Helga Parcewski.

Heute habe ich manchmal das Gefühl, ich müsste mich rechtfertigen, warum wir uns damals an der Schule nicht gegen die Ausschreitungen engagierten. Es gab keine Lichterkette, keine Solidarität mit den Asylbewerbern. Die Ausschreitungen waren meiner Erinnerung nach kein großes Thema, weder unter den Schülern noch unter den Lehrern.

Meine Lehrer hatten inzwischen Übung darin, Ereignisse, die nicht in ihr Weltbild passten, zu ignorieren. Als die Amerikaner in den Irak einmarschierten, als Bagdad brannte, hatten sie uns auf die Straße gescheucht, um zu demonstrieren.

Meine Lehrer halten daran fest, dass es an ihrem Gymnasium keine Rechten gab. Die Schwachen brauchten Führer, sagt der ehemalige Schuldirektor, Jörg Weise. Es klingt, als hätte es an seiner Schule keine Schwachen gegeben.

Meine damalige Klassenlehrerin gibt allerdings zu, dass sie Anfang der neunziger Jahre auch keinen Neonazi erkannt hätte. Sie hatte keine Vorstellung, wie man einen Neonazi identifiziert, wenn er nicht gerade im Stechschritt durch das Klassenzimmer stolzierte und *Sieg Heil* brüllte. »Ich wurde erst später darauf hingewiesen, dass es bestimmte Marken gibt, die Rechte bevorzugen«, sagt Frau Wilke heute.

Homo Oeconomicus

Im Sommer 1993 machte ich Abitur. »Bildungsgang erweiterte Oberschule« stand auf den Abschlusszeugnissen, als Zeichen dafür, dass ich eine Schule besucht hatte, die es nicht mehr gab. Sie werden ins Leben eintreten, sagten die Lehrer. Ich trat ins Leere. Ich hatte keine Ahnung, was als Nächstes passieren würde.

Es gibt Fotos von der Abiturfeier, die im Friedrich-Wolf-Theater stattfand. Ich trage einen glänzenden Hosenanzug, ich will elegant aussehen, doch die schwarzen Straßenschuhe, die an meinen Füßen stecken, passen nicht. Auf dem Foto sehe ich meine Unsicherheit.

Kein Vergleich zu den Abiturfeiern heute: Mädchen in Hollywood-Roben, mit komplizierten Hochsteckfrisuren und professionellem Make-Up.

Wäre die Mauer nicht gefallen, hätte ich mein Abitur in der Talente-Klasse wie geplant abgeschlossen, dann hätte ich Journalistik an der Universität Leipzig studiert. Einen anderen Weg gab es nicht, wenn man Journalistin werden wollte. Im Sommer 1993 schien es mir fast gleichgültig, welches Studium ich wählte. Aber nach Leipzig wollte ich auch nicht mehr.

Die Zeitungen schrieben, diejenigen, die jetzt Abitur machten, seien die Wendegewinner. Sie würden unbelastet von der Vergangenheit die neue Freiheit zu nutzen wissen –

und die Einheit nebenbei vollenden. Einheit vollenden, das klang so, als wäre das Zusammenwachsen von zwei Ländern ein 800-Meter-Lauf, man müsste nur genügend Runden drehen, dann käme man ans Ziel.

Ich wollte weg aus Eisenhüttenstadt. Schon die letzten beiden Schuljahre hatte ich als Zeitverschwendung empfunden, ich wollte, dass die Zukunft endlich beginnt.

Die Aussichten seien ganz unsicher für Journalisten, warnte mich die Frau vom Berufsinformationszentrum in Berlin-Tiergarten. Wenige Stellen, sehr viele Bewerber. Ob ich nicht lieber ein Lehramt in Erwägung ziehen wolle?

Aus meiner ehemaligen Klasse wählten die meisten Ausbildungsberufe, sie wurden Versicherungsangestellte, Bankkauffrauen, relativ wenige studierten, und wenn, dann wählten sie Fächer, die Sicherheit und Geld versprachen, Jura und Betriebswirtschaft, oder die bequem waren, wie Kulturwissenschaft an der neu gegründeten Europa-Universität Viadrina im Nachbarort Frankfurt/Oder.

»Jeder muss zuerst an sich denken«, notierte ich im Herbst 1993 in mein Tagebuch, es ist ein Satz, der in Variationen immer wieder auftauchen wird. Ich weiß nicht mehr, wo ich ihn zuerst aufgeschnappt habe. Es war ein Satz, der damals kursierte, den man sich unter Freunden zuflüsterte, warnend, ermahnend. Ein Lehrsatz der »Ellenbogen-Gesellschaft«. Noch so ein typisches Wort für die Zeit.

Ich hatte im Berufsinformationszentrum ein Faltblatt über den Studiengang Politologie an der FU Berlin gefunden. Ich dachte, es könnte nicht schaden, etwas über politische Systeme zu lernen. Unter »Berufsaussichten« stand, dass laut einer Studie ein Drittel aller Abgänger von 1988 Taxifahrer wurden. Die Aussicht, zur Not in Berlin Taxi zu fahren, machte mir ein wenig Angst, aber hielt mich nicht ab.

Im Herbst 1993 schrieb ich mich an der Freien Universität Berlin ein, am *Otto-Suhr-Institut.* Ich hatte keine Ahnung vom Mythos des *Osi*, wie die Studenten das Institut nannten.

1968 hatten die Studenten eine radikale Hochschulreform angetrieben, bei Demonstrationen gegen den Staat waren sie vorn dabei und träumten vom Sozialismus. Anfang der neunziger Jahre hatte das Institut seine besten Zeiten hinter sich. Die Jüngeren, die jetzt herumliefen, plapperten die Slogans der 68er nur nach. Man verehrte Rudi Dutschke, man hasste den Springer-Verlag, man kaufte im Dritte-Welt-Laden.

Wenn man in der DDR aufgewachsen war, sagte einem der Name Rudi Dutschke zunächst nichts. Ich kannte Tamara Bunke, die Gefährtin von Che Guevara, die in Eisenhüttenstadt Abitur gemacht hatte, oder Juri Gagarin, den ersten Mann im All, aber nicht Rudi Dutschke und die 68er.

Das Land, das jetzt meins war, kam mir ziemlich fremd vor.

Ich bezog ein Wohnheimzimmer in Berlin-Lichtenberg. Zur Universität brauchte man eine Stunde mit der U-Bahn, aber ein näheres Zimmer gab es nicht. In meinem Zimmer standen ein Schrank, ein Schreibtisch, ein Bett. An der Wand hingen keine Bilder, nicht von meinen Eltern, nicht von meinen Geschwistern und nicht von Freunden.

Es war so unpersönlich wie ein Hotelzimmer. Als wäre ich allein auf der Welt.

Es fiel mir schwer, mich an die Stadt zu gewöhnen. Alles schien voller unfreundlicher, graugesichtiger Personen.

Ich sah Menschen allein in Cafés sitzen, mit einem Buch in der Hand. Wie machen die das? Woher haben sie die Kraft?

In einem Erstsemesterseminar zur politischen Theorie saßen lauter Schwaben und Bayern und redeten so eloquent über Hegel, Weber und Kant, dass ich den Eindruck hatte, sie wüssten schon alles, als hätten sie schon alles gelesen. Sie meldeten sich dauernd und diskutierten mit dem Professor. Ich saß stumm mittendrin und verstand kein Wort. Ich verstand die Sprache nicht, in der meine Kommilitonen redeten, und ihr zur Schau gestelltes Selbstbewusstsein erschien mir zu aufdringlich. Nach dem Seminar rannte ich in die Bibliothek, um Bücher von Max Weber auszuleihen. Ich ging zur Uni, wie ich früher zur Schule gegangen war. Ich versuchte herauszufinden, was in der nächsten Klausur gefragt war, und lernte das auswendig.

Ich erinnere mich weniger an Ereignisse als an ein Gefühl: die Angst hängenzubleiben, mich nicht zu verbessern. Jeder Tag, an dem ich nichts lernte, jeder Tag, an dem ich kein Geld verdiente, war ein verlorener Tag. Zeit war mein Feind. Ich war 19 Jahre alt.

Anderen Studienanfängern mag das ähnlich gegangen sein, auch wenn sie nicht in der DDR aufgewachsen sind. Massenunis und ihre Anonymität können einschüchtern. Doch für mich war es die erste, prägende Begegnung mit einer westdeutschen Institution. Ich dachte, alle Unis sind so: kalt, unpersönlich, unübersichtlich. Der Studienstart an einer Massenuni in der größten Stadt Deutschlands schien mir ein Symbol für mein neues Leben.

In meinem Tagebuch notierte ich mir das, was ich für die Regeln in der Bundesrepublik hielt:

Man muss kämpfen, Ellenbogen ausfahren, oberflächlich sein, nicht so viel nachdenken. Jeder kämpft für sich!

Leistung allein genügte nicht mehr, es wurde wichtiger, sich gut zu verkaufen und durchzusetzen.

An eine Unterhaltung erinnere ich mich besonders, weil sie mich auf Jahre danach prägte.

Ich kam in der Mensa mit einer Kommilitonin, die auch Politik studierte, ins Gespräch. Sie stammte, das verriet ihr Dialekt, aus Süddeutschland. Als sie hörte, dass ich aus dem Osten kam, platzte sie heraus: »Und, waren deine Eltern auch bei der Stasi? Wie war das, bespitzelt zu werden? Hattet ihr Angst? Waren die wirklich gefährlich?«

Ich war solche direkten Fragen nicht gewöhnt und fühlte mich sofort angegriffen. Und ich fand es merkwürdig, dass die Kommilitonin über meine Eltern reden wollte. Was hatte ich mit meinen Eltern zu tun? Vor der Wende hatte mich nie jemand nach meinen Eltern gefragt. Es wäre eine Illusion zu glauben, dass es in der DDR keine soziale Ungleichheit und keine Statusunterschiede gab, aber Herkunft war nicht so wichtig. In dem neuen Staat entschied die Herkunft über den Aufstieg, wen man heiratete, mit wem man befreundet war. Das Klassensystem war nicht so offensichtlich wie in England, wo man die feinen Leute schon daran erkennt, ob sie ihr Bad »loo« oder »bathroom« nennen, aber wer damit aufgewachsen war, orientierte sich daran.

Eine Schulfreundin erzählte mir, dass sie am ersten oder zweiten Tag an der Humboldt-Universität von einer Frau angesprochen worden sei: »Mein Vater ist der Manager bei einem Bundesliga-Fußballverein. Und was machen deine Eltern?« Als meine Freundin erwiderte, ihr Vater sei Ingenieur in Eisenhüttenstadt, wandte sich die Fußball-Managertochter ab.

Ich antwortete schließlich, dass meine Eltern nicht bei der Stasi gewesen wären und dass ich auch niemanden persönlich kennen würde, der bei der Stasi gewesen war. Die Frau schien mir nicht zu glauben. Sie kannte Zahlen, die belegten, dass jeder zehnte DDR-Bürger Inoffizieller Mitarbeiter war. Ich müsste doch einen davon kennen. Ich zuckte mit den Schultern und wusste nicht, was ich sagen sollte.

Danach änderte ich meine Strategie. Ich sagte nicht mehr, woher ich kam.

Die DDR war verschwunden, entwertet, ein peinlicher Irrtum, den man lieber vergaß. Mit der DDR war auch meine eigene Vergangenheit verschwunden und entwertet.

Im November 1993 lege ich auf den zwei letzten Seiten des Tagebuchs Listen an.

Was ich mag:
Laut Musik hören
Das Meer
Mich verlaufen
Maupassant, Nietzsche
Provozieren
Vollkornbrot
Naturkosmetik
Fremde Städte kennenlernen

Was ich hasse:
Sächsischer Dialekt
Dauerwelle
Schrankwände
Mallorca
Hauptschüler mit rechter Gesinnung
Leberwurst
Über den Alex gehen
Menschenmassen

Wenn ich das heute lese, amüsiert es mich. Schrankwände, Dauerwelle, sächsischer Dialekt und Leberwurst. Das sind die

Dinge, die ich mit der DDR assoziierte. Am ehesten kann ich noch die Abneigung gegen das Sächsische nachvollziehen. In der DDR kamen die schlimmsten Kommunisten aus Sachsen. 1990 bekam dort die CDU die höchsten Stimmergebnisse. Sachsen, das war für mich die Hochburg der Opportunisten.

Aber sonst? Ein Jahr, bevor ich das schrieb, hatte ich selbst noch eine Dauerwelle, und im Wohnzimmer meiner Eltern stand eine Schrankwand. Nun hasste ich das alles. Ich hasste meine Kindheit, meine Vergangenheit.

Ich lese aus den Zeilen schon die Verzweiflung heraus, die später noch größer werden wird. In mir baute sich damals ein Druck auf, mich neu zu erfinden. Ich wollte von vorn anfangen, so neu und blank sein wie weißes Papier.

Ich wusste nur noch nicht wie.

Im Februar 1994 machte ich ein Praktikum bei einer Zeitung in Bremen. An einem Abend rief mich mein Freund André an. Er war ein paar Jahre älter, wir kannten uns aus Eisenhüttenstadt, aus dem *Eastside,* und waren seit dem vorherigen Sommer zusammen. Wir hatten unterschiedliche Berufswünsche und Vorstellungen von der Zukunft, er studierte BWL in Kiel, ich Politik in Berlin, wir sahen uns selten.

Während ich in Bremen war, jobbte er in Hannover. Ich fuhr mitten in der Nacht zu ihm, eineinhalb Stunden mit dem Auto, aber als ich da war, wusste ich nicht, was ich sagen sollte.

André klagte über die neue Zeit, die Jagd nach materiellen Werten und Konsum. Geld, Karriere, Erfolg seien die einzigen Dinge, die heutzutage zählten, nicht mehr menschliche Beziehungen. Der Mensch sei ein »Homo oeconomicus«, der sich nur nach seinem Nutzen entscheide, referierte er.

Er hatte sich verändert, seitdem er aus Eisenhüttenstadt weggegangen war.

André studierte BWL, trug neuerdings Anzug und hatte für die Zeit nach seinem Abschluss schon einen Vertrag bei Volkswagen. Er lebte ganz gut mit den Werten, die er angeblich ablehnte. Er roch auch schon wie ein Westler.

Ich sagte ihm, er sei ein Heuchler.

Wir stritten uns, am Ende fuhr ich in den frühen Morgenstunden davon, als könnte ich so der neuen Zeit entkommen.

Auf der B6 Richtung Bremen blieb mein alter Dacia stehen und sprang eine Weile nicht mehr an. Ich stand neben einem Feld, auf der Straße kam kein anderes Auto. Ich konnte in der Ferne noch mehr Felder sehen, keine Häuser, keine Telefonzelle. Es war vier Uhr morgens. Es war kalt und still.

Ich fuhr nach Bremen, packte meine Sachen. Das Praktikum beendete ich nicht. Ich zog während der Semesterferien wieder bei meinen Eltern ein und arbeitete bei der Lokalzeitung.

Liebe, schlussfolgerte ich, hielt mich nur zurück in meinen Anstrengungen.

13. März 1994
Ein 19-jähriges Mädchen hat sich in Beeskow erschossen. Ich bin 19. Ich bewundere sie, gleichzeitig verstehe ich sie nicht. Den Mut zu haben, aufs Leben zu verzichten, dazu gehört schon was. Ich glaube, das geht nur, wenn man nicht nachdenkt, impulsiv handelt, aus einer Laune heraus. Ein Selbstmord ist so unnötig.

Als ich das viele Jahre später lese, versuche ich, Genaueres über den Fall zu recherchieren. Bis auf eine kleine Meldung entdecke ich nichts. Ich schrieb so kühl über den Selbstmord, aber der Fall löste etwas aus. Zwei Tage später schrieb ich:

15. März 1994
Nach Berlin bin ich heute die ganze Strecke 30 gefahren. Ich hatte den ganzen Tag Angst vor einem großen Unglück, das ich nicht aufhalten kann. Ich benahm mich seltsam. Guckte in die Luft und sah nichts. Ich hatte Todesangst. Was ist los mit mir? Todesangst mit 19, aus heiterem Himmel? Den ganzen Tag fürchtete ich, ich müsste sterben. Mein Körper gehorchte meinem Verstand nicht. So muss es sich anfühlen, wenn man verrückt wird. Ist nicht alles, was ich tue, sinnlos und leer? Ich darf nicht weiter nachdenken.

Ich lese das heute und komme mir selbst fremd vor. Hab ich das wirklich geschrieben? Meine Tagebuchaufzeichnungen nach dem Abitur sind widersprüchlich, oft launisch, manchmal wütend, das Tagebuch steckt voller Briefe, die ich nie abgeschickt habe. Aber es ist selten so deprimierend zu lesen wie an dieser Stelle.

Woher kommt diese Endzeitstimmung? Diese Verzweiflung? Etwas Neues hatte angefangen, mein Erwachsenenleben, doch ich schrieb, als ob etwas zu Ende ging.

Meine Eltern konnten mir nicht helfen. Schon die Bafög-Anträge, die sie ausfüllen mussten, machten ihnen Angst. Sie gaben mir Ratschläge, die wenig nützten. Sie hatten die neue Zeit hingenommen wie einen Wetterumschwung, mit einer gewissen Teilnahmslosigkeit.

Wenn ich über die hohen Anforderungen an der Universität klagte, sagten meine Eltern, ich solle nicht mehr hingehen. Wenn ich eine schlechte Note bekam, vermuteten sie, dass die Professoren Ostdeutsche benachteiligen würden. Wenn ich mich beklagte, dass ich mich allein fühlte, empfahlen sie, ich sollte aus Berlin zurückkommen.

Meine Eltern hielten die Stadt für zu laut, zu dreckig und zu gefährlich. Wenn ich zurückfuhr, gab meine Mutter mir Essenspakete mit, als wäre in Berlin eine Hungersnot ausgebrochen.

Als ich 19 war, führte mein Vater ein erstes Gespräch mit mir. Danach notiere ich mir seine Worte in mein Tagebuch:

Heute langes Gespräch mit Papa. Er hat gesagt, nicht Glück und Freude bestimmen das Leben, auch nicht Geld und materielle Werte. Die kurzen Momente des Glückes werden ständig überschattet. Tränen, Schmerz, Angst, das ist der Sinn des Lebens. Das Leben ist ein Kampf.

Was sagt man dazu? Wahrscheinlich meinte er es gut, wollte mich warnen, mir Illusionen oder falsche Erwartungen zu machen. Optimismus oder Hoffnung zu verbreiten war nicht seine Stärke.

An einem Morgen im Mai 1993 meldete ich mich bei der Studentenarbeitsvermittlung der FU Berlin an. Ich schrieb darüber wie aus einer fernen Welt:

27. Mai 1994
Ich bin heute um fünf aufgestanden und habe mich bei der FU-Arbeitsvermittlung Heinzelmännchen angemeldet. Kurz- und langfristig werden Jobs vermittelt, dreimal täglich erklingen in den Lautsprechern der Thielallee die verschiedenen Angebote. Vom Rasenmähen über Krankenpflege bis zum Bühnenaufbau gehen die Jobs. Zehn Angebote gibt es, auf die sich 40 bis 50 Studenten stürzen. Soziologisch betrachtet ist der typische Heinzelmann ein Ausländer. Heinzelfrauen sind ebenso selten wie die Angebote für Frauen, also Prospekte ver-

teilen, Etiketten kleben, Briefe sortieren. Die Jobs für Männer sind auch nicht verlockend. Möbeltransport scheint sehr begehrt zu sein. 20 Mark gibt's dafür die Stunde für Knochenarbeit. Möbeltragen in den 5. Stock, Fahrstuhl nicht vorhanden. Ob Plackerei auf dem Bau, Nachtarbeit, die Heinzelmännchen sind nicht zimperlich. Sie haben alle Hemmschwellen überschritten. »Mach ich nicht« gibt es nicht. Alles, was zählt, sind die Scheine, die man später in der Hand hält. Die Leute brauchen das Geld, deshalb stehen sie morgens um halb sieben in der Silberlaube, werfen ihre Ausweise in den Korb und hoffen, dass sie eine Nummer weit vorn bekommen. Zwei Stunden später füllt sich der Raum wieder. Alle hören auf die Stimme aus dem Lautsprecher, die die Angebote verkündet. Noch zweimal am Tag die gleiche Prozedur. Noch eine Chance für Frank, Guy, Katrin, Hassan und mich. Der Job geht immer an den Interessenten mit der niedrigsten Wartenummer. Die Studenten haben es nötig. Sie sehen nicht aus wie aus dem Ei gepellt. Haben keine reichen Eltern. Die meisten haben dunkle Haut und schwarze Haare. Deutsch sprechen sie nicht perfekt. Sie müssen sich irgendwie ihren Unterhalt finanzieren. Sie sind die Heinzelmänner.

Der Besuch der Heinzelmännchen lehrte mich, dass es so etwas wie Statusunterschiede auch unter Studenten gab. Wer sich bei den Heinzelmännchen traf, wie die Ausländer und die Ostdeutschen, stand ganz unten. Mir fällt auf, wie distanziert ich schreibe: »Sie haben es nötig.« Als ob ich noch etwas Besseres sein wollte.

Über die Arbeitsvermittlung fand ich einen Sommerjob auf der zweitgrößten Baustelle Berlins am Ostkreuz. Ich arbeitete dort als Sekretärin in einem Baucontainer. An meinem 20. Geburtstag war mein erster Arbeitstag.

16. Juli 1994
Meine Füße stecken in klobigen braunen Sicherheitsstiefeln. Wenn ich über die Baustelle laufe, ziehe ich alle Blicke auf mich. Das hat nichts mit meinem Aussehen zu tun. Es gibt hier sonst keine Frauen. Die Bauarbeiter testen mich, probieren aus, wie weit sie gehen können. Man kann nur mit ihnen arbeiten, wenn man eine Balance zwischen zweideutigem Geplänkel und Distanz hält. Es ist sehr anstrengend. Die meisten sind Moslems aus dem ehemaligen Jugoslawien. Sie sind jung und ihre Augen flackern. Vielleicht bilde ich mir das auch nur ein. Flackern, was ist das für ein Wort.

Manchmal stehen sie plötzlich im Büro und wollen Schrauben, Schlüssel, Scherze. Ich habe keine Angst, sprachlich bin ich ihnen überlegen. Schlimmer sind die Bauleiter, bei denen jede zweite Bemerkung unter die Gürtellinie zielt. Ich bleibe locker, obwohl ich heulen könnte. Man darf nicht schreien, weil man damit Schwäche zeigt. Dann haben sie einen Angriffspunkt, in den sie immer wieder bohren.

Ich versuchte, die DDR zu vergessen, und zu ignorieren, dass mein Leben zweigeteilt war. Doch das Verdrängte kam immer wieder hoch. Ende August beobachtete ich eine Szene in der U-Bahn, die mir so wichtig war, dass ich sie aufschrieb.

31. 8. 1994
Ein Mann spricht einen anderen schroff an, der gerade eine Zeitung liest. »Scheiß Kommunisten-Blatt. Warum liest du das?« Der Leser des Neuen Deutschland *schaut auf, meint der mich?*

»Die Kommunisten sollten alle eingesperrt werden, die haben Deutschland geteilt.«

Der ND-Leser widerspricht.

»Ach, hör bloß auf mit den zwei deutschen Staaten. Es gab immer nur ein Deutschland«, sagt der Schroffe.

»Aber die BRD!«

»Die BRD sagt der! Das war doch kein Ausland. Wir gehörten immer zusammen.«

Der Mann regt sich weiter auf. Er scheint ein Kurzzeitgedächtnis zu haben.

Ich kenne ihn, vor sieben Jahren sah ich ihn mit einem Transparent marschieren: Wir bauen den Kommunismus, Frieden, Wohlstand für alle.

Ich möchte kreischen schreien heulen.

Wer war der Mann, den ich meine erkannt zu haben? Es ist vielleicht nicht wichtig. Die Szene war typisch für die Zeit. Es gab zwei Möglichkeiten, mit der Vergangenheit umzugehen, man konnte vor dem Fernseher sitzen, sich Nostalgieshows angucken, Plattenbau-Memory spielen und *Neues Deutschland* lesen, oder man konnte so tun, als sei man schon immer für die deutsche Einheit gewesen. Beides forderte viel Selbstverleugnung.

Wenn ich meine Aufzeichnungen lese, spüre ich zwischen den Zeilen immer mehr den Druck, mich für etwas entscheiden zu müssen.

1. September 1994
Ich beschäftige mich mit der Frage, inwieweit der Mensch sein Leben selbst bestimmen kann. Inwieweit hat er die Fähigkeit dazu?

Ich möchte wissen, ob der Mensch glücklicher ist in einer liberalen Gesellschaftsordnung, die dem Individuum das Recht auf Selbstbestimmung ermöglicht. Oder ob der Mensch sich eher wohl fühlt in einer Ordnung, die Werte und Rich-

tungen vorgibt? Kann der Mensch mit der Freiheit umgehen? Kann der Mensch selbst Orientierungspunkte jenseits von Schule, Beruf usw. setzen? Und diese auch im Auge behalten?

Alle klagen heute über den Verlust der Werte. Früher scheint alles besser gewesen zu sein. Heute sieht sich jeder nur selbst und seinen Konsum. Die Jugend ist verwahrlost, so sagen es alle.

Den Menschen fehlen feste Orientierungspunkte. Sie wissen nicht mehr, wie viel Beziehungen zu anderen wert sind. Sie wissen nicht, was morgen kommt.

Sie haben Angst vorm Ozonloch, vor vergiftetem Fleisch und davor, dass ihre Lieblingsfernsehserie ausfällt.

Andererseits: Wie breit war die Basis in der DDR, auf der es idealistische Ziele gab?

In die Gegend, in der ich wohnte, waren nach der Wende viele Neonazis gezogen. Wenn ich abends am S-Bahnhof Nöldnerplatz ausstieg, hatte ich Angst, den kürzeren, aber dunklen Pfad zum Wohnheim zu benutzen. Einige Studenten waren schon überfallen worden. Ich machte lieber einen größeren Bogen.

3. September 1994
Streit zu Hause. Ich verschwinde. Ich wünschte, jemand würde mich davon abhalten.

Mir wurde irgendwann zu viel Freiheit gewährt. Ich glaube, anderen in meinem Alter geht es auch so.

Sie schneiden sich die Haare ab, rasieren sich den Schädel, obwohl sie lieber lang trügen. Sie küssen irgendwelche Typen, die sie gar nicht mögen. Sie hoffen, jemand hält sie auf, straft sie. Aber es passiert nichts. Lass den Jungen doch, er muss selbst wissen, was er tut. Sagen die Alten im Dorf.

Dann pinnt er sich die Deutschlandkarte mit den Grenzen von 1939 an die Wand und dreht die Stereoanlage auf. Wir wollen nur eingeschränkt werden, auch wenn wir das nie zugeben würden.

Woran sollen wir uns orientieren, wenn wir alles dürfen. Bis das Gesetz greift, ist es zu spät.

Alles ist erlaubt, keine Grenze darf nicht überschritten werden. Da sind wir wieder bei der Selbstbestimmung.

Täglich liest man von Überfällen auf Ausländer. Schändung von Friedhöfen. Dauernd grölen Glatzköpfe rechte Parolen und pöbeln Leute in der S-Bahn an. Es ist kein politisches, sondern ein soziales Problem! Wie ist das jetzt mit den Grenzen?

Wenn ich das heute lese, bin ich überrascht, wie viel ich damals schon erkannte – und wie blind ich gleichzeitig war.

Nicht nur die anderen, die sich den Schädel rasierten und die Deutschlandkarte in den Grenzen von 1939 aufhängten, waren empfänglich für einfache Wahrheiten. Auch ich sehnte mich nach Übersichtlichkeit, nach Einfachheit, nach einer Heimat. Ich hätte wahrscheinlich auch Islamistin, Scientologin oder vielleicht, unter besonderen Umständen, Neonazi werden können. Es war nur eine Frage, wer mich zuerst ansprach.

Brüder und Schwestern

Ich war in Eile, ich rannte durch die Republik, ich verschickte Bewerbungen für Praktika in Zeitungsredaktionen, immer aus Angst, später als Taxifahrerin zu enden, wenn ich mich nicht genügend anstrenge. Meinen Eltern erzählte ich nichts von dem Druck, den ich spürte. Sie sahen nur, wie unabhängig und selbstständig ihre älteste Tochter war. Ich wollte sie nicht belasten. Ich hätte auch nicht gewusst, wie sie mir hätten helfen können. Sie kannten niemanden bei einflussreichen Stellen und sie wussten auch nicht, wie man Bewerbungen am Computer schrieb.

Im Frühjahr 1995 machte ich eine Bekanntschaft, die mein Leben verändern sollte. Für eine Hospitanz ging ich nach Hamburg und zog in eine WG mit einer Frau, die nur wenige Jahre älter war als ich, eine Modedesignerin.

Obwohl Hamburg viel reicher und fremder war, wirkte die Stadt auf mich weniger bedrohlich als Berlin, die Großbaustelle. Die U-Bahn war keine richtige U-Bahn, sondern ähnelte einer überdimensionierten Modelleisenbahn, die auf Stelzen durch die Stadt glitt. Kein Krümelchen lag in den Wagen auf dem Boden, blonde Menschen saßen selbstzufrieden auf den Sitzen und schauten aus dem Fenster.

Die Hamburger hielten ihre Stadt für die schönste der Welt.

Die Bahnhöfe trugen lustige Namen: Sternschanze, Schlump,

Mümmelmannsberg. Das klang eher nach den sieben Zwergen als nach Großstadt. Was sollte Schlimmes in einer Stadt passieren, deren U-Bahn-Stationen Schlump und Mümmelmannsberg hießen? Ein Überfall auf Schneewittchen? Die Mümmelmänner schlagen zurück? Nachdem ich monatelang auf einer Baustelle geschuftet und abends einsam in einem Lichtenberger Wohnheim über die Grenzen der Freiheit nachgedacht hatte, fühlte ich mich schon auf der U-Bahn-Fahrt zur WG seltsam beschwingt und heiter.

Das Haus, in dem ich die nächsten zwei Monate wohnen sollte, stand an einer großen Straße im Stadtteil Winterhude. Gleich am Eingang gab es einen Bäcker, daneben reihten sich Geschäfte, die teuer aussahen. Auf fünfzig Metern konnten sich die Hanseatinnen dreimal die Haare fönen lassen, im *Haarlekin*, im *Haarexpress* und im *Haarkontor*. Das Restaurant *Arizona* servierte Steaks.

Wahrscheinlich gab es diese Läden schon seit zwanzig Jahren, und es würde sie auch zwanzig Jahre später noch geben.

Auf jemanden wie mich, in dessen Leben in den vergangenen Jahren wenig gleich und verlässlich geblieben war, wirkte diese Beständigkeit beruhigend.

Im Treppenhaus lag ein Teppich, an der Tür hing ein Messingschild mit dem Namen der Frau. Katharina war groß und schlank, die schwarzen Haare hatte sie zu einem Pferdeschwanz zusammengebunden. Obwohl sie nur Jeans, T-Shirt und sehr wenig Make-Up trug, sah sie perfekt gestylt aus. Nichts saß schief. Kein Haar lag an der falschen Stelle.

Ihre Anmut wirkte noch stärker, wenn man mich neben ihr sah.

Ich war leicht übergewichtig, trug Reno-Schuhe, Billig-Jeans und ein weites Sweatshirt mit der Aufschrift »Steffi-Moden«. Meine Haare klebten am Gesicht, ich schwitzte von den Treppen und der schweren Tasche.

Ich sah mich um. Die Wohnung war riesig, allein schon der Flur schien nicht zu enden, überall entdeckte ich Türen. Hier hätte eine Großfamilie wohnen können. Kaum zu glauben, dass eine 28-jährige alleinstehende Frau so viel Platz brauchte. Weiße Flügeltüren öffneten sich zu einem mit Stuck dekorierten, spärlich eingerichteten Wohnzimmer.

Auf dem Parkett stand ein schneeweißes langes Sofa. Sonst sah ich kaum Möbel, auch wenige persönliche Gegenstände. Selbst die Tasse auf dem Couchtisch schien unbenutzt zu sein und nur aus dekorativen Gründen dort zu stehen.

Ich traute mich nicht, mich zu regen. Ich wollte nichts schmutzig machen. Ich stand nur da und bestaunte alles mit großen Augen. Es war für mich, als würde der Westen in dieser Hamburger Altbauwohnung noch einmal seine Überlegenheit zur Schau stellen. Vor dem Fenster rankten Rosen.

Ich konnte mir nicht vorstellen, wie sich jemand, der nur wenige Jahre älter war als ich, eine solche Wohnung leisten konnte. Ich wollte wissen, wo Katharina arbeitete. Die Antwort verblüffte mich. Sie sagte, sie sei arbeitslos. »Im Moment«, fügte sie hinzu. Deshalb sei sie gezwungen, ein Zimmer unterzuvermieten.

Katharina schien nicht darunter zu leiden, keine Arbeit zu haben. Es hatte offenbar auch keine Auswirkungen auf ihren Lebensstandard. Sie hatte diese große Wohnung, im Bad lagen teure Lippenstifte.

Ich dachte an meinen Vater, der sieben Monate lang zu Hause gesessen hatte. Der Unterschied war, dass sich Katharinas Kombinat nicht aufgelöst, sondern dass sie selbst entschieden hatte, zu Hause zu bleiben. Sie wollte sehen, was sich ergab. Ich musterte sie neugierig.

Sie schien genau zu wissen, was sie wollte. Und sie schien sich sicher zu sein, dass sie das auch bekommen würde. Ich wäre gern so gewesen wie sie. Ich hatte noch nicht mal meine Tasche ausgepackt, und fing bereits an, meine neue Mitbewohnerin zu bewundern.

Sie übereichte mir ein Stück Papier, das in Zellophan eingeschweißt war. Hausordnung, stand darauf. Darunter hatte sie Verhaltensregeln aufgelistet, über eine stolperte ich besonders: Männliche Gäste waren nicht gestattet.

Solch ein Verbot schien so altmodisch, das passte gar nicht zu der modernen, coolen Frau, die neben mir stand. Sie sagte, dass sie in der Vergangenheit oft schlechte Erfahrungen mit Untermieterinnen gemacht hätte.

Ich fragte nicht nach, sondern händigte ihr die Miete aus.

Am ersten Abend machte sie Salat zum Essen. Sie nahm dazu einen besonderen Essig, der sämig und fast schwarz war. Sie legte mit hölzernem Salatbesteck sorgfältig ein paar Blätter auf meinen Teller, ich probierte die dunkle Soße, sie schmeckte süßlich, mit einer feinen Säure. Der Essig schmeckte viel aromatischer als der, den ich von zu Hause kannte. Das sei Balsamico, belehrte mich Katharina. Aus Italien. Ich dachte, vielleicht hatte die Wende doch ihre guten Seiten: Balsamico, Mozzarella, Cappuccino.

Ich aß meinen Teller schnell leer, ich hatte im Zug nichts gesessen und war hungrig, ich wartete auf einen Nachschlag. Aber Katharina stellte die Salatschüssel schon in den Kühlschrank. Für morgen. Sie sagte das mit Nachdruck in der Stimme, die keinen Widerspruch zuließ.

Danach verschwand sie in ihrem Wohnzimmer, und ich hatte das Gefühl, dass sie allein sein wollte. Sie brauchte das gar nicht zu sagen, sie hatte so eine Art, die mich auf Abstand hielt.

In meinem Zimmer stand eine Schale mit Schoko-Hasen, es war nach Ostern. Ich schaute die Schoko-Hasen an, ihr Anblick machte mich ein wenig traurig. Ich fühlte mich einsam. An dem Abend rief ich meine Mutter an, nur kurz, weil Ferngespräche zu teuer waren. Ich hörte ihr zu, sie lobte den jungen Nachbarn, wie gut er den Garten pflege, und ihre Stimme klang sehr weit weg.

Ich hätte lieber mit Katharina im Wohnzimmer gesessen, aber ich traute mich nicht rüberzugehen. Ich hörte den Fernseher laufen. Ich aß die Schoko-Hasen auf und hoffte, dass es Katharina am nächsten Tag nicht auffiel.

Ich merkte erst gar nicht, wie religiös sie war. Religion war etwas für Schwache, sie schien nicht der Typ. Nur als mir einmal im Gespräch ein »Oh Gott« herausrutschte, reagierte sie komisch. Sie guckte streng, und mahnte, dass ich so etwas bitte nicht mehr sagen solle, solange ich in ihrer Wohnung wohne.

So etwas?

Sie sagte, ich hätte gegen das Zweite Gebot verstoßen.

Ich konnte mich nicht mal an das erste erinnern.

Ich kam aus der DDR, dem Land der Atheisten. Nach vierzig Jahren Repressionen gegen die Kirche gab es nirgendwo auf der Welt weniger Gläubige als im Osten. Man hatte sich in einem Leben ohne Gott eingerichtet, selbst am Ende, zu Beerdigungen, holte man lieber einen Redner als einen Pastor. Das ist bis heute so.

Religion hatte bei uns zu Hause nie eine große Rolle gespielt. Meine Mutter ging einmal im Jahr zu Weihnachten in die Kirche. Wie die meisten Kinder im Osten waren meine Geschwister und ich nicht getauft worden.

Von den Zehn Geboten hatte ich als Siebenjährige gehört, in der Christenlehre. Wir waren eine kleine Gruppe gewesen, vielleicht zehn Kinder aus den Dörfern der Umgebung, die einmal die Woche ins Pfarrhaus kamen. In den Dörfern hatte die Religion überlebt, wenn auch nur als Ritual. Es war zu DDR-Zeiten üblich, dass Bauernkinder Konfirmation und Jugendweihe zusammen machten. An Weihnachten füllten sich die Kirchbänke, dann fror man auf den Holzbänken, wie aus einer perversen Lust heraus, sich vor dem großen Fressen und Saufen, zu dem Weihnachten geworden war, selbst zu bestrafen.

In der Christenlehre las der Pastor aus der Kinder-Bibel vor und erzählte von Jesus. Danach ging er um den Tisch und gab jedem ein Stück Westschokolade in die Hand. Es war kein schlechter Deal.

In der zweiten Klasse ging ich trotzdem nicht mehr hin, weil ich den Pastor nicht leiden konnte und nicht mehr an einen Mann mit weißem Bart im Himmel glauben wollte. Ich glaubte ja auch nicht mehr an den Weihnachtsmann. Als ich nach Eisenhüttenstadt zog, verschwand der Glaube völlig aus meinem Leben. In Eisenhüttenstadt gab es nicht mal Kirchtürme.

In der schicken Hamburger Altbauwohnung versuchte ich mich an das, was ich als Christenlehre-Kind gelernt hatte, zu erinnern. Du sollst nicht stehlen, du sollst Mutter und Vater ehren und du sollst nicht die Ehe brechen. Das waren drei. Welches war das zweite?

Katharina half mir schließlich und sagte das Gebot auf:

»Du sollst den Namen des Herrn, deines Gottes, nicht unnütz gebrauchen, denn der Herr wird den nicht ungestraft lassen, der seinen Namen missbraucht.«

Oh. Das war das zweitwichtigste Gebot?

Katharina nickte, es wäre nur erlaubt, Gott in der Not anzurufen, ihn zu preisen und ihm zu danken, erklärte sie. Fluchen beschmutzte den Namen des Herrn. Dafür käme man in die Hölle. Nicht nur »Oh Gott«, sondern auch »Mein Gott«, »Oje«, »Meinje«, »Herrgott«, »Herrje« sowie »Gottogott« waren ab sofort verboten.

Ich hörte schweigend zu und wusste nicht, ob ich lachen oder weinen sollte. Ich sagte dauernd »Oje« oder solche Redewendungen. Ich konnte mir auch nicht vorstellen, dass sich jemand durch ihren Gebrauch beleidigt fühlte.

Aber meine Mitbewohnerin meinte das ernst. Das war kein Witz. Ich fand das durchgeknallt und war zugleich beeindruckt, wie sehr sie ihren Gott verteidigte, selbst bei solchen Kleinigkeiten. Sie funktionierte wie eine Soldatin.

Wie würde sie erst reagieren, wenn ich wirklich etwas Fieses über ihren Gott sagte? Mit Prügeln, mit Ausgehverbot?

Mir fiel danach auf, dass Katharina öfter über Gott redete, sie sprach über ihn, als wäre es nicht eine abstrakte Idee, sondern ein Freund. Ihr Gott. Sie begann ihre Sätze gern mit: »Und dann hat Gott zu mir gesagt.«

Ich merkte nicht, dass sie meistens über sich redete. Ihre Pläne, ihre Wohnung, ihr Gott.

Sie las mir abends aus der Bibel vor, den Korinther-Brief.

»Nun bleiben aber Glaube, Liebe, Hoffnung, diese drei. Aber die Liebe ist die größte unter ihnen.«

Der Spruch wurde tausendfach vorgetragen, missbraucht, benutzt, ein ewiges Tauf-, Konfirmanden- und Hochzeitsmotto, wahrscheinlich ist kein anderer Bibelspruch so abgenutzt, aber mich, das DDR-Kind, konnte man damit 1995 beeindrucken. Ich war gerührt und wollte mir den Spruch aufschreiben. Das sei nicht nötig, sagte Katharina und schenkte mir ihre Bibel. Ich bedankte mich überschwänglich. Ich hatte jemanden gesucht, an dem ich mich orientieren konnte. Jetzt hatte ich jemanden gefunden.

Erst im Nachhinein verstand ich, dass Katharina nur ihre Routine abspulte, sie hatte mich längst als das perfekte Opfer erkannt. Sie wusste, dass ich aus dem gottlosen Osten kam.

Sie erklärte mir, die Entscheidung für oder gegen Gott sei die wichtigste Entscheidung, die man im Leben zu treffen habe, wichtiger als die Wahl des Berufs oder des Partners. Denn wer sich nicht für Gott entscheide, lande in der Hölle.

Als ich meinen Mund verzog, weil mir das Wort Hölle so albern vorkam, wurde sie ernst. Sie sagte, die Hölle wäre nicht nur ein heißes Feuer, sondern der schrecklichste Ort, den ich mir vorstellen kann. Ein nicht enden wollender Alptraum. Ich fragte, was mit den Menschen sei, die getauft sind, wie meine Mutter, kommt sie in den Himmel? Katharina schüttelte den Kopf.

Der sanfte Druck gehörte auch zum Programm, das ich später selbst lernen würde.

Katharinas Freund, Frank, war Rettungssanitäter. Er wohnte nicht in Hamburg, sondern in einer Kleinstadt in Süddeutschland. Sie kannten sich nicht gut, aber Katharina war überzeugt davon, dass Frank der Richtige war. Sie hatten sich auf einem Missionseinsatz in Südafrika kennengelernt. Die Missionsgesellschaft hatte nicht erlaubt, dass sie sich küssten oder Händchen hielten. Sie durften sich nur heimlich treffen, das erhöhte den Reiz. Sie hatten gebetet, und ihnen sei klar geworden, dass sie zusammengehörten. Nach ihrer Rückkehr nach Deutschland wollten sie sofort heiraten.

Wenn Katharina ihre Geschichte vortrug, klang alles logisch und nachvollziehbar.

Sie zeigte mir ein Foto, auf dem sie mit ihrem Freund zu sehen war. Er sah auch sehr gut aus, mit Dreitagebart und längeren, lockigen Haaren. Ich war mir sicher, noch nie ein hübscheres Paar gesehen zu haben. Optisch passten sie perfekt zusammen.

So viel Schönheit strahlte auch auf mich ein wenig ab. Ich war stolz, bei Katharina wohnen zu dürfen.

An einem Sonntagmorgen fragte Katharina mich, ob ich zum Gottesdienst mitkommen wolle. Mich interessierte dieser Gott, der so streng auf seine Namensrechte achtete wie ein amerikanischer Konzern und der sich auch als Heiratsvermittler betätigte. Außerdem wäre ich mit Katharina überall hingegangen. Als ich in Berlin war, hatte ich mich allein gefühlt, orientierungslos, das vermeintliche Selbstbewusstsein meiner Kommilitonen hatte mich eingeschüchtert, die Widersprüche der Zeit hatten mich durcheinandergebracht, auf einmal fand ich jemanden, an den ich mich klammern konnte. Ich verehrte sie still und sehnte mich nach Anerkennung von ihr. In ihrem Badezimmer benutzte ich ihren teuren Lippenstift und guckte im Spiegel, wie ich aussah. Danach wusch ich die Farbe schnell wieder ab.

Der Gottesdienst fand im Norden Hamburgs in einer umgebauten Fabrik statt. Nichts erinnerte an eine Kirche, wie ich sie kannte: kein Turm, keine Orgel, keine Holzbänke.

Mein Blick glitt durch den modernen vertäfelten Saal, ich sah eine Videoleinwand und eine große Lichtanlage. Im Saal füllten sich langsam die Stuhlreihen. Es lag eine Vorfreude in der Luft, die sich auf mich übertrug. Auf der Bühne lehnten Instrumente, als würde gleich ein Popkonzert losgehen, selbst ein Schlagzeug entdeckte ich. Vorn prangte ein dezentes, gläsernes Kreuz. Ansonsten deutete nichts darauf hin, dass es sich um eine Kirche handelte.

Später lernte ich, dass viele Freikirchen so gestaltet waren, um nicht abschreckend auf Ungläubige zu wirken. Bei meinem ersten Besuch wusste ich noch nicht mal, was eine Freikirche war, wie viele Ausprägungen es gab, worin der Unterschied zwischen »evangelisch« und »evangelikal« bestand.

Ich merkte nur, dass meine neue Freundin mit einer gewissen Verachtung über die Landeskirchen sprach. Sie bemängelte, dort gebe es kaum »wiedergeborene Christen«. Wiedergeboren, das klang für mich nach Esoterik, nach Buddhismus. Ich dachte an Männer, die behaupteten, in ihrem früheren Leben der Zar von Russland gewesen zu sein oder ein Hund. Aber damit hatte das, was Katharina meinte, offenbar nichts zu tun. Ich musste noch viel lernen. Katharinas Kirche gehörte einem unabhängigen Bund an, der 1874 in Wuppertal gegründet wurde und zu dem heute 426 Gemeinden mit rund vierzigtausend Mitgliedern zählen.

Ich war ein bisschen aufgeregt, wegen der vielen fremden Gesichter, ich lief nur Katharina hinterher. Ich bemerkte die vielen jungen Leute, die in den Saal kamen. Sie umarmten sich herzlich, als hätten sie sich jahrelang nicht gesehen.

Ich weiß nicht, ob mir schon damals auffiel, wie übertrieben das alles war, das Lachen, die Umarmungen. Als müsste das Innere nach außen gekehrt werden. Wie im Theater. Ich fügte mich dort ganz leicht ein, als ob ich meine Rolle schon lange früher einstudiert hätte.

Ein älterer Mann, vielleicht der Pfarrer, begrüßte die Besucher und fragte, ob Gäste da wären. Eine Frau hinter mir stand auf und stellte sich vor. Sie sagte ihren Namen und ihre Gemeinde. Katharina stieß mich an. Also stand ich auch auf. Ich wusste nicht, was ich sagen sollte. Alle Augen ruhten auf mir, mein Herz klopfte, mein Gesicht färbte sich rot. Ich nannte nur meinen Namen und gab an, dass ich aus Berlin käme. Das schien auszureichen, denn der Gottesdienst fing an.

Jemand trommelte auf das Schlagzeug, ein Mädchen trat ans Mikrofon und begann zu singen. Die Leute standen auf, manche hoben ihre Hände und sangen mit. Der Text war englisch, die Melodie eingängig. Bei der zweiten Strophe stimmte ich mit ein. Ich hatte als Kind gern gesungen, auch die Kampf- und Pionierlieder, auch wenn man das fünf Jahre nach dem Mauerfall nicht mehr sagen durfte, ohne als Kindersoldat zu gelten.

Ein junger Mann ging nach vorn, er trug Shorts und einen Bart, er sah nicht wie der Pfarrer aus. Er stellte sich als Sigmar vor und erzählte eine Geschichte aus der Bibel, es ging um einen Vater und seine zwei Söhne. Der Vater teilte das Erbe auf, der jüngere Sohn ging in ein fernes Land und gab sein Geld aus, bis nichts mehr übrig war. Als eine Hungersnot kam, musste er als Tagelöhner arbeiten und Schweine hüten. Er aß aus dem gleichen Trog wie die Schweine und fühlte sich verlassen. Sigmar sagte, dass der Junge sich leer und einsam fühlte, weil er sich von seinem Vater entfernt hatte.

Dann machte er eine Kunstpause.

Wir sollten darüber nachdenken, was das mit unserem Leben zu tun hat. Hast du dich von deinem Vater, von Gott entfernt? Direkte Anrede. Es war ein einfacher psychologischer Kniff, den ich tausendmal wieder hören würde, der sich abnutzen würde, aber damals funktionierte er.

Sigmar sagte, die Menschen hätten sich abgewendet von Gott, um ihr eigenes Ding zu drehen. Weil sie sich stark fühlten, hätten sie Gott lächerlich gemacht. Sie hätten sich anderen Göttern zugewandt, Geld, Karriere, Sex, Drogen.

Spürst du nicht manchmal auch eine Leere in deinem Leben?, hörte ich. Ich nickte unwillkürlich.

Ich hatte nun das Gefühl, dass Sigmar, der Prediger, nur zu mir sprach. Ich verstand genau, was er sagte. Hatte ich nicht vor kurzem dieselben Worte benutzt, um das Gefühl nach dem Mauerfall zu beschreiben? Diese Leere, die folgte?

Ich hatte zwei Semester in Berlin studiert und alles getan, was das System verlangte, ich hatte Seminare und Sprechstunden besucht, Papiere abgegeben und Scheine gemacht. Doch wozu das Ganze?

Ich dachte an den Staat, in dem ich nun lebte. Soweit ich es verstanden hatte, ging es im Westen hauptsächlich darum, viel Geld zu verdienen und Besitz anzuhäufen. Mir erschien das zu wenig für ein Leben. Die DDR, das alte Skelett, wollte ich auch nicht wiederhaben. Aber ich vermisste einen höheren Sinn.

Ich spürte, wie sich eine Enttäuschung in mir breitmachte, die ich nun klar mit dem westlichen System verband.

Gepredigt wurde Freiheit und Toleranz und Mitbestimmung, aber in Wahrheit war der Einzelne so unfrei wie früher. Wie mein Vater gesagt hatte: Wir träumten vom Reisen und bekamen die Arbeitslosigkeit. Die Wände waren aus Gummi.

Bei Václav Havel hatte ich gelesen, dass die Entfremdung des Menschen im Westen ähnlich fortgeschritten sei wie im Osten, das westliche System manipuliere nur unendlich feiner.

Heute denke ich, ich hätte dort sitzen bleiben können, meinen Gedanken nachhängen, ich hätte nicht aufstehen müssen, um mein Leben Jesus zu übergeben. Aber damals hatte ich keine Wahl.

Wie die Geschichte aus der Bibel weitergeht, ist bekannt: Sohn kehrt zum Vater zurück, Sohn bereut, Vater freut sich, Happy End.

Sigmar musste jetzt nur noch das Happy End im Saal herbeiführen. Es wurde ganz still. »Gott ist auch jetzt hier«, rief er.

»Die Leere, die ihr spürt, das ist die Leere, die Gott hinterlassen hat. Der Vater möchte mit euch zusammen sein, er will euch eine neue Heimat geben«, Sigmar machte eine weitere bedeutungsvolle Pause. »Er liebt dich, er liebt jeden Einzelnen hier.«

Es klang kitschig, aber auch tröstlich.

Sigmar setzte nun sein feierliches Gesicht auf. »Ihr könnt Jesus nicht mit dem Verstand fassen, sondern nur mit dem Herzen. Wenn euer Herz jetzt klopft, dann solltet ihr das ernst nehmen als ein Zeichen von Gott. Alle, die Jesus in ihr Herz lassen wollen, bitte ich nach vorn«, sagte er. Ich schaute zu Katharina. Sie rührte keine Miene.

Die Geschichte mit dem Vater, der seinen Sohn sterben ließ, um die Menschen zu retten, gefiel mir in ihrer Einfachheit. Ich wiederholte still den Satz. Gott liebt dich.

Warum nicht? Wer wollte nicht geliebt werden?

Ich gab mir einen Ruck, stand auf und ging nach vorn. Ich schaute mich um und sah beruhigt, dass ich nicht die Einzige war, drei, vier andere Besucher stellten sich neben mich. Wir fassten uns an den Händen. Sigmar legte nacheinander die Hände auf unsere Köpfe und betete für uns. Ich spürte seine warmen Hände und stellte mir vor, dass es Gottes Hände waren.

Ich ließ mich gern in das Gefühl hineinschaukeln: Ich musste bekennen, dass ich gesündigt hatte und dass ich Jesus in mein Herz lasse. Das fiel mir leicht, das klang harmlos. Ich merkte gar nicht, wie ich manipuliert wurde. Ich wollte es vielleicht nicht merken. Ich fühlte mich geborgen in den fremden Händen.

Die anderen Gottesdienstgäste klatschten, fremde Menschen kamen auf mich zu und umarmten und küssten mich. Ich gehörte plötzlich dazu. Vielleicht war es die ganze Zeit um nichts anderes gegangen: das Dazugehören-Wollen.

Ich bekam Geschenke überreicht, ein kleines Päckchen, das mit einer Schleife umwickelt war, darin eine kleine Bibel, Broschüren und Bonbons. Es war wie eine warme Welle, die Hoffnung, Liebe und Trost versprach. Ich fragte mich nicht, woher diese Päckchen kamen, wer das vorbereitet hatte. Wer konnte wissen, dass ich nach vorne gehen würde?

Später erfuhr ich, dass ich an jenem Sonntag an einer missionarischen Großveranstaltung teilgenommen habe, die die Gemeinde alle zwei Jahre organisierte. Alle Mitglieder wurden aufgefordert, Ungläubige mitzubringen. Meine Mitbewohnerin, die Missionarin, hatte nur das gemacht, was sie immer machte.

Ich war nur eine von vielen verlorenen Seelen, die sie gerettet hatte. Jahre später würde sie sich nicht mehr an mich erinnern können.

Nachdem ich Jesus in mein Herz gelassen hatte, war ich auch würdig, zu Katharinas Hochzeit zu kommen. Sie lud mich zu ihrer Feier ein. Ich half ihr, die Rosen auf ihr seidenes Hochzeitskleid zu sticken, das sie selbst entworfen hatte, und bastelte die Tischdekoration. Die Feier fand in einem exklusiven Segelklub an der Alster statt. Es war meine erste Hochzeit, ich erzählte stolz meiner Mutter davon. Dass meine Freundin Katharina eine wiedergeborene Christin war und mich auch konvertiert hatte, das sagte ich nicht.

Ich sprach lieber davon, dass ich neuerdings öfter in die Kirche ginge, ohne das genauer zu differenzieren. Das müsste ihr schmeicheln, da sie doch selbst in meinem Alter in die Junge Gemeinde gegangen ist.

Katharina hatte Frank für die Trauung die Finger mit farblosem Nagellack lackiert, so dass sie glänzten. Sie sahen beide wie Models aus. Das Fest, mit Tänzen und Opernmusik, war eine Show der Eitelkeiten, aber ich dachte, ich würde nie wieder eine stimmungsvollere Hochzeit erleben. Die meisten Gäste gingen am späten Nachmittag. Am Abend war eine kleinere Feier für Freunde und Familie geplant. Ich nahm selbstverständlich an, dass ich dazugehörte.

Ich stand an der Alster auf dem Bootssteg, das Holz knarzte unter meinen Füßen, der Wind strich über meine Haut, ich sah das Wasser, das aussah, als hätte jemand einen Haufen Diskokugeln hineingeworfen. Darauf tanzten die Boote. Hinter den Bäumen am Ufer lugten weiße Villen hervor. An einem sonnigen Tag konnte man fast glauben, man wäre in Italien.

Während ich auf das Wasser schaute, fühlte ich eine Gelassenheit und Freude, die mir fremd war. Und ich dachte, das muss der Gott sein, zu dem ich nun bete. Es konnte kein Zufall sein, dass ich ihn in Hamburg gefunden hatte. Sollte ich vielleicht ganz nach Hamburg ziehen?

Als das Abendessen losgehen sollte, suchte ich nach einem Namensschild. Ich ging mehrmals um die Tische herum, doch ich fand meinen Namen nicht. Ich war davon überzeugt, dass es sich um ein Missverständnis handeln musste. Ich fühlte mich Katharina besonders verbunden, ich hatte mit ihr gelebt, sie hatte mich zu Gott geführt.

Es gab aber kein Schild. Katharina hatte mich nicht eingeladen. Sie war überrascht, dass ich die Feier nicht mit den anderen Gemeindemitgliedern verlassen hatte. Als sie das Missverständnis merkte, wollte sie aber auch nicht so herzlos sein und mich wegschicken. Sie malte mir schnell ein Schild, und für mich wurde ein Stuhl an einen Tisch dazugestellt. Ich war so beseelt, dass ich die Blicke der anderen Gäste ignorierte.

Es war ein kleines Missverständnis, aber ein Vorzeichen für die größeren, die noch kommen sollten.

Ich mag die klare, poetische Sprache der Bibel: »Am Anfang schuf Gott Himmel und Erde«, lautete der erste Satz des Buches Mose. »Und die Erde war wüst und leer und es war finster auf der Tiefe und der Geist Gottes schwebte auf dem Wasser. Und Gott sprach, es werde Licht! Und es ward Licht!« Das klang so schön, dass ich es unbedingt glauben wollte.

Ich ging mit Gott einen unausgesprochenen Deal ein. Er würde mir zuhören, mich trösten und mir meine Entscheidungen abnehmen. Im Gegenzug dazu würde ich ihn als übernatürliche Intelligenz und übermenschliche Kraft akzeptieren. Die Bibel würde ich Wort für Wort, buchstäblich als Gottes Botschaft annehmen. Es war eine Entscheidung, an der ich keinerlei Zweifel hatte.

Sechs Jahre nach der Wende sehnte ich mich nach Vorbildern, nach einem Halt, nach einer Orientierung.

Wenn Katharina eine clevere Neonazi-Frau gewesen wäre, oder eine radikale Muslimin, hätte sie mich vielleicht ganz genauso auf ihre Seite gezogen. Der Inhalt schien fast austauschbar. Ich kam aus einer Welt, in der zwischen Gut und Böse unterschieden wurde. Man konnte nicht beides sein, man musste sich entscheiden. Das machte mich anfälliger für einfache Wahrheiten.

Mit diesen Mustern war ich aufgewachsen, die legt man nicht so schnell ab. Das war mir damals nicht bewusst. Wäre ich gefragt worden, hätte ich wahrscheinlich sogar abgestritten, dass die sozialistische Erziehung Spuren in mir hinterlassen hatte.

Erst im Nachhinein ergab alles Sinn. Ich fiel in eine angelernte Rolle zurück.

Auch der Kommunismus funktionierte wie eine Religion, mit Merksätzen, Heiligenfiguren und einem Heilsversprechen. Das Leben war wie im Christentum auf die Zukunft ausgerichtet, auf ein Paradies, in dem alle Klassengegensätze überwunden sind.

Die Geschichte war die Geschichte des Klassenkampfes, Freie gegen Sklaven, Patrizier gegen Plebejer, Baron gegen Leibeigene. Irgendwann würden die Gegensätze überwunden und zu einer neuen Gesellschaft, zu Wohlstand und dem Ende der Unterdrückung führen. Proletarier aller Länder vereinigt euch!

Ich ersetzte eine Religion durch die andere, mit dem Unterschied, dass ich diesmal mit vollem Herzen dabei war.

Mein neuer Lenin hieß Jesus.

Die ersten Wochen und Monate, nachdem ich Jesus in mein Herz gelassen hatte, erlebte ich als Befreiung. Das Leben fiel mir leichter, ich brauchte weniger Schlaf, trat selbstbewusster auf. Es war ein Gefühl, wie es Verliebte kennen.

Im Sommer meldete ich mein Wohnheim-Zimmer in Berlin ab, packte meine Sachen und fuhr nach Hamburg. Über eine Annonce fand ich ein kleines Zimmer in einer WG in Hamburg, nicht weit weg von der Universität.

»Die U-Bahnstation heißt Christuskirche«, jubelte ich in meinem Tagebuch. Das reichte für mich als Zeichen, dass Gott das Zimmer für mich ausgesucht hatte.

Für eine junge Frischbekehrte, die ehrgeizig und lernwillig war, boten die Fundamentalisten zahlreiche Entwicklungsmöglichkeiten. Ich besuchte dauernd Schulungen, ließ mich indoktrinieren. Ich wollte alles richtig machen.

Ich nahm alle Regeln an, ich lehnte Sex vor der Ehe und praktizierte Homosexualität ab, ich ließ mich taufen, organisierte Jugendgottesdienste und betete täglich.

Gerade die Regeln, die dem postmodernen Mainstream widersprachen – kein Sex, gegen Homosexualität – gefielen mir. Sie gaben mir Halt und Bedeutung. Es waren die Grenzen, die ich mir noch vor knapp einem Jahr gewünscht hatte. Ich hob mich ab von den Gleichaltrigen, die Oasis und Madonna hörten, Liebeskummer hatten und vom Rucksacktrip durch Indien träumten.

Im Juli 1995 besuchte ich eine Schulung von amerikanischen Missionaren, sie wurde auf Englisch gehalten, ihr Titel: *Strategies of non-conformism*. Ich hatte inzwischen gelernt, dass das Wort evangelikal aus den USA kam und die wahren Christus-Gläubigen beschrieb. Die deutsche evangelikale Bewegung orientierte sich an Amerika, von dort kamen die Vorbilder, sie hießen Billy Graham, Benny Hinn, Bill Hybels. Man sprach in einem Mix aus Deutsch und Englisch, das gab den Zusammenkünften ein internationales Flair.

In dem Seminar ging es darum, wie man sich am besten dem Zeitgeist entzieht. Ich notierte mir die wichtigsten Regeln in mein Tagebuch. Die Botschaften, die die Missionare übermittelten, klangen auf Englisch auch viel besser als auf Deutsch. Das war wie bei Popsongs. Widersprüche fielen nicht so schnell auf.

Exit from temptation hörte sich besser an als *Geh der Versuchung aus dem Weg*, *No compromises* klang radikaler als *Keine Kompromisse*, und selbst der Satz: *Loyalty to god not society* las sich wilder als *Diene Gott, nicht der Gesellschaft und dem Staat*.

No compromises ist drei Mal unterstrichen. Kompromisse sah ich als Zeichen von Schwäche und Unordnung.

Wenn ich das heute lese, frage ich mich, ob ich wirklich verstanden hatte, was diese Aussage in voller Konsequenz bedeutet hätte: Diene Gott, nicht der Gesellschaft und dem

Staat. Das hätte bedeutet, dass ich das Grundgesetz ablehnen müsste, die Meinungsfreiheit, die Kritik an Religionen erlaubt, und wenn ich in einen Konflikt mit dem Gesetz gekommen wäre, hätte ich weltliche Gerichte nicht akzeptieren dürfen. Diene Gott.

Ich lese die weiteren Merksätze, die ich notiert habe:

Verhalte dich, wie Jesus sich verhalten hätte, egal ob du Krankenschwester oder Journalist bist.

Ich weiß nicht mehr, wer mir diese Sätze diktiert hat. Mich erschreckt meine Naivität. Woher sollte ich wissen, wie Jesus sich im Jahr 1995 verhalten hätte? Wie kann Jesus, ein pazifistischer Orientale, der vor zweitausend Jahren lebte, ein Vorbild für das Leben im 20. Jahrhundert sein? Was bedeutet es, wenn sich eine Krankenschwester so verhalten soll wie ein Zimmermann? Und wie konnte Gott ein liebender Vater sein und sich zugleich wie ein kleinlicher Diktator aufführen?

Aber solche Fragen stellte ich mir offensichtlich nicht. Ich fiel in meine angelernte Rolle zurück, keine Fragen zu stellen.

Jesus war mein Held, mein Idol.

Mein Tagebuch wurde mehr und mehr zu einem Gebetbuch, jede Seite ist mit Bibel- und Sinnsprüchen gespickt. Ich hatte ein Gegenüber:

Jesus ist für mich gestorben, er hat mich neu gemacht, ich will ihn durch mich leben lassen, ich unterwerfe mich seinem Willen. Herr, gib mir Weisungen, wo ich wirken soll.

Die religiöse Sprache erscheint mir oft falsch und unnatürlich. Wie auswendig gelernt. Es war Teil des neuen Drehbuchs.

Wenn Menschen zum Islam oder zum Buddhismus übertreten, geben sie sich neue Namen. Ich gab mir eine neue Biografie.

Ich sah überall Zusammenhänge, dass Gott mich schon zu DDR-Zeiten geführt hatte. Selbst die Mormonen in Eisenhüttenstadt deutete ich als Zeichen Gottes.

Ich war eine Bilderbuch-Konvertitin, wahrscheinlich kursierten längst Lehrvideos über mich: How to catch an Ossi.

Wie viele, die neu zu einem Glauben gefunden hatten, wollte ich alles richtig machen.

Die meisten in der Gemeinde hatten schon als kleine Kinder Jesus-Traktate verteilt, viele gingen auf christliche Schulen, in denen die Evolution nicht gelehrt wurde, sie empfanden ihren Glauben auch nicht als fundamentalistisch, sondern als normal. Ich hatte ständig das Gefühl, beweisen zu müssen, dass ich kein Fake war, indem ich mich besonders anstrengte und eifrig mitmachte.

Gleich im nächsten Sommer meldete ich mich freiwillig für einen Missionseinsatz in Berlin. Auf dem Breitscheidplatz in Berlin sprach ich nun Passanten an und erzählte von Jesus. Ich lief in einem langen Rock umher, unter dem Arm eine Bibel. Ich hatte eine zweitausend Jahre alte Geschichte hinter mir, die Spott und Kriege und Revolutionen überstanden hatte.

Mein Vater besuchte mich einmal auf dem Breitscheidplatz, aber er hatte es eilig, schnell wegzukommen. Mein Vater, der überzeugte Atheist, würde später sagen, dass er mein Auftreten befremdlich fand. Damals sagte er nichts.

Als ich schon in Hamburg lebte, entdeckte eine meiner neuen Freundinnen, Ruth, ein Pentagramm in meinem Regal. Ich hatte sie zum Beten eingeladen. Ich hatte gelernt, dass man die netten Mädchen aus der Kirche nicht zum Kaffee, sondern zur Andacht einladen musste, damit sie auch wirklich kamen.

Das Teufelszeichen prangte auf einem Cover von The Sisters of Mercy. Ich hörte die Musik manchmal noch, sie erinnerte mich an Eisenhüttenstadt, als ich im *Eastside* zu »Temple of Love« getanzt habe.

Ruth bekam rote Flecken am Hals und sagte, dass der Teufel Musik benutze, um Menschen in sein Reich zu ziehen.

Bevor ich Jesus in mein Herz gelassen hatte, hatte ich mir nie Gedanken über den Teufel gemacht.

Ich hatte vor allem Möglichen Angst, vor Bakterien, Viren, Mundgeruch, einem Autounfall, einem Blitzeinschlag. Aber vor dem Teufel fürchtete ich mich nie.

Damit war es offenbar vorbei, wenn ich Ruths Aussagen richtig deutete. Jesus gab es nur im Doppelpack, der Teufel kam gratis dazu. Gut und Böse, Freund und Feind.

Ich wandte ein, dass die Musik harmlos sei, der Teufel sei auch nur in einer Liedzeile erwähnt. Ich konnte sie sogar auswendig: »And the devil in a black dress watches over/my guardian angel walks away.« Als ich die Zeile vortrug, nickte Ruth, das seien genau die Botschaften des Teufels. Sie würden das Unterbewusstsein beeinflussen.

Mir fielen Fragen ein: Nur weil ich ein Lied höre, in dem das Wort Teufel vorkommt, werde ich doch nicht zur Satanistin und schlachte Babys? Was ist das für ein kleinlicher Gott, der so wenig Vertrauen in seine Anhänger hat, dass er denkt, sie rennen bei der ersten Gelegenheit zum gegnerischen Team?

»Das Fleisch ist schwach«, flüsterte Ruth. Sie schloss die Augen und betete laut für mich, dass Gott mir den rechten Weg weisen solle. Ich verstand die Aufforderung. Keine Kompromisse, das hatte ich versprochen. Ich schmiss gleich alle CDs von The Sisters of Mercy weg. Ich vernichtete damit auch die Erinnerungen.

Es gab nicht mehr viel, was mich mit früher verband. Die letzte Verbindung war meine beste Freundin, Marlene, die ich aus dem Internat in Eisenhüttenstadt kannte. Wir waren zusammen nach Berlin gezogen, aber seit wir beide studierten, hatten wir uns voneinander entfernt. Sie studierte an der TU Berlin, Wirtschaftsinformatik, ein klar strukturiertes Fach, das nur wenige Frauen auswählten. Sie schloss sich einer Lerngruppe an, fand neue Freundinnen.

Als sie von meiner Verwandlung erfuhr, reagierte sie geschockt. Sie sagte, dass Gott nur etwas für labile, leicht beeinflussbare Menschen sei. Marlene, Tochter zweier engagierter Kommunisten, hatte in ihrem Leben noch keine Kirche von innen gesehen. Sie wollte erst verhindern, dass ich nach Hamburg ziehe. Als das nicht funktionierte, ging sie zu einer Sektenberatungsstelle und schickte mir Informationsmaterial.

Mir gefiel das. Ich war auf einmal gefährlich.

Die Kirche wollte, dass ich den Kontakt zu Marlene abbreche. Wahrscheinlich, damit ich mich besser indoktrinieren lasse.

»Selbst die engsten menschlichen Beziehungen können enden, du bist abhängig von den Schwächen der anderen«, sagte Katharina, die ich immer noch bewunderte. Als mich Marlene in Hamburg einmal besuchte, hatte Katharina deutlich gemacht, dass sie meine alte Freundin nicht mochte. Sie wäre zu negativ, verbreitete schlechte Stimmung.

Ich ließ mich von ihr beeinflussen, als habe es die Jahre mit Marlene in Eisenhüttenstadt nicht gegeben. Es gelang ihr, mir einzureden, dass nicht ich, sondern meine Freundin schuld an dem Bruch war. Ich glaubte das gern, weil es für mich bequemer war. Ich hatte nichts falsch gemacht.

In mein Tagebuch schrieb ich im Oktober 1995:

Ich bin nicht traurig oder wütend, dass ich sie verliere, ich spüre nur Mitleid. In ihrer Schwäche kann sie Gott, die Leere ihres Lebens, ihre Ängste nicht erkennen. Ich werde für sie beten. Ohne Gott hätte ich es nie geschafft, mich von ihr zu lösen.

Was ich damals nicht zugab: Ich rächte mich auch ein wenig an Marlene. In unserer Beziehung war sie stets die Stärkere gewesen. Sie war die Macherin, ich die Verträumte. Sie entschied, auf welche Konzerte wir gingen, welche Musik wir hörten. Sie sprach Jungs an und wurde angesprochen. Jetzt, mit meinem neuen Gott, fühlte ich mich überlegen.

Ich sah sie noch ein einziges Mal wieder, zwei oder drei Jahre später. Sie war inzwischen in eine Ein-Raum-Wohnung in den tiefsten Osten Berlins gezogen, nach Hohenschönhausen. Sie spielte tagsüber Billard in einer Eckkneipe und schaute sich Filme mit der Olsen-Bande an, eine dänische Serie, die in der DDR beliebt gewesen war. Über ihr Studium redete sie nicht mehr. Sie lebte in einer anderen Welt, unsere Welten waren nicht mehr kompatibel.

Wir redeten ein bisschen, umkreisten beide, was uns auseinandergebracht hatte, ohne es anzusprechen. Marlene würde mir nicht mehr verzeihen können, dass ich mich abgewandt hatte.

Wir rangen beide mit dem Gestern, jeder auf seine Art. Wir waren zwei Verlorene, die durch die Zeit drifteten.

Dämonen

Von außen hätte man mir nichts angesehen. Ich wirkte voll integriert, besuchte Seminare, hielt Vorträge, machte Scheine. Ich arbeitete still und diszipliniert an meinem Uni-Abschluss. Aber innerlich wanderte ich aus.

An den Sonntagabenden ging ich in eine neue Freikirche, die sich in einer verlassenen Fabrikhalle am Großmarkt in Hamburg niedergelassen hatte. Die Anskar-Kirche wurde 1988, ein Jahr vor der Maueröffnung, als Verein gegründet. Auch wenn sie in ihrer Werbebroschüre jeden religiösen Bezug vermeidet, gehört sie zu jenen evangelikal-charismatischen Kirchen, die beides beschwören: eine perfekte Bibel und eine persönliche Beziehung zu Jesus. Sie steht dem konservativen Netzwerk Evangelische Allianz nahe.

Als ich 1995 dazustieß, herrschte großer Enthusiasmus. Die Anskar-Kirche sollte eine Megachurch nach amerikanischem Vorbild werden. Im Rückblick gesehen hatte die Kirche Ende der neunziger Jahre ihre beste Zeit. Die Gottesdienste waren voll, jede Woche strömten zwar nicht Tausende wie bei Gemeinden in den USA, aber immerhin Hunderte in die ehemalige Fabrikhalle, um sich segnen zu lassen. Regelmäßig fanden Heilungsgottesdienste statt. Eine Kanzel gab es nicht. Wolfram Kopfermann, der Gründer, stand auf gleicher Höhe und sprach zu den Gläubigen wie zu den Mitgliedern eines elitären Klubs, sie waren die Klügeren, die Rechtschaffenen.

Anders als in den traditionellen Kirchen durfte jeder kommen und mitmachen, ohne sich sofort zu einer Mitgliedschaft zu verpflichten. Mir gefiel das. In der DDR war der Glaube ein Unterscheidungsmerkmal gewesen: Wer in der Kirche war, machte deutlich, dass er nicht dazugehören wollte. Es forderte Mut. Manche Pastoren genossen auch besondere Privilegien: Sie durften lange vor dem Mauerfall in den Westen reisen.

Nach der Wende wurde die Nähe zum Kirchenmilieu nützlich, wenn man politisch Karriere machen wollte. Die Bedeutung des Glaubens verringerte sich. Die evangelische Kirche akzeptierte Pfarrer, die Gott für eine Einbildung hielten und traute Paare, die nur wegen der schönen Fotos in die Kirche kamen.

Die Anskar-Kirche dagegen vertrat die reine Lehre.

Ich stand in einer Masse von Menschen, die Arme hoch in der Luft. Sie sangen das Lied vom Gott, der größer sei als alle anderen Götter, größer als Allah, größer als Jahwe. Dabei reckten sie ihre Arme nach oben, als wollten sie den Himmel berühren.

Ich sang mit, mir wurde warm dabei. Der Arm des Mädchens neben mir berührte meinen Arm zufällig. Ich kannte sie nicht, aber wir fassten uns an den Händen und sangen. Die Hand des Mädchens war warm und trocken. Ich fühlte mich leicht, als würde ich fliegen, ich war ganz frei. Es war wie in einem Traum, wenn man in einem Raum eingesperrt ist und plötzlich öffnet jemand die Tür.

Ich schloss die Augen, vor meinem inneren Auge bildeten sich Muster, helle Kreise oder Kugeln, die umhertanzten. Ich hielt das für ein Zeichen Gottes. Ich sah plötzlich überall Zeichen Gottes.

Wir wiederholten manches Lied zehn, fünfzehn, vielleicht fünfzig Mal, bis wir uns in eine tranceartige Stimmung gesungen hatten. Manche fingen an zu lallen, als seien sie betrunken, bachalla tarall bachalla. Ich öffnete meine Augen einen Spalt, die Gesichter der anderen glänzten vor Verzückung. Ich ließ mich treiben. Das hatte alles so was Tierisches, Ekstatisches, Unvernünftiges. Da wo ich herkam, hätte man diese lallenden Geister für verrückt erklärt. Die gehört nach Teupitz, sagten die Erwachsenen früher, wenn jemand nicht ganz richtig im Kopf war. Das Städtchen Teupitz südlich von Berlin wurde gleichgesetzt mit dem Psychiatrie-Krankenhaus oder der Irrenanstalt, wie man unkorrekterweise sagte.

In der DDR galt die Wissenschaft als heilig, aber in den Dörfern war der Aberglaube nie ganz verschwunden. Wenn man eine Gürtelrose hatte oder schlecht schlief, ging man nicht in die Poliklinik in der Kreisstadt, sondern zu einer alten, weisen Frau, um die Gürtelrose und die Schlaflosigkeit mit magischen Sprüchen wegbeten zu lassen. Schwarze Katzen wurden im Dorf ertränkt. Zwischen Weihnachten und Neujahr durfte meine Mutter nie die Wäsche waschen, sonst würde der Tod im nächsten Jahr die Dorfbewohner bestrafen, in jedem Monat einen, bis zum Dezember zwölf Menschen tot wären, deren Seelen nicht zur Ruhe kamen, sondern unerlöst weiter herumspuken würden. Mit der Religion fand ich zur Magie zurück. Zu einer anderen Zeit, einer anderen Welt.

Ich hatte so ein Gefühl der Entrückung wie in Hamburg schon einmal erlebt, in Berlin, es war ein Samstagnachmittag, ich bummelte an den Schaufenstern am Tauentzien vorbei, als ich die Beats von Lastwagen hämmern hörte. Ich wusste nicht, wie die Musik hieß, es war nicht mein Stil, es war zu elektronisch, rau und hart. Dann kamen die Wagen näher, überall tanzten Menschen, nicht klassisch, sondern mit eckigen, abrupten Bewegungen, jeder für sich und doch alle zusammen, die Männer hatten ihre T-Shirts ausgezogen, die Mädchen trugen nur BHs. War das eine Demonstration? Eine Party? Die Tänzer kletterten auf Laternenpfähle und wippten dort weiter. Sie hatten weite, aufgerissene Pupillen, als sähen sie mehr als andere. Sie wirkten entrückt, wie Geister. Als würden sie einen unsichtbaren Gott anbeten. Den Ravergott. Es war ein toleranterer Gott als der, auf den ich später in Hamburg stoßen würde, man unterwarf sich keinen Regeln, keiner Kontrolle. Man tanzte alles weg. Der Rhythmus entwickelte einen Sog, es gab nur den Sound, meine Beine zuckten, ich wippte mit, begann auch zu tanzen, unbeholfen, aber hier guckte niemand. Ich tanzte bis zum Kurfürstendamm, und plötzlich waren die Geister verschwunden.

In der Anskar-Kirche stand ich nun schon eine Weile, ich vergaß die Zeit, vielleicht war eine Stunde vergangen, vielleicht auch nur zehn Minuten, so klar konnte ich das nicht mehr sagen.

Meine Hände hielt ich immer noch oben, mir war schwindelig, ich hatte Mühe, gerade zu stehen, ich schaukelte nach vorn und nach hinten, erst leicht, dann schneller. Die anderen schaukelten heftiger, einer fiel um und lachte.

Niemand saß nur auf der Bank und hörte mit gesenktem Kopf zu, wie in der Kirche, die ich von zu Hause kannte, wo der Pastor mit falscher, leidender Stimme sang. Selbst sein Händedruck fühlte sich hoffnungslos an.

Der Gottesdienst in der Anskar-Kirche war wie ein Event, laut, lebendig, modern. »Wer von euch hatte eine Prophetie?«, rief der Pastor Kopfermann, mit einer Stimme, die keine Enttäuschung duldete, wie ein Lehrer, der Schulstoff abfragte. Einige Leute standen auf und wankten nach vorn auf die Bühne. Etwas in ihrer Haltung, ihrem Blick erinnerte mich an die Raver, an die Geister von Berlin. Doch es fehlte die Leichtigkeit, dieses Alles-egal-Gefühl. Die Geister traten mit einer Botschaft auf.

Ein Mann um die 50 erklärte, er habe einen dunklen Tunnel gesehen, dahinter ein Licht. Er interpretierte das so: Die Gemeinde werde das Licht nach Hamburg bringen und eine Erweckung erleben. Spätestens bis zum Jahr 2010.

Diese Prophetien entwickelten ihre eigene Dynamik. Der Pastor sprach ein Paar in der ersten Reihe an. »Ich sah euch Musik machen, Menschen sprachen englisch, ihr habt selbstgeschriebene Lieder aufgeführt, und Menschen übergaben ihr Leben an Jesus.« Das Paar guckte nervös, er starrte sie an, sie strich verschämt über ihre Augen.

Und jetzt?

Was, wenn sie das nicht wollen?

Wenn er will und sie nicht?

Ich bewunderte das Selbstbewusstsein, die Sicherheit, mit der der Mann seine Weissagungen traf. Ich hatte keine Zeit darüber nachzudenken, was in dem Gottesdienst passierte, ich war damit beschäftigt, die Geheimnisse der neuen Welt aufzusaugen. Ich wollte das alles so gerne glauben. Das vergangene Jahr nach dem Abitur hatte ich wie unter Strom verbracht. Jetzt war Ruhe. Zumindest für eine kurze Zeit war ich betäubt.

In der Gemeinde wurde nicht über den Osten geredet, und wenn, dann nur in überheblichem Ton. Es war die Phase der »Jammer-Ossis« und »Besser-Wessis«. Heute kann man sich das gar nicht mehr vorstellen, aus der DDR ist längst ein

Schauermärchen geworden. Aber damals, 1995/96, taugte die DDR noch zum Spott. Eine Freundin, die nach der Wende als 19-Jährige bei der neu gegründeten Regionalredaktion der *Bild*-Zeitung in Magdeburg anfing, erzählte mir später, wie ihr Wessi-Chef ihr jahrelang jeden Morgen eine Banane hinlegte.

Es war eine Anspielung auf das berühmte Titelbild aus der *Titanic* – Zonen-Gaby und ihre erste Banane. Das fanden sie lustig, die Westler. Die Ostler schlugen später zurück. »Besser-Wessi in Bernau erschlagen«, titelte die *Super-Illu* etwa auf dem gleichen Niveau. Die Schlagzeile führte dazu, dass manche Westdeutsche bis heute lieber im Kongo Urlaub machen würden als in Ostdeutschland. Jeder fünfte Westdeutsche war noch nie im Osten, fand eine repräsentative Umfrage heraus – 23 Jahre nach der Wende. Umgekehrt waren nur neun Prozent der Ostler noch nie im Westen.

Meine Freundin von der *Bild*-Zeitung nahm die Banane und zwang sich, ihren Chef anzulächeln. Jeden Tag. Man durfte keine Schwäche zeigen. Sie lernte mehr, arbeitete härter als alle anderen, und bald machte sie sich auch über die Ostler lustig. Anders kam man nicht weiter.

Ich wollte keine Ostlerin mehr sein, aber eine Westlerin wollte ich auch nicht werden. Ich suchte nach einer neuen Welt, mit neuen Regeln, neuen Ritualen, einer neuen Sprache und einer neuen Familie.

Ich las keine Romane mehr, sondern die Bibel. Ich hatte eine King-James-Bibel, eine Gute-Nachricht-Neuübersetzung, die Luther-Übersetzung und die Thompson-Studienbibel. Selbst in der Uni rannte ich zwischen den Seminaren aufs Klo, kniete vor dem Klodeckel und redete mit Jesus. Meine neue Sprache würde mir später in der Yoga-Stunde wiederbegegnen, aber zunächst erschien sie mir wie eine Geheimsprache. Sorgen und Gefühle werden *an Gott abgegeben, Herzen werden geöffnet, Ruhe wird geschenkt.* Alles im Passiv, nie tauche ich als handelnde Person auf.

Ich lese in meinem Tagebuch die Worte *Frieden, Ruhe, Versöhnung*, sie sind als Sehnsucht formuliert, als Wunsch nach Harmonie. Es ist, als herrschte in meinem Kopf immer noch der Kalte Krieg, als suchte ich nach einem System, das Ordnung in das Chaos bringt.

Mir fallen die vielen Vergleiche zu Mutter und Vater auf, während meine richtigen Eltern gar nicht mehr auftauchen. Die Sätze aus meinem Tagebuch sind in einem Mix aus Englisch und Deutsch formuliert. Der Kitsch, die Widersprüche, das Unplausible störten auf Englisch weniger.

I have been adopted god's child.

Gott hat mich adoptiert. Ich hatte eine neue Familie. Als hätte ich zuvor nie eine gehabt.

Nicht alle wandten sich so von ihren Eltern ab und suchten sich Ersatzfamilien. Aber bei vielen, die die Wende als Kind oder Jugendliche erlebt haben, drehte sich danach das Verhältnis. Die Jüngeren passten sich an, lernten, zogen in den Westen, während die Älteren allein vom Alltagsleben überfordert schienen. Meine Eltern wissen bis heute nicht, wie man einen Geldautomaten bedient. Sie schlossen Versicherungsverträge ab, die sie nicht brauchten.

Die Familie zu Hause schien eine Falle, die mich daran hinderte, weiterzukommen.

Wenn ich mit meiner Mutter telefonierte, dann erzählte ich wenig von meinem Leben. Sie hatte starke Migräneanfälle, sie konnte sich auf nichts anderes konzentrieren als ihren Kopf. Sie sagte, sie sei depressiv und vielleicht war sie das auch. Sie redete über Backrezepte und Migränetabletten. Sie erzählte, wer im Dorf ein neues Auto und wer ein Kind bekommen hatte. Sie redete über Menschen, deren Namen mir nichts sagten. Manchmal erzählte sie von Menschen, über die sie in der Zeitung gelesen hatte. Ich saß am anderen Ende der Leitung in Hamburg und hörte zu.

Mit 21 wird man von den Gerichten der Bundesrepublik als volljährig anerkannt. Mit 21 kann man sich in Bayern, Sachsen und Sachsen-Anhalt zum Bürgermeister wählen lassen. Mit 21 darf man in den USA legal Alkohol trinken. Mit 21 bekamen unsere Mütter früher Kinder.

Ich wollte nochmal von vorne beginnen. Das wurde zumindest versprochen, wenn man sich zur Taufe meldete: eine Neugeburt, nicht weniger. Ich wurde mit 21 selbst wieder zum Kind.

Vorher ging ich zum Friseur, ließ mir die Haare kurz schneiden und dunkel färben. Als ich aus dem Friseur kam und an den Schaufenstern der Mönckebergstraße vorbeilief, schaute mich ein Jungsgesicht an. Ich erkannte mich selbst kaum.

Zur Taufe lud ich ein paar Freunde ein, die zusehen sollten, wie ich nun offiziell mein Leben als Ostlerin ablegte.

Das Taufbecken war in den Boden eingelassen, es war bis zum Rand mit Wasser gefüllt. Der Pastor, Herr Kopfermann, gab mir ein weißes, langes Gewand, das ich über einen Badeanzug zog. Er selbst trug auch ein weißes, langes Gewand, wie man es im Orient bei den Urgemeinden getragen hatte. Wir waren angezogen, als stünden wir bei großer Hitze am Jordan und nicht in einem klimatisierten ehemaligen Konferenzzentrum in Hamburg.

Hinter mir stand noch eine Reihe anderer weiß gekleideter Gestalten, hier wurden neue Menschen wie am Fließband geformt.

Wolfram Kopfermann war der Gründer der Anskar-Kirche und in Hamburg als Seelenfänger bekannt. Als ich ihn kennenlernte, war Kopfermann Mitte 50, er trug graumeliertes Haar, Goldrandbrille und einen Bauchansatz. Alles an ihm strahlte Seriosität aus. Er war der Typ, von dem man sich eine neue Niere oder neue Leber einsetzen lassen wollte.

Er sprach in seinen Predigten mit einer ruhigen Radiostimme, klang überlegen und streute Bezüge zu aktuellen Debatten ein. Er hatte Theologie und Soziologie studiert, das war etwas Besonderes, die meisten Prediger der evangelikalen Freikirchen hatten keine klassische Hochschulausbildung, sondern kamen von eher dubiosen Bibelschulen. Ich merkte nicht, dass vieles nur aufgesetzt war, er zitierte ein, zwei Sätze von Kierkegaard und Schopenhauer in seinen Predigten, und schon wirkte er selbst wie ein Philosoph auf mich.

Wenn Kopfermann keinen Talar trug, hatte er einen Anzug an und immer ein mildes Lächeln auf den Lippen. Wie es sich für einen wahren Seelenfänger gehört, war er für das Fußvolk unerreichbar. Nach den Gottesdiensten verschwand er schnell.

Was die Altnazis in Jena waren, war Kopfermann für mich: eine Autorität, eine Vaterfigur, ein Vorbild.

Er war akademisch gebildet, gleichzeitig war er sich nicht zu schade, eine schlichte Theologie zu vertreten: Jesus hat vor zweitausend Jahren Wunder gewirkt, er wirkte auch heute noch Wunder. Er stellte sich gegen den Zeitgeist, gegen die liberale Theologie, ich hielt das für mutig und unangepasst. Seit der Wende waren mir wenige Erwachsene begegnet, die für ihre Überzeugungen einstanden, mögen sie noch so unpopulär sein.

Kopfermann hatte sich selbst vor wenigen Jahren neu erfunden. Er war über Jahrzehnte der Leiter der Geistlichen Gemeinde-Erneuerung der Evangelischen Kirche Deutschland gewesen. Zu seinen Heilungsgottesdiensten in der Hamburger Innenstadt waren Tausende Wundergläubige gekommen, und die Kirchenleitung hatte ihn gewähren lassen. Gottesdienstbesucher berichteten, wenn Kopfermann die Hände auflegte und betete, würden Migräne und Arthrose verschwinden, Schwindelgefühl und Druck ließen nach. Er sprach in einem Jargon aus Esoterik und Soziologie. Er wolle Gottesdienste feiern, »in denen der Mensch sich ganz stark ganzheitlich einbringen könne«, diktierte Kopfermann 1987 einem *Stern*-Reporter in den Block.

Die große Zeit der Evangelisation stehe in Westdeutschland noch bevor, sagte Kopfermann. »Gott will sein Volk in Deutschland erneuern und heilen und Erweckung schenken.«

Er gab sich nicht mit dem zufrieden, was er hatte, er wollte mehr. 1988 verließ er die sichere Beamtenlaufbahn und gründete seine eigene Kirche. In einem Buch mit dem Titel *Abschied von einer Illusion – Volkskirche ohne Zukunft* rechnete er mit der Landeskirche ab.

Er benannte seine neue Kirche nach dem ersten Bischof Hamburgs aus dem neunten Jahrhundert: Anskar. Jener Anskar hatte von Hamburg aus den Norden missioniert, Kopfermann hat etwas Ähnliches vor. Ein Jahr später öffneten sich die Mauern und ließen Hunderte gottlose Seelen frei. In der Anskar-Kirche wurde es eng. Als ich dazustieß, rechnete man fest mit einer großen Erweckung bis zum Jahr 2010. Es war eine eigene Agenda 2010.

Ich lernte Kopfermanns Predigten auswendig und nahm jedes Wort ernst. Wenn er sagte, man müsse mehr beteten, betete ich mehr. Wenn er sagte, wir müssen mehr Menschen zu Jesus holen, sonst treffe uns der Zorn Gottes, wollte ich sofort auf die Straße laufen und Leute bekehren. Vor gar nicht langer Zeit hatte ich mich über die gedankliche Leere beschwert, Kopfermanns Anweisungen gaben mir einen Sinn, einen Zweck im Leben.

Ich war nun an der Reihe und sollte ins Taufbecken steigen. Kopfermann stand bereits bis zum Bauchnabel drin. Die Temperatur fühlte sich warm an, die Baumwolle sog sich sofort mit Wasser voll, mein Gewand wurde schwer, ich konnte mich kaum bewegen, der Stoff klebte auf meiner Haut.

Dann legte Kopfermann seine Hand auf meinen Kopf und tauchte mich unter das Wasser. Er hielt meinen Kopf fest im Griff, es waren bestimmt nur Sekunden, aber diese Sekunden kamen mir wie Minuten vor. Bilder schossen durch meinen Kopf: Mein erstes Pionierhalstuch. Meine Jugendweihe, als ich dem Sozialismus die Treue geschworen hatte. Das graue Wollkleid bei der Aufnahmeprüfung. Ich bekam kaum noch Luft. Dann ließ mich Kopfermann los, und ich kam wieder nach oben. Ich hustete und spuckte, aber es machte mir nichts aus. Die Vergangenheit war weit weg, wie abgewaschen.

Kopfermann tauchte mich noch zwei Mal unter, ich tauchte diesmal ohne Angst unter, ich ließ mich in die Arme von Kopfermann fallen.

Die ganze Zeit nach der Wende hatte ich mein Leben in der Hand gehabt, ich hatte alle Entscheidungen alleine getroffen, was ich studiere, wo ich hinziehe, wie ich mein Geld verdiene. Hier, in diesem Taufbecken, wurde ich wieder ein Kind.

Als ich aus dem Taufbecken stieg, klatschten meine Freunde, ein bisschen zu schnell und heftig, als hätten sie eine gute Theatervorstellung erlebt.

Im Umkleideraum suchte ich im Spiegel nach meinem neuen Ich. Doch ich sah nur ein Mädchen mit nassen Haaren und einem nassen, weißen Gewand. Ich sah aus, als sei ich von Jericho nach Hamburg zu Fuß gelaufen.

Später am Tag wurde es tatsächlich noch so, als hätte ich Geburtstag. Ich bekam Geschenke und Karten und man beglückwünschte mich zu meinem neuen Leben. Ich gehörte nun offiziell zu den Christen, die sich »born again«, wiedergeboren, nannten und die sich untereinander stolz erzählten, wie sie ihre Erweckung erlebt haben. So wie Ostdeutsche sich erzählen, was sie beim Mauerfall gemacht haben.

Jesus und die Moorsoldaten

Die wirklich Radikalen, die Gefährlichen in der Gesellschaft, das sind nicht die Lauten, die an Hyde Park Corner predigen oder die ihre Wahrheiten auf einem kleinen Podest vor dem Supermarkt herausschreien. Die wirklich Gefährlichen sind die Stillen, Unauffälligen, scheinbar Angepassten.

An der Uni lernte ich Billy kennen. Billy machte sich hässlich, sie versteckte ihre schmale Figur hinter weiten Sweatshirts, ihre schönen langen Locken band sie zu einem strengen Pferdeschwanz zusammen. Make-Up oder Schmuck trug sie nie. Das war vom Teufel.

Von all den Fundamentalisten, die ich in der neuen Welt kennenlernte, hatte sie wohl den größten Einfluss darauf, dass ich radikaler wurde. Billy wurde fast wie eine Schwester für mich. Dabei hatten wir bis auf unser Studium keine Gemeinsamkeiten, zu anderen Zeiten hätten wir uns nichts zu sagen gehabt: Sie kam aus dem tiefsten Westen, aus Süddeutschland, ihre Eltern engagierten sich bei der Partei Bibeltreuer Christen. Doch die Religion schuf eine neue klassenlose Gemeinschaft: Wenn man in den Klub eingetreten war, zählten diese Kategorien der westlichen Welt nicht mehr. Statusunterschiede verschwanden. Billy gehörte zu der Sorte Christen, die nach jedem Satz Halleluja rufen.

Ich erzählte ihr, wie ich Jesus in mein Herz gelassen hatte, und sie rief »Halleluja«, umarmte mich spontan und schlug vor, dass wir uns hinsetzen und zusammen beten. Mir ging das fast ein wenig zu schnell, Billy hatte schon einen Platz in der Mensa gefunden. Sie fragte, woher ich käme, und als ich es ihr sagte, benahm sie sich, als wäre ich unter Einsatz meines Lebens der DDR entflohen und hätte mit meinen Händen einen Tunnel von Berlin nach Hamburg gegraben. Halleluja. Mich rührte ihre kindliche Begeisterung.

Billy war meist gut gelaunt. Aber sie hatte auch düstere, dunkle Stunden, in denen man sie nicht erreichte. Dann sah ich sie wochenlang nicht. Mobiltelefone, E-Mail, SMS gab es damals noch nicht. Ich weiß nicht, was sie machte, wohin sie verschwand. Irgendwann tauchte sie wieder auf ohne zu sagen, wo sie gewesen war.

Ich fragte nach ihrem Namen und sie erklärte mir, dass ihre Eltern sie nach dem amerikanischen Fernsehprediger Billy Graham benannt haben. Wie bei ihrem berühmten Namensgeber war auch Billys Welt voller Wunder. Dass wir uns an einer Massenuni mit Hunderttausenden Studenten getroffen hatten. Dass wir beide Politik studierten. Dass ich wie sie in die Anskar-Kirche ging. Das waren Wunder.

Ich fand Billys Blick auf die Welt faszinierend. Sie gehörte zu den Fundamentalisten, die alle historischen Ereignisse religiös interpretierten. Der Lauf der Welt, das war für sie ein ständiger Kampf zwischen »Gut« und »Böse«. Es ähnelte der Weltsicht, mit der ich aufgewachsen war, nur mit verkehrten Vorzeichen. Den Kommunismus bekämpfte sie wie den Teufel. Wir hatten merkwürdige, im Rückblick fast surreale Gespräche. Es passte uns beiden: Ich wollte nichts von der DDR erzählen, und Billy fragte mich nichts. Sie wusste ja schon alles.

Nicht die Montagsdemonstranten, nicht Gorbatschow, sondern Jesus habe die Mauer eingerissen. Die Mauer, erfuhr ich, sei ein Werk des Teufels gewesen. Gott habe Satan überwunden. Sie persönlich habe dafür gebetet. Sie sei sogar beim Jesusmarsch 1988 oder 1989 in Berlin gewesen. Das hätte der Mauer einen richtigen Riss gegeben. So hatte ich den Mauerfall noch nie gesehen. Die Vorstellung von Walter Ulbricht als Luzifer mit einem langen Schwanz war etwas gewöhnungsbedürftig. Ich konnte ihr nicht folgen und trotzdem widersprach ich nicht.

Ich war fasziniert von dem, was ich sah: Sie funktionierte wie ein Sandwich, auf der Oberfläche schien sie völlig normal, eine vorbildliche Studentin, hervorragende wissenschaftliche Arbeiten, nur um eine tiefere Schicht zu schützen, die von ganz anderem Material war, hart, unnachgiebig, für Argumente nicht zugänglich. Die dritte Schicht war dazu da, alles zusammenzuhalten, die Brüche zu verdecken.

Wieder wurde zwischen drinnen und draußen unterschieden. Drinnen die Gemeinde, draußen die Welt des Verfalls. Dazu dasselbe absolute Denken: Homosexualität ist immer »Sünde«, Abtreibung ist immer verboten, Aids ist die Rache Gottes.

Ich wollte der Vergangenheit entfliehen und merkte nicht, dass die neue Welt nach ähnlichen Regeln funktionierte.

Meine Wut auf den untergegangenen Staat, der mich alleingelassen hatte, war nicht weg, sie wurde nur umgepolt.

In der Psychologie gibt es die Theorie, dass man sich immer wieder an seinem Vater (oder an der Mutter) abarbeitet. Gilt dasselbe für das Vaterland, das verschwunden war? Wollte man sich immer wieder daran abarbeiten und suchte geschlossene Systeme, die ähnlich funktionierten?

Wer erst einmal die erste Schwelle überschritten hat, wenn man sich dazu entschieden hat, etwas zu glauben, das die Mehrheit der Menschen aus wissenschaftlichen oder politischen oder sonstigen Gründen ablehnt, dann werden die nächsten Schritte einfacher. Es half, dass es eine geheime Welt war, voller Codes, die nur Insider verstanden.

Billy erklärte mir, dass sie eine geheimnisvolle Gabe besäße. Die Zungenrede, diese Uraltform des Gebets, die Paulus im Korinther-Brief erwähnte. Sie habe eines Tages im Gebet fremde Silben formuliert, eine fremde Sprache, die ganz tief aus ihr herauskam. Sie schaute mich an, mit unbeweglichen geweiteten Pupillen, als könnte sie mehr sehen als andere. Jemand anders habe ihr erklärt, das sei Aramäisch gewesen, die Sprache Jesu. Mit einem Schlag war mir klar, was das Lallen in der Anskar-Kirche war: Zungenrede. Ich war in der Phase, in der mir die verrücktesten Vorgänge normal vorkamen. Ich war in eine neue Welt getreten, ich erwartete nicht, dass in dieser neuen Welt dieselben Regeln galten wie in der alten. Es gab einen Orientalen in Schlapplatschen, dem ich die Treue geschworen hatte, ich wartete eigentlich darauf, was als Nächstes Verrücktes geschehen würde.

Mit der Taufe, so erklärte es Billy, würde der Heilige Geist von nun an auf mich aufpassen. Er sah alles, er war immer dabei, wurde aber selbst nicht gesehen. Ungefähr so wie Patrick Swayze in dem Film *Ghost – Nachricht von Sam.*

Ich fragte Billy, was sie auf Aramäisch gesagt hatte. Doch sie zuckte mit den Schultern. Sie hatte es nicht verstanden. Sie sprach ja kein Aramäisch.

Ich war ein bisschen enttäuscht, andererseits machte das die Zungenrede noch geheimnisvoller. Mein Ehrgeiz war geweckt. Ich wollte auch in Zungen reden – und nach einer Weile redete ich in Zungen. Jedenfalls stellte ich mir vor, dass das Gebrabbel, das ich von mir gab, eine fremde Sprache war. Ich hatte den Eindruck, dass meine neuen Freunde mich dadurch ernster nahmen. Es bewies, dass ich kein Fake war. Dass ich wirklich dazugehörte.

In der DDR wollte der Staat die Kirche abschaffen. In dem Land, in dem ich nun lebte, war es umgekehrt, da gab es konservative Gläubige, die den liberalen Staat abschaffen wollten. Die Partei Bibeltreuer Christen, eine Kleinpartei, die vor allem im Süden Deutschlands aktiv ist, forderte das Verbot von Schwangerschaftsabbrüchen, Pornografie und Scheidungen sowie die Einführung der Schöpfungslehre an Schulen. Sie wollten auch einen Paragrafen wiedereinführen, der Eltern unter Strafe stellt, die ihren Kindern vorehelichen Geschlechtsverkehr erlauben. Die Partei setzte sich für eine Intensivierung der Beziehungen zu Israel ein, weil der Staat Israel die Erfüllung einer Prophetie aus der Bibel sei. Sie wollten einen Gottesstaat errichten. Einen christlichen Iran. Meine Freundin Billy brachte mir Flyer von der Partei Bibeltreuer Christen mit, bei der ihre Eltern mitarbeiteten. Billy war auch Mitglied.

Ich war gegen Billys Partei, und zwar nicht wegen ihrer Werte, sondern weil sie meiner Meinung nach einen Denkfehler machte. Sie glaubte an die Veränderbarkeit des Staates auf politischem Wege. Ich glaubte nicht an Parteibücher. Ich glaubte nicht daran, dass politische Parteien etwas bewirken können.

Wenn über den Mauerfall gesprochen wird, ist meist die Rede von einer friedlichen Revolution. Doch es war keine Revolution, keine von einer Partei oder einer sonstigen politischen Einheit gesteuerte Aktion, die mit dem Ziel einer Umwälzung agierte. Es war ein Zerfall. Ein Land zerfiel in seine Einzelteile. Bevor seine Bewohner sich dessen bewusst werden konnten, ich meine: wirklich bewusst werden konnten, waren sie schon zu Bürgern eines anderen Landes geworden. Etwas war zu Ende gegangen, aber nichts Neues hatte begonnen.

Die Partei Bibeltreuer Christen kam selbst in ihrem Stammland Baden-Württemberg kaum über ein Prozent der Stimmen, selbst die Tierschutzpartei war beliebter.

Zu meiner Verteidigung muss ich vorbringen, dass ich es zwar genoss, selbst radikalen Regeln zu folgen, mir aber nicht sicher war, ob ich in einem Land leben wollte, in dem alle diesen Regeln folgen *mussten*. Sollten wirklich alle Schwangerschaftsabbrüche illegal sein, selbst solche nach Vergewaltigungen? Ich fand das zu hart. Ich dachte an die Berichte aus dem Jugoslawienkrieg, die vielen traumatisierten Frauen. Es war das einzige Mal, dass ich Billy widersprach.

Sie fand, dass ich zu weich sei, und schrieb das meiner mangelnden Glaubensreife zu. Für sie war Abtreibung Mord, und die Ärzte, die Schwangerschaftsabbrüche durchführten, waren Mörder, die bestraft werden mussten. Ich wusste nie, ob sie sich nur wichtigmachen wollte oder ob sie das ernst meinte. Sie war über ihre Eltern gut über die evangelikale Rechte in den USA und ihre Aktionen informiert. Sie zeigte mir eine militante Seite der Religion, die ich faszinierend fand, gefährlich, verboten.

Sie lebte in einem Studentenwohnheim und war immerzu dabei, anderen zu helfen. Sie kochte für ihren Flur, half beim Umzug und bei Hausarbeiten, machte Geschenke. Sie gab sich so großherzig, dass Mutter Theresa gegen sie wie eine engherzige, selbstsüchtige Person erschien. Man hätte ihr das nicht zugetraut, diesem freundlichen, selbstlosen Persönchen, dass sie von einem Gottesstaat, einer Diktatur träumte.

Billy und ich verloren uns ein paar Jahre später aus den Augen. Ich erfuhr, dass sie nach ihrer Promotion in den Sudan gegangen war, um Muslime zu bekehren. Sie gehörte zu den Fundamentalisten, die befürchteten, Europa würde ein islamischer Kontinent, wenn man sich nicht dagegen wehrt. Aber damals, in den Jahren 1995/96, redete kaum jemand über Muslime. Die Worte »Salafismus«, »Burka« und »al-Qaida« waren weitgehend unbekannt, zumindest kaum gebräuchlich.

Billy kannte sich in der Szene aus wie kaum jemand sonst. Sie war in keiner Gemeinde Mitglied, war mal hier, mal da. Woher diese Ruhelosigkeit kam, diese Unfähigkeit, sich festzulegen, fand ich nie heraus. Vielleicht war sie ähnlich auf der Suche wie ich. Vielleicht war es das, was uns zusammengebracht hatte.

Unser gesellschaftliches Leben in der Woche spielte sich in geschlossenen Räumen ab, in zu Kirchen umgewandelten Fabrikhallen oder in Privathäusern. In Kneipen oder Bars gingen wir nie.

Man lernte dauernd neue Leute kennen und die Versuchung war groß, sie für »Freunde« zu halten. Man musste nur die Codes benutzen, die alle benutzten, bestimmte Bibelstellen zitieren, Namen von Predigern, die man gesehen hatte, fallen lassen, schon war man drin. Ich, die noch vor einem Jahr allein durch die Uni geirrt war, hatte plötzlich unzählige »Freunde«. Mein Tagebuch war voller neuer Namen, mein Terminkalender war voll.

Ich hatte keine Zeit, mich mit den Fragen zu befassen, die Außenstehende an radikalen Fundamentalisten interessieren. Warum müssen Homosexuelle Buße tun? Wie kann es sein, dass bestimmte, aus dem Kontext gerissene Bibelstellen Gottes Wille sein sollen? Darüber redete niemand. Das war kein Thema.

Die Ideologie meiner neuen Welt war wie eine Festung, die von außen geschlossen und monolithisch wirkte, innerhalb ihrer Wände aber gab es enorme Verästelungen und Parallelgänge.

Ich benutzte das Wort evangelikal inzwischen wie eine Art

Qualitätssiegel. Wenn ich fragte, ist die Gemeinde evangelikal, hieß das etwa: Ist sie sicher? Ist sie koscher?

Ich lernte eine Gruppe kennen, die sich die christlichen Punks nannte. Sie nannten ihre Gottesdienste »Abhängabende«, und man durfte währenddessen rauchen (nicht dass ich diese Möglichkeit ergriffen hätte, ich rauchte nicht, natürlich nicht). Es lief Hip-Hop, Gebete wurden gerappt und Jesu Auferstehung war ein »fettes Comeback«. Die Jesus-Freaks, so hieß die Gruppe, hatte eine Kneipe im Vergnügungsviertel St. Pauli gemietet. Sie gingen dahin, wo der Verfall war, den wir bekämpfen sollten. Am Freitagabend organisierten die Freaks einen Umzug auf der Reeperbahn. Sie verteilten Einladungen, auf denen stand: »Komme nur, wenn du wirklich willst! Es könnte dich dein Leben kosten!« In einer Art Trauermarsch trug eine Gruppe schwarz gekleideter Jugendlicher einen selbstgebauten Sarg durch den Kiez. Irgendwann stellten sie die Holzkiste ab. Heraus stieg ein junger Mann, geschminkt als Untoter, und begann zu predigen. Es war eine tolle Show. Selbst die Prostituierten vernachlässigten für einen kurzen Moment ihre Kundenwerbung. Mich beeindruckte das, so könnte man die Welt ändern, nicht mit einer Partei.

Ich kaufte mir ein schwarzes Sweatshirt mit dem Logo der Jesus-Freaks, auf dem ein Alpha und ein Omega verschlungen drauf sind. Es sieht ein bisschen aus wie ein Antifa-Zeichen, obwohl die Freaks politisch eher auf der anderen Seite standen.

Der Mann, der aus der Kiste sprang, war Martin Dreyer, der Chef der Hamburger Jesus-Freaks, der Star der jungen christlichen Fundamentalisten. Alle Mädchen waren in Dreyer verliebt, die Jungs wollten so sein wie er. Er war selbstbewusst, charismatisch und konnte gut reden. Dreyer war auch von Wolfram Kopfermann entdeckt worden. Er lernte von dem Anskar-Chef das Gespür für den Zeitgeist: »Wenn du jemanden wirklich zum Nachdenken bringen willst, dann musst du dir etwas Radikales, Schrilles, Lautes, etwas Provozierendes einfallen lassen«, schreibt er in seiner Biografie *Jesus-Freak – Leben zwischen Kiez, Koks und Kirche*. 1994 war Dreyer von einer evangelikalen Zeitschrift für seinen Einsatz mit den »Jesus-Freaks« zum »Christ des Jahres« gekürt worden.

Dreyer tauchte eine Zeitlang überall auf. Ich erinnere mich an einen Abend, wo er überdreht wirkte und dem Publikum entgegenwarf, dass alle keine Ahnung hatten, wie man richtig betete, weil wir zu undankbar, verlogen und stolz wären. Ich fühlte mich nicht beleidigt, sondern inspiriert von diesem Wutausbruch. »Martin Dreyer heute total vom Hlg. Geist erfüllt«, schrieb ich danach in mein Tagebuch.

Erst später erfuhr ich aus seiner Biografie, dass er damals wahrscheinlich mit etwas anderem als dem Heiligen Geist erfüllt war. Mitte der neunziger Jahre, kurz nach seiner Wahl zum »Christ des Jahres« fing er offenbar an, Drogen zu nehmen, erst Ecstasy, dann Koks. 1999, als ich mich von den Fundamentalisten abwendete, spritzte er sich eine Überdosis Kokain und fiel ins Koma. Dreyer überlebte und würde später seine Drogensucht überwinden, mit Gottes Hilfe.

In der Kirche lernte ich reden. Am Anfang musste ich noch aufgefordert werden, später wartete ich darauf, dass der Moment kam, wenn gefragt wurde, ob jemand »Zeugnis« geben will. Ich sagte nur ein paar wenige allgemeine Sätze: »Früher war mein Leben leer und sinnlos, ich dachte nur an mich und mein Fortkommen. Seitdem ich Jesus kenne, hat sich das verändert. Ich verstehe die Bibel und erlebe Jesus im Gebet. Ich weiß jetzt, was gemeint ist, was der Sinn des Lebens ist.« Ich war in vielen Kirchen und sagte immer wieder mein Sprüchlein auf. Es kam gar nicht auf die Worte an, sondern darauf, dass man möglichst emotional und gerührt von sich selbst wirkte.

Ich merkte, wie ich mich veränderte. Ich wurde selbstbewusster in meiner neuen Rolle.

Ich dachte in anderen Kategorien, für mich gab es nur noch Christen und Nicht-Christen, keine Ostler oder Westler.

Nie redete ich darüber, woher ich kam. Ich hatte gar keine Herkunft mehr. Ich besaß keine Fotos von meinen Eltern oder meinen Geschwistern oder von dem Dorf, in dem ich aufgewachsen war. Es gab keinen Boden, mit dem ich mich verbunden fühlte.

Ich fuhr nur selten nach Hause, ein-, zweimal im Jahr. Der Unterschied zwischen Stadt und Dorf wurde größer. Jedes Mal stand wieder ein Haus leer, verlassen. Früher besuchten sich die Menschen gegenseitig. Jetzt saßen sie vor dem Fernseher.

Nie fuhr ich in die Stadt, in der ich zur Schule gegangen war. Als ob schon ein Besuch mich kontaminieren und meine Versuche, den Osten abzustreifen, rückgängig machen könnte.

Meine Eltern nahmen meine Veränderung hin, wie sie alle Veränderungen hinnahmen: mit einer resignierten Teilnahmslosigkeit. Ich betete vor dem Essen und ließ Jesus in die Gespräche einfließen. Als meine Mutter fragte, wie die Kirche hieße, in die ich gehe, log ich und machte die Anskar-Kirche zu einer evangelischen Kirche, die ein wenig freier war als andere. Ich erzählte ihr nichts vom Heiligen Geist, nichts von der Zungenrede und den ekstatischen Gottesdiensten. Ich wollte sie schützen.

Ich erinnerte sie daran, dass sie früher in die Junge Gemeinde gegangen war – auch wenn ich wusste, dass das damals, Ende der sechziger Jahre in der ländlichen DDR, etwas anderes war. Sie war keine Widerständlerin, keine Dissidentin, sie ging zum Pfarrhaus, weil es dort Bücher gab, die sie zu Hause nicht hatte.

Zu Freunden und Bekannten sagte meine Mutter: Sabine ist religiös geworden. Vielleicht triumphierte sie auch ein wenig über meinen Vater, der einst nicht gewollt hatte, dass seine Kinder getauft werden.

Zurück in Hamburg arbeitete ich noch verbissener als vorher an meinem Ruf als perfekte wiedergeborene Christin. Wir müssen »Frucht« bringen, hatte der Pastor gesagt. Wenn wir keine »Frucht« bringen, kann Gott uns verstoßen. Bei »Frucht« ging es nicht um Weizen oder Äpfel. Es ging um Ungläubige, die gerettet werden mussten. Jeden Montag schleppte ich einen Koffer voller Bücher und einen Tapeziertisch über den Campus. Ich stellte ihn vor die Mensa, legte eine Decke mit der Aufschrift »Gott ist groß« darauf und sortierte die Bücher.

Gott stiftet Ehen.

Jesus unser Schicksal.

Aufbruch zur Stille.

Hoffnung für alle.

Ich stand hinter dem Büti, dem Büchertisch, und wartete, dass etwas passierte. Ich war stolz auf meine neue Rolle als Büti-Verantwortliche. An der Uni gab es nicht nur Jusos, Grüne, Sozialisten und die Junge Union, sondern auch zwei missionarische Studentengruppen, die miteinander sowie um die Seelen der Studenten rangen. Beide Gruppen hatten eine kleine, aber eifrige Anhängerschaft: die eine ungefähr zwanzig Mitglieder, die andere fünf. Ich schloss mich der kleineren Gruppe an, den Underdogs. Je größer die Herausforderung, desto besser. Gleich beim ersten Treffen bekam ich einen Posten. Ich sollte den Büchertisch koordinieren, Bücher kaufen und verkaufen, die Kasse verwalten.

Es war mein erster Posten, seitdem ich Polit-Agitatorin des Gruppenrates in der siebten Klasse gewesen war. Damals musste ich eine Woche lang die Zeitung lesen, *Neuen Tag*, *Junge Welt*, und am Donnerstagmorgen das Gelesene für die Klasse auswerten. Meistens ging es um Nicaragua. In Nicaragua tobte ein großer Kampf, gute Kommunisten gegen böse Revanchisten – und wir waren auch dabei. Wir waren eigentlich immer im Krieg – einem Krieg, der sich ganz friedlich anfühlte. Mindestens einmal im Monat organisierten wir einen Kuchenbasar, um Geld für Nicaragua zu sammeln.

Vielleicht fiel es mir deshalb so leicht, den Kampf in der Kirche fortzusetzen, mit anderen Mitteln. Diesmal agitierte ich für Jesus. Evangelisation war ein 24-Stunden-Job.

Mag sein, dass ich in diese Rolle manipuliert wurde, aber dort auf dem Campus zu stehen, mein Gesicht zu zeigen, half mir kurioserweise, Kontrolle über mein Leben zu gewinnen. Ich war keine Ostlerin mehr, die sich klaglos und teilnahmslos in ihr Schicksal fügte. Ich hatte nicht wie die Generation meiner Eltern aufgegeben, ich kämpfte.

Ich stand hinter dem Tuch mit der Aufschrift »Gott ist groß«, und es fühlte sich wie eine Entscheidung an, die ich freiwillig getroffen hatte. Ich versteckte mich nicht, ich stand für meine Überzeugungen ein, auch wenn sie von der Mehrheit der Gesellschaft abgelehnt wurden. Der Widerspruch meiner Kommilitonen regte keine Zweifel an, sondern machte meinen Glauben noch stärker, er lehrte mich, noch weniger nach links oder rechts zu schauen. Ich fühlte mich als Auserwählte.

Jeden Montag hoffte ich von Neuem, Gott würde zeigen, was er draufhatte. Es hielt nur selten jemand an, deshalb hatte ich viel Zeit, mich in meine Fantasien hineinzusteigern.

Er konnte hier, wie in Pensacola in den USA oder wie im kanadischen Toronto, seinen Geist ausgießen, der Himmel würde sich verdunkeln, schwarze Wolken würden aufziehen und dann, wumm, ein Blitz. Ich stellte mir vor, wie meine Kommilitonen sich auf den Boden werfen würden, sich schütteln, wiehern und ihre Sünden bekennen würden.

Es war zwölf Uhr mittags, die Studenten hatten Hunger und steuerten die Mensa an. Sie fielen nicht auf die Knie, schüttelten sich nicht und bekannten auch nicht ihre Sünden. Sie stolperten nicht mal ein bisschen. Sie streiften meinen Tisch mit den Augenwinkeln, mit hämischem Blick.

Aus dem Wirtschaftswissenschaften-Gebäude kamen die Langweiler mit ihren Aktenkoffern, Segelschuhen, gegelten Haaren und rosigen Nutella-Gesichtern, die sich so toll fühlten, wenn sie in ihren neuen Golf stiegen, den Papa zum Studienbeginn spendiert hatte.

Die waren so satt, die waren längst tot, bevor sie starben.

Selbst wenn Kurt Cobain leibhaftig vor ihnen stünde, würden sie achtlos an ihm vorbeigehen.

Jetzt seid ihr noch stark, aber später werdet ihr winseln. Später werdet ihr bereuen, dass ihr durch mich durchgeschaut habt. Ich war eure Chance.

Sollen diese verdammten Sünder doch in der Hölle landen.

Dann wieder überkam mich Mitleid und ich dachte, ich müsste ein wenig offensiver sein. Außerdem verging die Zeit schneller, wenn man Leute ansprach. Ich hatte kein Problem mehr, auf Fremde zuzugehen. In der neuen Welt wurde nichts dem Zufall überlassen. Bevor ich an den Büchertisch gestellt wurde, absolvierte ich eine Schulung, bei der ich den Fünf-

Punkte-Plan der Evangelisation lernte: *Interesse zeigen, Beziehung aufbauen, über Jesus sprechen, Entscheidung fordern, Rückfragen.*

So fremd wie mir die Betriebswirtschafts-Studenten damals schienen, waren sie mir gar nicht. Bei den Mitteln, mit denen die radikalen Christen versuchten, etwas zu verkaufen, hatten sie sich von den klassischen Marketing-Techniken inspirieren lassen. Der Fünf-Punkte-Plan klang wie die Anleitung für ein Verkaufsgespräch. Und so ähnlich war es ja auch.

Das Gespräch kippte, sobald die Rede auf Jesus kam. Sobald ich das Wort »Jesus« fallen ließ, änderte sich der Blick. Jesus war damals ungefähr so beliebt wie Erich Honecker oder Stalin. Das hatten die Erfinder des Fünf-Punkte-Plans zur Evangelisation leider vergessen. Der Ungläubige wollte nur weg, war aber auch nicht stark oder unhöflich genug, um mich stehenzulassen. Das war der Moment, den ich am meisten mochte, an dem ich ein Gefühl von Macht spürte. Ich versuchte, den Moment hinauszuzögern, das Wort Jesus zu vermeiden, und benutzte Umschreibungen, »Sinn des Lebens«, »Glück«, »Happiness«.

Die Religion hatte sich viel von der amerikanischen Selbsthilfe-Bewegung und dem *Positive Thinking* abgeguckt.

Es hielten auch Irre an. Schlimm waren die, die dachten, sie könnten sich mit mir auf eine theologische Diskussion einlassen. Die taten besonders schlau und erzählten von Nachweisen, dass die Evangelien keine zuverlässigen Berichte über die wirklichen historischen Ereignisse darstellten, angeblich seien sie erst lange nach dem Tod Jesu geschrieben worden. Ein Typ hatte Widersprüche bei der Geburt Jesu im Lukas- und im Matthäusevangelium gefunden. Das müsse doch jemanden beunruhigen, der die Bibel wörtlich nimmt, sagte er.

Mich beunruhigen eher Krümelkacker wie du, die in ihrem mickrigen Leben nichts Besseres zu tun haben, als kleinliche Fehler in einem Heiligen Buch zu suchen. Das sagte ich natürlich nicht. Ich sagte, du, wir können über alles reden.

An einem Tag, als es regnete und wir im Gebäude direkt vor der Mensa standen, raste einer auf mich zu und fing an mich zu beschimpfen. Das sei ein Totalausfall, was wir hier machten, Religion sei Opium fürs Volk. Er zog an der Decke und riss die Bücher runter. Ich war fasziniert. So deutlich hatte sich der Teufel noch nie manifestiert. Ich griff nach der »Hoffnung für alle«-Bibel und hielt sie ihm entgegen.

Ich sagte, wie heißt du, ich werde für dich beten.

Zu meiner Überraschung nahm der Irre die Bibel und sagte: Wladimir. Er sagte, er sei nach Lenin benannt worden. Wladimir Iljitsch Lenin. Ich musterte ihn für einen Moment.

In der DDR gaben die Eltern ihren Kindern in den siebziger Jahren amerikanische Namen, Ronny, Denny oder Maik, aber niemand wäre darauf gekommen, sein Kind nach Lenin zu nennen. Der Mann musste aus dem Westen sein.

Wir kamen ins Gespräch, er erzählte, dass er schon als Kind immer auf Demonstrationen mitgelaufen war. Seine Eltern waren Kommunisten. Sie hatten ihn im Sommer sogar in die DDR ins Ferienlager geschickt.

Mich rührte das so sehr, dass ich meine Regel brach, nicht über meine Herkunft zu reden. Ich sagte, dass ich die DDR gut kenne. Er fragte mich aus, er wollte alles ganz genau wissen, auf welche Schule ich gegangen war, welches Halstuch ich als Pionier getragen hatte, wo ich im Ferienlager war.

Er kannte dieselben Kampflieder, die ich auch kannte, die »Moorsoldaten«, »Bella Ciao«, das Partisanenlied. Ich vergaß den Fünf-Punkte-Plan der Evangelisation. Mir fiel auf, dass er sehr schöne braune Augen hatte.

Das Tribunal

Wladimir stand vor mir und bot mir an, über unsere Differenzen zu reden. Er hatte die Statur eines Rugby-Spielers und den Blick eines neugierigen Kindes. Er lächelte. Es gab keinen Hinweis darauf, dass er Hintergedanken hegte, als er mich zum Kaffee einlud. Und doch zögerte ich.

Er war ein Ungläubiger, einer, dem ich zwar Bibeln verkaufen, aber nicht zu nahe kommen sollte. Als bibeltreue Christin durfte man mit ungläubigen Frauen befreundet sein, man sollte sie sogar gezielt ansprechen, um den Auftrag des Herrn zu erfüllen, aber Männer waren tabu.

Männer waren zu gefährlich.

Es gibt einen Vers aus dem Korinther-Brief, in dem es etwas kryptisch heißt, dass man nicht am selben »Joch« wie ein Ungläubiger ziehen solle. Mit dem »Joch« war angeblich die Ehe gemeint.

Dass man einen Mann einfach so treffen könnte, ohne ihn gleich heiraten zu wollen, lag jenseits der Vorstellung vieler bibeltreuer Christen. Es ging immer gleich ums Heiraten.

Meine ehemalige Mitbewohnerin Katharina warnte davor, sich mit ungläubigen Männern anzufreunden. Es würde mich zerreißen, sagte sie. Ich ahnte damals noch nicht, dass Katharina keine gute Beziehungsratgeberin war. Sie hatte einen Mann geheiratet, den sie kaum kannte und von dem sie sich nach einem Jahr wieder trennen würde.

Mir predigte sie damals, dass die christliche Frau verpflichtet sei, sich den Wünschen des Mannes unterzuordnen, auch wenn diese Wünsche dem Bibelverständnis widersprachen. Statt sonntags in die Kirche zu gehen, müsste ich zu Hause mit ihm frühstücken. Ich solle auch an die späteren Kinder denken, fügte Katharina hinzu. Er könnte verhindern, dass sie getauft und christlich erzogen würden.

Ich war 21, wenn jemand mit mir über Kinder reden wollte, wäre ich am liebsten weggerannt. Mir widerstrebte dieses konservative Männer- und Frauenbild, es passte nicht zu dem, wie ich aufgewachsen war, und trotzdem widersprach ich nicht. Ich fügte mich ein, weil es mir konsequent erschien.

Ich hatte mich für diesen Gott und seine Regeln entschieden, nun musste ich auch mit ihm leben.

Ich redete mir ein, dass diese Vorschriften besser zum Wesen des Menschen passten als die grenzenlose Freiheit, die seit der Wende herrschte.

Im September 1994 hatte ich in meinem Tagebuch mit mir gerungen, welches die beste Ordnung ist: eine liberale Gesellschaft, die Selbstbestimmung ermöglicht, oder eine Gesellschaft, die Werte und Richtungen vorgibt? Ein Jahr später glaubte ich, die so genannte liberale Gesellschaft des Westens durchschaut zu haben. Die Freiheit, um die es ging, war vor allem die Freiheit des Geldes. Der Mensch war ein Getriebener, musste sich dauernd selbstoptimieren, Eigeninitiative zeigen, um zu überleben. Der Westen verstärkte die schlechtesten Eigenschaften des Menschen: Gier, Egoismus, Rücksichtslosigkeit.

Mit wahrer Selbstbestimmung hatte das alles nichts zu tun.

Weil mir das westliche System zu unfrei erschien, ordnete ich mich einem noch unfreieren System unter. Es war nicht immer logisch, was damals passierte.

Ich stand am Büchertisch, schaute zu dem Mann herüber, der aus meiner Vergangenheit kam. Wladimir sagte, er würde auf mich warten, bis ich die Bücher zusammengepackt habe. Er hatte wirklich tolle Augen.

Was war schon dabei, zusammen in die Mensa zu gehen?

Ein Kaffee zu zweit war noch keine Beziehung. Ich würde keinerlei Verpflichtung eingehen. Mich interessierte, wie ein Gleichaltriger, der im Westen groß geworden war, sechs, sieben Jahre nach der Wende vom Kommunismus träumen konnte, gemeinsam mit Kuba und Nordkorea.

Andererseits hatte ich Angst, dass Wladimir meine Zustimmung falsch verstehen könnte. Als Zustimmung zu seinen Argumenten und als Interesse an ihm als Mann. Ich war hin- und hergerissen. Ich musste mich entscheiden, und es schien, als hing von dieser Entscheidung ab, wie mein weiteres Leben verlaufen würde.

Die harmlose Frage nach einem Kaffee wurde zu etwas viel Größerem: Wie ernst würde ich die Regeln dieser neuen Welt nehmen? Würde ich meine Prinzipien einhalten oder schon bei der ersten Versuchung einknicken? Klar, die biblischen Regeln waren hart. Aber sie gaben auch Halt.

Widersprüchliche Gefühle kämpften in mir, Angst gegen Neugier, Zwang gegen Freiheit. Es gab nur Ja oder Nein, schwarz oder weiß, nichts dazwischen.

Ich sah Wladimir an und sagte, ich könne leider nicht mit ihm Kaffee trinken gehen. Er bedauerte, nickte mir zu und nahm seine Tasche. Er wirkte weniger enttäuscht, als ich gedacht hatte. Erleichtert faltete ich den Tisch zusammen. Ich hatte der Versuchung widerstanden.

Die wichtigste Aufgabe einer bibeltreuen Christin war es, einen Mann zum Heiraten zu finden. Für eine Ehe entschied man sich nicht aus romantischen Gründen, eine Ehe war der natürliche Weg ins Erwachsenenleben. Wer mit 25 noch nicht verheiratet war, galt als Problemfall. Niemand sagte das offen, aber Unverheiratete wurden in der Gemeinde weniger respektiert, sie mussten oft die unpopulären Jobs übernehmen, Kaffee kochen, Toiletten putzen.

Ich war erst 21, spürte aber bereits den Druck.

Doch wie findet man den Richtigen?

Viele Männer waren mit Anfang zwanzig schon vergeben. Auf einen Single-Mann kamen in den bibeltreuen Gemeinden mindestens drei unverheiratete Frauen. Selbst die Unattraktivsten wurden umschwärmt, solange sie ein festes Gehalt und einen sicheren Job vorweisen konnten.

In der Freikirche gab es keine Geschlechtertrennung, aber es wurde drauf geachtet, dass unverheiratete Männer und Frauen wenig Zeit allein verbrachten. Es gab ein kompliziertes Kennenlern-Verfahren, das ich nicht wirklich durchblickte. Von Frauen wurde erwartet, dass sie passiv waren und warteten, bis sie angesprochen wurden.

Draußen, in der realen Welt, sollten Frauen wie Männer sein, Initiative zeigen, kein Risiko scheuen, aber drinnen, bei den bibeltreuen Christen, war eine komplett andere Persönlichkeit gefragt.

Selbst kleine Gesten schienen mit Bedeutung aufgeladen. Wenn man mit einem Mann ein einziges Mal allein spazieren oder ins Kino ging, bestand die Gefahr, dass man danach als Paar angesehen wurde.

Das Wort Beziehung wurde vermieden, es gab nur »Freundschaften«. »Freundschaft« klang rein, unschuldig und schloss körperliche Nähe aus.

Damals wurde ein gewisser Derek Prince viel gelesen: Prince, ein berühmter anglo-amerikanischer Prediger, füllte mit seinen Auftritten ganze Hallen. Zwischen 1983 und 2003 hatte er vierzig Bücher geschrieben. Sie trugen Titel wie *Was Sie über Dämonen wissen sollten*, *Gottes Plan für Ihre Finanzen* und *Gott stiftet Ehen*. Gott war seiner Ansicht nach der beste Heiratsvermittler. Präziser als Internet-Dating, das es damals noch nicht gab.

Prince hatte es angeblich selbst so erlebt: Er lief durch eine Straße, sah eine wildfremde Frau und plötzlich wusste er, dass es die Richtige war. Schwupps, Heirat, Happy End.

Viele christliche Frauen wollten einen Mann, der ihnen Sicherheit bot. Ihr Leben war vorgegeben. Sie durften zwar eine Ausbildung machen oder auch studieren, aber nach der Hochzeit wurde erwartet, dass sie sich hauptsächlich um Kinder und Küche kümmerten. Die Eigenschaften, mit denen Frauen in der Bibel umschrieben wurden: fromm, bescheiden, gastfreundlich, mütterlich, freigiebig. Hure oder Mutter, das waren die Rollen.

Mein Idealbild war anders: Ich träumte von einer romantischen Liebe, von großen Gefühlen, aber ich wollte auch eine Beziehung, in der beide Partner gleichberechtigt waren und alle Aufgaben teilten. Als ich klein war, arbeitete meine Mutter am Wochenende bei der Post, und mein Vater putzte das Bad und kochte. Ich hatte es nie als einen Nachteil empfunden, ein Mädchen zu sein.

Wie ich mein Ideal mit den Vorstellungen der bibeltreuen, untergeordneten Frau versöhnen sollte, wusste ich nicht.

In meinem Tagebuch tauchten damals unzählige Männernamen auf, die mir heute, über fünfzehn Jahre später, nichts mehr sagen. Ich bat Gott um Zeichen, doch er gab mir nie ein Zeichen. Ich sprach nie oder selten einen Mann an. Vielleicht war ich zu schüchtern, vielleicht wollte ich auch den Konflikt zwischen der bibeltreuen Christin, die sich unterwerfen sollte, und der Ostdeutschen, die sich behaupten wollte, vermeiden. Es hätte mein Glaubensgerüst schon viel früher zum Einsturz gebracht.

Einmal in der Woche ging ich zum »Sister Act«. So hieß der Gebetskreis, den meine neue Freundin Ruth gegründet hatte. Sie lebte außerhalb der glänzenden Fassaden des Stadtzentrums, weit weg von der Alster, wo der typische Hamburger am Samstag seinen Porsche spazieren fuhr. Man musste zwanzig Minuten mit der U-Bahn und dann nochmal zwanzig Minuten mit dem Bus fahren, bis man in einer Hochhaussiedlung am Rande der Stadt ankam. Ringsherum stand ein Riegel grauer Plattenbauten neben dem anderen, acht, neun Stockwerke, vor dem Aldi tranken Frauen mit kaputten Gesichtern morgens ihr Bier. Es war ein bisschen wie im Osten. Ich fühlte mich sofort heimisch.

Als ich Ruth das erste Mal getroffen hatte, ging es um satanische Musik. Sie hatte mir empfohlen, mich von The Sisters of Mercy zu trennen.

Ihr Vater war ein evangelikaler Pastor, sie hatte nie gegen den Glauben ihrer Eltern rebelliert. Der Glaube an die Wahrheit der Bibel war für sie ein Naturgesetz, so normal wie die Schwerkraft. Manchmal überbrachte ihr Jesus Botschaften in ihren Träumen.

In der Zwischenzeit schleppte sie Kinder aus den Hochhaussiedlungen an, denen sie bei den Hausaufgaben half und deren Sorgen sie anhörte.

Ich war für sie auch so eine verlorene Seele, der sie ein Zuhause geben wollte. Später würden wir zusammenziehen und eine christliche Frauen-WG gründen. Sie wurde für mich wie eine große Schwester. Wir würden morgens und abends zusammen beten und alle, wirklich alle Gedanken teilen.

Zu dem Gebetskreis kamen fünf andere Frauen. Sie begrüßten sich mit Luftküsschen. Alle um die zwanzig, blond, eher kühl, der Typ Hanseatin, der Oberteile mit dem Hamburger Wappen trägt. Ihre Mütter waren ihre besten Freundinnen, man ging zusammen shoppen, tauschten Klamotten, machte gemeinsam Diät. Sie besprachen alles zusammen, selbst Liebeskummer.

Ich hatte versucht, mir meinen Dialekt von früher abzutrainieren. Ich übte die Hamburger Ausdrücke, ich sagte »Feudel« statt »Lappen« und »ich bin angefangen« statt »ich habe angefangen«. Ich wollte dazugehören, ich wollte, dass diese Frauen meine Freundinnen werden, auch wenn ich instinktiv spürte, dass ich nie ganz dazugehören würde.

Ich dachte an meine Mutter, mit der ich selten telefonierte. Ich erzählte wenig von mir, die Entfernung schien immer größer zu werden. Je weniger sie wusste, desto weniger würde sie nachfragen. Einmal in fünf Jahren besuchte sie mich in Hamburg. Als wir in einen Bus gestiegen waren, hatte sie einmal laut aufgeschrien: »Ein Neger!« Sie hatte noch nie einen Schwarzen gesehen. Alle Augen richteten sich auf uns. So fühlte es sich zumindest an. Ich liebte meine Mutter, aber in dem Moment hätte ich am liebsten so getan, als ob wir uns nicht kennten. Ich konnte mir nicht vorstellen, dass den Westdeutschen ihre Eltern jemals peinlich waren.

Wir saßen auf einem gemusterten Sofa in Ruths Wohnzimmer, auf dem Tisch stand Früchtetee. Ruth hatte eine dicke Bibel vor sich liegen. Wir kamen zusammen, um über Jesus zu reden, landeten aber oft bei anderen Fragen. Der Gebetskreis war ein bisschen wie *Sex and the City*. Ohne Sex.

Ein Mädchen, das sich nie schminkte, lange Röcke trug und

Lehrerin werden wollte, räusperte sich und stellte eine Frage. Sie wollte wissen, ob es gottgefällig sei, Mascara zu tragen?

Wir schlugen erst in der Bibel nach. Wir schlugen immer erst in der Bibel nach, um herauszufinden, wie man als Frau zu leben hat. Es gab in der Ausgabe, die ich besaß, ein Verzeichnis mit Schlagwörtern von A wie Abraham bis Z wie Zweifel.

Wir ignorierten, dass die Bibel sich in weiten Teilen widersprach und dass man für jedes Zitat ein Gegenzitat finden könnte. (Johannes 14, 27: »Den Frieden lasse ich euch, meinen Frieden gebe ich euch.« Matthäus 10, 34: »Ihr sollt nicht glauben, dass ich gekommmen bin, Frieden zu bringen auf die Erde. Ich bin nicht gekommen, Frieden zu bringen, sondern das Schwert.«)

Die Abschnitte, die uns nicht gefielen, überlasen wir. Wie zum Beispiel die Stellen, wenn Väter ihre Töchter verkauften oder Vergewaltigungsopfer ihre Peiniger heiraten mussten. »Das muss man im Kontext der Zeit verstehen«, lautete die Standardantwort darauf. Andere Stellen, wie die Vorschrift, sich sittsam zu kleiden, wurden allerdings nicht nur im Kontext der Zeit verstanden.

Miniröcke, tiefe Ausschnitte und grelle Farben waren für uns tabu. Unter M wie Mascara gab es natürlich keinen Eintrag. Dafür fanden wir unter »Schmuck« mehr als ein Dutzend Hinweise, zu »Halskette«, »Fingerring«, »Ohrring«.

Wir diskutierten kurz, ob man Ohrringe und Mascara vergleichen konnte, und entschlossen uns schließlich, dass Mascara sogar noch dezenter als Schmuck war. Wenn Gott Ohrringe akzeptiert, kann er nichts gegen Wimperntusche haben. Solange sie schwarz ist und unauffällig. Die angehende Lehrerin wirkte erleichtert.

Nicht alle Fragen waren so harmlos. Ein Mädchen, das immer besonders schick gekleidet war, geföhnte Haare, Halstuch, gebügelte Bluse, fragte, ob Blowjobs schon als Geschlechtsverkehr galten. Sie sprach mit einer mädchenhaften, hohen Stimme, das Wort Blowjob klang bei ihr völlig harmlos. Ihre Freundin flüsterte, typisch. Offenbar provozierte das Halstuch gern. Ruth wurde bleich. Sie war die Älteste hier, fühlte sich verantwortlich. Wie würde sie mit dieser heiklen Frage umgehen?

Ich saß meistens still in diesen Runden und hörte zu. Ich versuchte mir alles einzuprägen, was ich hörte, um so viel wie möglich über diese neue Welt zu lernen. Ich wollte alles richtig machen. Ich musterte Ruths Wohnzimmer. Es hatte etwas Klösterliches, wohin man auch schaute, bekam man Zuspruch. An den Wänden hingen überall Bibel- und Erbauungssprüche. *Blowjob*. Das Wort, das das Halstuch-Mädchen benutzt hatte, passte nicht hierher, es war, als hätte jemand ein Bild eines nackten Mannes aufgehängt.

Das Mädchen, das die Frage gestellt hatte, bat um Verständnis und erläuterte sein Dilemma. Sie hatte einen Freund, sie würde in einem Jahr heiraten. Ihr Freund wäre ungeduldig, aber sie wollte ihre Jungfräulichkeit nicht gefährden. Sie war hin- und hergerissen, welche Bibel-Regel galt: Sollte sie sich ihrem Freund unterordnen oder enthaltsam leben? Sie wollte uns um Rat bitten, bevor sie etwas Falsches machte.

Die Meinungen, was Gott von Blowjobs hielt, gingen auseinander. Die einen sagten, Oralsex sei erlaubt. Ruth war skeptisch und ich auch. Es gab eine klare Anweisung: Kein Sex vor der Ehe. Und Oralsex war Sex, wenn man nicht gerade Bill Clinton hieß, der zu jener Zeit eine Affäre mit der Praktikantin Monica Lewinsky unterhielt, die aber erst Jahre später herauskommen sollte. Ich hatte keinerlei sexuelle Beziehungen zu dieser Frau, hatte er gesagt. Das Mädchen mit dem Halstuch suchte Ausflüchte, wie Clinton.

Die Gesetze der Bibel waren über zweitausend Jahre alt, sie hatten alle möglichen Brüche überstanden, Kriege, Revolutionen, Spott. Warum konnte sich das Mädchen mit dem Halstuch nicht an die Regeln halten, warum musste sie Gott austricksen?

Ruth, die Älteste, schlug in der Bibel nach und fand eine obskure Stelle in dem Lied des Salomon, in dem von einer Braut und einem verschlossenen Garten die Rede ist. Der Garten musste verschlossen bleiben, das war etwas blumig formuliert, schien aber die Frage zu beantworten. Gott hatte also nichts gegen Oralsex. Er war offenbar flexibler als ich. Ich strich mir danach die Stelle mit einem Marker pink an. Wir redeten uns ein, dass die Bibel ein Selbsthilfe-Buch ist, das uns in allen Fragen Orientierung gibt.

Wir hätten auch eine Münze werfen können, um zu entscheiden, ob Oralsex biblisch war oder nicht, das wäre von ähnlicher Überzeugungskraft gewesen.

Die Gebete funktionierten immer nach dem gleichen Prinzip. Es war am Anfang wichtig, Gott ausgiebig zu danken, um dem Vorwurf der Eitelkeit und der Selbstbezogenheit zu entgehen. Wir beteten darum, dass Gott unsere Beschlüsse absegnet. Manchmal ging es um profane Dinge, die nächste Klausur, Ärger mit dem Chef, und manchmal um Größeres.

Ein Mädchen, Nadja, hatte ein Problem, über das wir öfter redeten, das sich auch durch intensives Beten nicht lösen wollte. Sie lebte nicht nur unverheiratet mit einem Nicht-Christen zusammen, sie schlief auch noch mit ihm.

Das Teelicht, das den Früchtetee wärmte, flackerte, als sie erzählte, dass sie es nicht schaffte, ihn wegzuschicken. Sie fühlte sich schlecht dabei, sagte sie. Ich lehnte mich zurück und fixierte Nadja. Sie hatte zwei Regeln gebrochen. Ich spürte, wie eine Wut in mir hochkam, die alle vernünftigen Gedanken wegwischte, als wären sie mit Kreide auf einer Tafel geschrieben.

Ich wurde wütend auf Nadja, doch es ging um viel mehr als nur darum, dass sie die Regeln gebrochen hatte. Der Sex war nur ein Symbol für das westliche Wertesystem, das die sofortige Befriedigung aller Wünsche und Bedürfnisse versprach.

Im Osten waren wir Weltmeister im Warten gewesen. Wir warteten dauernd auf irgendwas. Auf das West-Paket, auf den Kühlschrank, auf das Auto, das vor 15 Jahren bestellt wurde. Wir hatten wenig, aber das, was wir hatten, behandelten wir sorgsam. Heute, nachdem auch der Kapitalismus in die Krise geraten ist, nennt man das Nachhaltigkeit.

Die neunziger Jahre waren anders, dekadent, hedonistisch. Jeder Hunger musste sofort gestillt werden, um das eigene Ego zu befriedigen. Es gab kein Warten mehr, keine Vorfreude, keine Rücksicht.

Ich war zu den radikalen Christen gegangen, weil ich geglaubt hatte, dass hier andere Maßstäbe als draußen galten. Doch nun hatte meine neue Glaubensschwester nach den Maximen des westlichen Systems gehandelt. Denn was war die Beziehung zu einem Nicht-Christen anderes als eine Instant-Befriedigung von Wünschen? Sie hatte ihre Selbstsucht und ihren Egoismus über die Regeln der Gemeinschaft gestellt. Ich fühlte mich doppelt betrogen, weil Nadja wie ich ursprünglich auch aus dem Osten kam.

Meine Wut wurde größer, sie dehnte sich aus, es war, als ob sich zwei Hände um meinen Magen krallten. Normalerweise schwieg ich in den Runden, aber diesmal fing ich an, auf Nadja einzureden. Ich versuchte es mit meiner balsamierten Jesus-Loves-You-Stimme: »Kein Mann kann dir je so nah sein, wie Jesus dich liebt.«

Ich versuchte es mit der Art von Argumenten, die in Bibelkreisen als vernünftig galten, ich las ihr Bibelverse vor, die Stelle, in der Paulus sagt, dass unser Körper nicht uns gehört, und eine andere Stelle, an der er vor »Hurerei« warnt. Doch sie erwiderte, dass sie nichts dafür konnte, dass sie ihren Freund liebe. Sie sagte das so trotzig, dass es mich weiter aufregte. Sie schien nicht mal zu merken, dass es hier um etwas Größeres ging als um ihre persönliche Befriedigung.

Klar, die Regeln der Bibel waren hart, manchmal grausam, man musste hart gegen sich sein, um sie einzuhalten, man musste stark sein, doch nur so würden wir wirklich Gottes Reich auf Erden errichten können.

Ich war fest davon überzeugt, was ich sagte.

Ich redete immer weiter, meine Stimme wurde lauter. Wie sehr Menschen sich verändern konnten, wenn sie die Macht der Gruppe hinter sich spürten. Wie schnell sich eine harmlose Situation in ein Tribunal verwandeln konnte. Ich verstehe im Rückblick, wieso zweimal hintereinander auf deutschem Boden Diktaturen entstehen konnten.

Wie viel Kälte, wie viel Härte plötzlich da war. Die anderen rührten in ihrem Tee, doch sie sagten nichts, sie hielten mich nicht auf, ich fühlte die Stille wie eine Zustimmung. Wir waren jetzt keine Westler oder Ostler mehr, es gab nur noch Starke und Schwache. Mir wurde ganz heiß, ich spürte Gott auf meiner Seite, er hatte mich erwählt, um seine Wahrheit zu sprechen. Die Sätze kamen ganz leicht aus meinem Mund.

Du nimmst den Glauben nicht ernst.

Wenn du wirklich Jesus in dein Herz gelassen hättest, könntest du nicht mit einem Ungläubigen zusammen sein.

Du bist kein Vorbild mehr für die Nicht-Christen.

Du bist zu schwach.

Ich hatte keinen Baseballschläger, ich hatte nur Worte. Aber jedes Wort saß. Jedes Wort war ein Schlag.

Während ich Nadja den Sex verbieten wollte, dachte ich an Wladimir, mit dem ich mich nicht treffen durfte. Die Schwäche, die ich ihr austreiben wollte, trug ich selbst in mir. Es ging nicht um Nadja, es ging um den Westen, die Leere, die gefühlte Sinnlosigkeit des Systems, die ich versuchte, zu bekämpfen.

Am Ende weinte Nadja, sie rannte aus dem Raum. Sie konnte es nicht mehr aushalten. Ich hatte gemischte Gefühle, sie tat mir leid, aber ich fühlte meine Stärke. Immer hatten die anderen geredet, jetzt redete ich. Die anderen Frauen sagten nichts. Ich wusste, dass sie auf meiner Seite standen. Ich war eine Soldatin, ich leistete Gottes Dienst.

In der Hölle

Es war ein Dienstag im Juni 1996. Ein grauer Himmel hing über der Ostsee, am Morgen hatte es etwas geregnet. Die Luft war sauber und frisch. Ich stellte mich in die Schlange zur Fähre nach Helsinki, während Klaus sich umständlich von seinem Freund verabschiedete, der uns von Hamburg zum Ostseehafen Travemünde gebracht hatte. Klaus trug Jeans, Sweatshirt, Windjacke, ein unauffälliger 23-Jähriger. Alles an ihm wirkte eckig, sein Gesicht, seine Bewegungen, sein Blick. Er schien aus Schüchternheit zu bestehen.

Ich mochte Klaus. Neben ihm fühlte ich mich weniger ungeschickt und plump.

Von außen betrachtet hätten wir ein Paar sein können, auf dem Weg in den Sommerurlaub. Aber wir waren kein Paar, ich kannte ihn nur flüchtig aus der Gemeinde. Wir hatten eine Mission. Das Boot legte ab, die Häuser wurden kleiner, dann verschwanden sie ganz.

Ich ließ die Welt, wie ich sie kannte, hinter mir zurück.

Sieben Jahre waren seit der Wende vergangen. Die Geduld mit den Ostdeutschen wurde weniger. Die Ostdeutschen sollten »endlich ankommen«, hieß es.

Ankommen ja, aber wo?

Ich lebte nun in einer Demokratie, aber was bedeutete das?

Wenn man die volle Lebenserwartung erreicht, kann man im Leben vielleicht fünfzehn Mal darüber abstimmen, welche Parteien in den Bundestag kommen, vielleicht noch genauso oft darüber, wie der Landtag aussieht. Die Chance, dass man Abgeordneter, Minister oder Bundeskanzler wird, sind äußerst gering. Die größte Mehrheit der Menschen wird nie darüber entscheiden, ob Steuern erhöht oder gesenkt werden, wie viel Geld ein Sozialhilfeempfänger verdient, wann deutsche Soldaten in den Krieg ziehen oder zu Hause bleiben. Die größte Mehrheit der Deutschen delegiert diese Fragen an andere und hofft, dass es gut ausgeht. Echte Macht, die Gelegenheit, über das Schicksal anderer Menschen zu entscheiden, haben die Allerwenigsten.

Ich sah diese Machtverteilung von unten nach oben von Anfang an skeptisch. Der Traum von mehr Bürgerbeteiligung, der in der Wendezeit mit den Montagsdemonstrationen und den großen Kundgebungen auf dem Alexanderplatz formuliert wurde, war nicht vergessen – und konnte doch 1996 nicht ferner von der Realität sein. Deutschland schien festgefahren, Helmut Kohl regierte schon so lange wie Erich Honecker, und die größte Bedrohung der Menschheit schien verseuchtes Rindfleisch aus England zu sein.

Es gab wenige Möglichkeiten für den Einzelnen, sich einzubringen. Die Westdeutschen hatten sich daran gewöhnt, alle vier oder fünf Jahre ihr Kreuz zu machen und sich nur gelegentlich zu erheben, auf Ostermärschen, Anti-Atom-Demonstrationen. Lange bevor die Kritik an mangelnder Bürgerbeteiligung Mainstream wurde, fühlte ich mich fremd in der Gesellschaftsform.

Ich fuhr in die Sowjetunion, zum einstigen Bruderstaat, der jetzt Russland hieß. Es war mein Weg, eine gewisse Kontrolle über mein Leben zurückzuerlangen. Ich war nicht mehr passiv.

Warum Russland? Die Welt stand mir sieben Jahre nach der Wende offen, und ich entschied mich für das Land, in das ich schon früher hätte reisen können, das Teil des Gefängnisses gewesen war? Wäre die Mauer nicht gefallen, hätte ich vielleicht dort studiert. Wahrscheinlich hätte unsere Schul-Abschlussfahrt nach Moskau geführt.

Ich war wie ein Häftling, der freiwillig in seine Zelle zurückkehrte. Was war das, was mich unbewusst dorthintrieb? Größenwahn? Stockholm-Syndrom? Hass?

Die Entscheidung kam zufällig. Jemand hatte gesagt, du sprichst russisch, warum wirst du nicht Missionarin in Russland? Die Idee gefiel mir: Während auf dem bundesdeutschen Arbeitsmarkt kein Platz für mich zu sein schien, wurde ich in Russland noch gebraucht.

Ich erinnere mich nicht mal mehr, wie der Name desjenigen war, der das zu mir gesagt hatte. Aber mein Ehrgeiz war geweckt, ich hatte ein neues Ziel. Auf dem Uni-Campus stand ich jede Woche am Büchertisch, doch fast niemand interessierte sich für die Botschaft, die ich hatte. Der Büchertisch genügte mir nicht mehr, ich wollte mehr, ich wollte was erreichen.

Missionarin bedeutete, Seelen zu retten, Abkehr zu predigen, neues Leben zu geben. Vielleicht redete ich mir das auch nur ein, aber das erste Mal seit der Wende hatte ich das Gefühl, die Ohnmacht zu überwinden, als ich mich entschied, Missionarin zu werden.

Es gab niemanden, der mich davon abhielt. Billy und Ruth, meine bibeltreuen Freundinnen, waren begeistert. Ruth hatte bereits als Missionarin gearbeitet, Billy würde später in den Sudan gehen, um Muslime zu bekehren. Es war für sie normal, Zeit ihres Lebens der Bekehrung anderer zu widmen.

Ich meldete mich für meinen Einsatz, es war so, als würde ich eine Urlaubsreise buchen, eintausend Mark für zwei Monate.

Man kann die Einsätze bei der amerikanischen Missionsgesellschaft immer noch buchen, sie heißen heute auf Neudeutsch »Global challenge« (weltweite Herausforderung). Das Wort Mission wird auf der Website vermieden. Mission hat kein gutes Image mehr. Es klingt nach Kolonialherren, nach Kontrolle und Unterwerfung.

Die Missionsgesellschaft schickte mich nach Karelien, einer Region nordöstlich von St. Petersburg. Wenn ich mich bewährte, würde ich mein Studium aufgeben und mein Leben dem Dienst für Gott weihen. Das war der Plan.

Der Kapitalismus fordert, dass man all seine Kraft in die Karriere steckt. Und die Deutschen sind bekannt dafür, dass sie im Beruf besonders gewissenhaft und strebsam arbeiten. Indem ich mich für die Mission entschied, rebellierte ich auch gegen die geltenden Leitbilder der Gesellschaft. Dachte ich.

Meine Haare waren kurz, ich trug einen langen Rock, eine hochgeschlossene Bluse, flaches Schuhwerk. Ich sah aus wie eine Missionarin. Ich musste nicht mehr hübsch sein.

Obwohl ich nichts Verbotenes vorhatte, wusste ich instinktiv, dass ich vor Außenstehenden die wahre Motivation meiner Reise besser verbarg. Meine Pläne, das Studium aufzugeben, erwähnte ich nicht. Seitdem ich religiös geworden war, hatte ich eine gewisse Geschicklichkeit darin entwickelt, meine wahren Motive und Verbindungen zu verstecken. Meiner Mutter erzählte ich, dass ich mich in einer kirchlichen Organisation um Waisenkinder kümmern würde. Sie zeigte sich verständnisvoll, zitierte eine Bibelstelle, in der es um Nächstenliebe ging.

Meine Mutter fragte auch nicht genauer nach, wieso ich plötzlich meine soziale Ader entdeckt hatte. Später erfuhr ich, dass sie sich beim Dorfpfarrer nach der Missionsgesellschaft erkundigt hatte, ob sie gefährlich sei. Aber der Dorfpfarrer hatte den Namen noch die gehört und meine Mutter beruhigt, das sei sicher eine ganz harmlose Organisation.

Mein Glaube schuf eine Distanz. Es war schrecklich zu wissen, dass die eigenen Eltern später in der Hölle landen würden und man nichts dagegen tun konnte. Wir lebten in zwei verschiedenen Welten.

Was hätten meine Eltern tun können? Sie kämpften wie viele Ostdeutsche damals an mehreren Fronten.

Meine Schwester war auf das Gymnasium gewechselt, aber sie kam mit dem Druck nicht zurecht und wollte die Schule abbrechen.

Auch mein Bruder entwickelte sich in eine seltsame Richtung. Er hörte inzwischen Musik von Neonazi-Bands wie Landser, Stahlgewitter oder den Zillerthaler Türkenjägern.

Die verbotenen CDs kursierten Mitte der neunziger Jahre auf den Schulhöfen. Freunde gaben sie an Freunde weiter. Die halbe Klasse fuhr zusammen auf den Polenmarkt hinter der Grenze und kaufte T-Shirts von Thor Steinar oder anderen rechten Marken. Die Polen und die Vietnamesen, die auf dem Markt ihre Stände hatten, hatten ihr Angebot schnell dem Bedarf angepasst. Die Absurdität fiel den Wenigsten auf.

Die Dörfer wurden immer leerer, viele Häuser waren unbewohnt. Für die Feste, auf denen die Menschen früher zusammenkamen, gab es kein Geld mehr. Der Konsum und die Kneipe wurden geschlossen, und wenn man ein frisches Brot kaufen wollte, musste man zwanzig Minuten in die Kreisstadt fahren. Der Bus fuhr zweimal am Tag.

Die um die 30-jährigen Männer gingen weg, in den Westen oder nach Skandinavien, wo Handwerker besser bezahlt wurden, und hinterließen eine Schar alleinerziehender Mütter und vaterloser Kinder. Das war die Logik der neuen Welt:

Auf den Baustellen in Ostdeutschland fand man Portugiesen und Polen, während die Ostdeutschen wiederum auf norwegischen Baustellen arbeiteten. Die Väter, die blieben, hingen in Umschulungsräumen herum und »lernten Computer«. Die Söhne suchten andere Rollenbilder. Die neuen Freunde meines Bruders waren ähnliche Typen wie Uwe Böhnhardt und Uwe Mundlos, die zur gleichen Zeit in Jena herumliefen und Plakate für die NPD-Jugend klebten. Böhnhardt und Mundlos waren 1995/1996 noch keine Terroristen, hatten aber schon erste Erfahrungen mit der Polizei gemacht. Sie treten 1996 gemeinsam mit dem NPD-Chef Holger Apfel auf Demonstrationen auf, gründen gleichzeitig mit Freunden die Kameradschaft Jena.

Die Neonazis auf dem Land waren weniger gefestigt, aber sie verkörperten eine Art von Männlichkeit, die attraktiv war, wild, stark, dynamisch. In einem Dorf, das starb, schienen sie das einzig Lebendige.

Die Jungs aus dem Dorf spielten mit Waffen auf den Truppenübungsplätzen, die die Russen zurückgelassen hatten. Am Wochenende setzten sie sich gemeinsam ins Auto und fuhren über die Dörfer. Sie wollten Türken jagen, gaben sich mangels Türken aber auch mit den Nachbarn als Opfer zufrieden.

Mein Bruder war ein Mitläufer, er hat nie jemandem etwas getan, aber ihm gefiel es, wild und gefährlich zu wirken.

Die rechtsextreme Karriere meines Bruders endete nach wenigen Wochen, als meine Mutter in seinem Schrank ein T-Shirt mit der Aufschrift »White Aryan« sowie mehrere indizierte CDs fand. Sie war bestürzt, sie gehörte zu der Generation, die mit dem Schrecken des Holocausts aufgewachsen war. Die DDR hatte sie wegen ihres Antifaschismus für den besseren deutschen Staat gehalten. Jetzt brachte ihr Sohn solchen Schmutz nach Hause. Als er aus der Schule kam, stellte sie ihn zur Rede und hielt ihm eine Standpauke, meine Oma erzählte ihm von den Zügen nach Auschwitz, die sie als Kind beobachtet hatte.

Es war keine leichte Zeit für meine Eltern: Die älteste Tochter, 22, in einer christlichen Sekte, die mittlere Tochter, 16, litt in der Schule, und der Sohn, 14, hatte die falschen Freunde.

Heute würde man vielleicht zu einer Beratungsstelle geben, Nachhilfelehrer engagieren, aber das war damals entweder nicht üblich oder es fehlte der Mut, sich einzugestehen, dass etwas schieflief.

Vieles von dem, was passierte, habe ich erst später erfahren. Ich kannte nur Puzzleteile, die erst viel später Sinn ergaben. Ich war weit weg, auf dem Weg nach Russland.

Zwei Tage nach der Abfahrt in Travemünde kamen wir in Tallinn, Estland, an. Dort fand das Missionslager statt, in dem die Teilnehmer auf ihren Einsatz vorbereitet wurden.

Ich wurde in einem Schulkomplex mit mehreren Gebäuden untergebracht, ich rollte meine Isomatte auf dem Boden eines Klassenraumes zwischen zwei Schlafsäcken aus. In jedem Raum schliefen zwanzig Frauen, am Ende der Gänge lagen die Waschräume. Es erinnerte mich an die Pionierlager von früher.

Man lernte das Einmaleins der Missionarsschule: keine Alleingänge, keine Einmischung in politische Angelegenheiten, respektvolle Kleidung. Man durfte nur zu zweit ausschwärmen, so wurde gesichert, dass man moralisch anständig blieb, Männer und Frauen getrennt.

Wir waren fünfhundert, vielleicht achthundert junge Leute zwischen 18 und 35. Die Teilnehmer der Einsätze wurden auf ihre Aufgabe vorbereitet, eingepeitscht mit Geschichten von unterdrückten Christen in Usbekistan, China und Russland.

Amerikanische Gurus wurden per Videobotschaft aus den USA zugeschaltet. Das alles vermittelte das Gefühl, Teil einer weltweiten Bewegung zu sein.

Wer nach Tallinn kam, gehörte zu Gottes Elitetruppe und war bereit, sich Verhaltensregeln unterzuordnen. Man lernte, dass man am Zielort nur Personen gleichen Geschlechts ansprechen sollte, möglichst Gleichaltrige oder Jüngere.

Die wenigsten, die sich zum Crashkurs für Missionare in Tallinn angemeldet hatten, sprachen russisch oder eine andere osteuropäische Sprache. Die Führer hatten auch daran gedacht. Mit wenigen Strichen lernte man, das Evangelium in Zeichensprache zu übermitteln. Vier Bilder, vier Schritte. Das letzte Bild zeigte einen Galgen, an dem ein Strichmännchen hing. Das passierte, wenn man sein Leben nicht Jesus übergab. Man starb, um ewige Höllenqualen zu erleiden. Ich malte die Skizzen eifrig ab.

Außer mir hatte sich nur noch ein einziges Mädchen, eine Amerikanerin mit finnischer Mutter, für Russland angemeldet. Sie sah aus wie aus dem Filmset von *Doktor Schiwago*. Sie trug einen Strickpulli, lange, zu einem Pferdeschwanz zusammengebundene blonde Haare und einen langen, bis auf den Boden reichenden Rock. Sie sah so aus, wie ich mir die perfekte biblische Frau vorstellte.

Sie hieß, kein Witz, Larissa.

Geleitet wurde unser Team von drei finnischen Männern, die vom Alter her unsere Großväter hätten sein können und die nur finnisch sprachen. Ich weiß nicht mehr genau, woher sie kamen, ich weiß nur, dass ich ein bisschen Angst vor ihnen hatte. Sie sahen alle drei gleich aus, dicker Bauch, Halbglatze, ein verschlossener Blick, aus dem man nie genau lesen konnte, was sie dachten. Sie hätten auch Zuhälter sein oder atomwaffenfähiges Material in den Iran schmuggeln können, aber wahrscheinlich waren sie harmlose Familienväter. Bestimmt.

Meine Mutter hatte mich immer vor fremden Männern gewarnt. Aber nun war es zu spät.

Ich nannte sie Finne 1, Finne 2 und Finne 3, weil ich mir ihre Namen nicht merken konnte. Die finnische Sprache, die am ehesten mit dem Ungarischen verwandt ist, klang fremd. Sie schien nur aus Ös und Is und Üs zu bestehen.

Joo hieß Ja und Ei hieß Nein. Joo, ei.

Wenn die drei Männer redeten, klangen sie nicht wie Gangster, sondern eher wie Kleinkinder, die noch nicht gelernt hatten, Konsonanten auszusprechen.

Ich hatte keine Intention, Finnisch zu lernen und die Männer sprachen weder russisch noch englisch, also würden wir die meiste Zeit in den nächsten Wochen schweigend verbringen. Wo sie herkamen, was sie nach Russland geführt hatte, das erfuhr ich nicht.

Wenn die Finnen uns etwas mitzuteilen hatten, warfen sie Larissa ein paar Brocken Vokale hin, und sie übersetzte. Finnische Männer, das weiß man aus Kaurismäki-Filmen, sind eher schweigsam.

Ich saß im Auto und schaute aus dem Fenster. Eine Melancholie machte sich breit, während wir stundenlang durch Wälder fuhren. Die Euphorie, die noch im Missionslager geherrscht hatte, war auf einen Schlag weg.

Ich hatte mich wiederholt in eine Situationen gebracht, in der ich jegliche Unabhängigkeit verlor. Ich konnte mich nicht frei artikulieren, ich konnte mich nicht frei bewegen. Ich dachte an die Soldaten, die früher durch das Dorf, in dem ich aufgewachsen bin, gefahren sind. In den Wäldern der Umgebung waren die Russen stationiert, sie hatten ihre Kasernen, ihre Geschäfte, ihre Krankenhäuser. Sie waren offiziell die

»Freunde«, aber man durfte keinen privaten Kontakt haben. Ihre Kasernen glichen verbotenen Städten. Jeden Tag rumpelten Kolonnen über den Asphalt, hinten unter den Planen, kauerten junge Männer in Uniform. Junge, traurige Gesichter. Die Soldaten waren eingesperrt, wenn sie zu fliehen versuchten, wurden sie erschossen. Ich musste an diese Gesichter denken, als ich mit den Finnen durch Russland fuhr.

Schon die Zaren verbannten ihre Gefangenen nach Karelien. Es gibt etwas weiter nördlich ein Kloster mit Namen Solowniki, das schon im 14. Jahrhundert als politisches Gefängnis benutzt wurde. Die Kommunisten machten nach der Revolution 1917 einen Gulag daraus. Inzwischen ist es wieder ein Kloster.

Wäre ich eine Malerin, hätte ich Studien des unterschiedlichen Grüns betreiben können. Ansonsten gab es wenig, woran sich das Auge festhalten konnte. Keine Berge, kein Meer, nur Wälder und glatte, stille Seen. Halb Karelien ist von Wasser bedeckt. Menschen sah ich ebenso wenig wie Braunbären, die hier leben sollten, dafür standen verloren einzelne kleine Holzkirchen herum.

Es gibt viele Gründe, gegen die orthodoxe Kirche zu sein, ihre fragwürdige politische Rolle beispielsweise, die Kirche hat sich in Russland jahrhundertelang als Stütze des Zaren gesehen und die Ausbeutung der Bauern toleriert. Aber immerhin war es eine christliche Kirche, wäre es nicht sinnvoller, Ungläubige zu erreichen?

Ich frage Larissa halb scherzhaft, halb ernst, ob ich wir den falschen Einsatzort gewählt hatten.

Die orthodoxe Kirche sei eine Irrlehre, sagte sie mit sanfter Stimme. Die orthodoxen Gläubigen würden ebenso wie die Ungläubigen in der Hölle enden. Sie schien sich da sehr sicher. Ökumene lehnte sie ab, wie die meisten Freikirchen.

Die Finnen lenkten das Auto über Schotterpisten, ich sah stundenlang kein anderes Auto, manchmal entdeckte ich Holzhütten und Frauen mit Kopftüchern, die an den Ufern der Seen ihre Wäsche wuschen und Trinkwasser holten. Die Menschen schienen unberührt von historischen Ereignissen zu leben. Die Zeit stand still.

Ich hätte mich nicht gewundert, wenn sie dachten, in Moskau regiere noch der Zar.

Dass unsere Mission von drei Finnen geleitet wurde, war nicht so ganz abwegig, wie es mir zunächst vorgekommen war. Der Landstrich nördlich von St. Petersburg gehörte früher zu Finnland, die Bauern in den Dörfern sprachen karelisch, einen finnischen Dialekt. Nach dem Zweiten Weltkrieg hatten die Finnen, die an der Seite der Deutschen gekämpft hatten, einen Teil von Karelien an die Sowjetunion abgeben müssen. Vierhunderttausend Finnen waren vor dem Kommunismus geflohen. Karelien war geteilt worden, so wie Deutschland. Ich fuhr in meine Vergangenheit, in die finnische DDR.

Unser Ziel war die karelische Hauptstadt, Petrosawodsk am Onegasee. Als Erstes fiel mir in der Stadt eine haushohe Statue an einem leeren Platz auf, der Rasen war schon eine Weile nicht mehr gemäht worden. In Deutschland waren Mitte der neunziger Jahre die meisten Lenin-Büsten zerstört worden, die Spuren der Vergangenheit mussten getilgt werden, aber hier saß er noch, das Symbol unserer ehemaligen Waffen- und Wertegemeinschaft, Genosse Wladimir Iljitsch Lenin. Ein schwarzer Riese, sein steinerner Finger maß mehr als ein menschliches Bein. Trotz seiner Größe wirkte Lenin in seiner vergangenen Omnipotenz lächerlich, schlaff.

Anfang der zwanziger Jahre, als er mit seinen Bolschewiki die Macht übernommen hatte, wurden Gotteshäuser geschlossen und Tausende Priester und Gläubige erschossen. Als bibeltreue Christin hätte ich ihn hassen müssen. Aber er tat mir leid.

Na, Genosse, wie fühlt man sich als Verlierer der Geschichte?

Nach einer weiteren Dreiviertelstunde Fahrt hielt der Bus vor einem Hochhaus am Stadtrand. Finne 1, Finne 2, Finne 3 rannten die Treppe hoch, Larissa und ich liefen mit unseren Taschen hinterher. Die Wohnung war leer, komplett unbewohnt. Zwei Zimmer mit jeweils drei Betten, Küche, Bad.

Ich sah, wie Larissa, schon ganz russisch-schicksalsergeben, ihre Tasche öffnete und auszupacken begann. Doch es gab keinen Schrank, keinen Tisch, nur ein Regal.

Ich hätte die Bibel, die ich mitgebracht hatte, aus dem Fenster schmeißen können. Ich war geschockt und wütend auf mich selbst. Was hatte ich denn erwartet? Luxus? Ein Zimmer im Hilton?

Aber ich hatte keine Wahl, ich war über zweitausend Kilometer von zu Hause entfernt. Es gab kein Telefon und ich hatte keinen einzigen Rubel in der Tasche. Ich machte das, was mir am leichtesten fiel, ich ordnete mich, wenn auch widerwillig, den fremden finnischen Männern unter und ließ mir nichts anmerken.

Ich konnte mich wie ein Chamäleon in widrigste Situationen einfügen. Vielleicht wird man so, wenn man Brüche in seinem Leben durchgemacht hat, in denen die Existenz davon abhängt, wie gut man Normalität simulieren kann. Ich konnte das ziemlich gut. Meine Angst vor den Finnen und meine Wut darüber, eingesperrt zu sein, verdrängte ich. Ich war inzwischen auch ganz gut im Verdrängen.

Es war heiß in der Wohnung, trotz Sommertemperaturen lief die Heizung, und man konnte sie, wie in russischen

Wohnungen üblich, nicht selbst abstellen. Dafür gab es kein warmes Wasser. Die Stadt hatte kein Geld dafür, die maroden Wohnungen zu sanieren.

Überall schimmelten die Wohnungen der Genossenschaften vor sich hin.

Willkommen im neuen Russland.

Die neoliberalen Reformen des Präsidenten Boris Jelzin hatten im Wesentlichen darin bestanden, einige wenige Menschen sehr reich und viele sehr arm zu machen. »Schocktherapie« nannte er das. Renten und Löhne in öffentlichen Betrieben wurden nur unregelmäßig ausgezahlt, ein Teil des Volkes hungerte.

Trotzdem traf die Wut nicht Jelzin, der während meiner Ankunft in Russland gerade 1996 wiedergewählt worden war, sondern seinen Vorgänger, den in Deutschland so verehrten Michail Gorbatschow. Er habe Russland an den Westen verkauft, lautete der Vorwurf, den ich immer wieder hören würde.

Die nächsten Tage liefen immer gleich ab. Die drei Finnen sah ich kaum, sie verschwanden morgens in aller Frühe und kamen erst spätabends zurück. Sie pflegten Kontakte, erklärte mir Larissa. Was das für Kontakte waren, wusste ich nicht genau. Angeblich unterstützten sie finnischsprachige Hausgemeinden, die sich konspirativ in privaten Wohnungen trafen. Sie hätten einen Drogenschmuggelring aufbauen können und ich hätte nichts gemerkt.

Während die Finnen unterwegs waren, hatten Larissa und ich den Auftrag, Kontakte zu knüpfen. Unsere Aufgabe war es, mit jungen Frauen in unserem Alter ins Gespräch zu kommen. Das war schon ein erstes Problem, denn junge Frauen hielten sich kaum auf den Straßen auf. Die Stadt wirkte im Vergleich zu westlichen Städten unfassbar leer. Autos und

Busse konnte sich niemand leisten, die meisten Menschen gingen zu Fuß oder benutzten Sammeltaxis.

Kurioserweise gibt es Ähnlichkeiten zwischen Eisenhüttenstadt und Petrosawodsk. Die russische Stadt wurde 1703 für die Arbeiter einer neuen Eisenhütte im abgeschiedenen Karelien gebaut – von Zar Peter I., der auch St. Petersburg errichtete. Petrosawodsk war auch eine Planstadt, wie Eisenhüttenstadt 250 Jahre später.

Auf Bänken am Straßenrand saßen die Babuschkas, alte Frauen mit Kopftüchern, die wie hundert aussahen und wahrscheinlich nicht mal sechzig waren, sie flüsterten, wenn Larissa und ich vorbeiliefen. Die Babuschkas musterten diese zwei westlichen jungen Frauen misstrauisch. Niemand außer einer Handvoll Zeugen Jehovas, die auch durch die Stadt irrten, trug in Petrosawodsk lange Röcke und weite T-Shirts. Es war sozusagen das Erkennungszeichen der Sektenmitglieder.

Ich lernte mit der Zeit, verheiratete von ledigen Frauen zu unterscheiden. Die Ledigen waren dünn, mit langen Beinen, sie trugen am liebsten grelle Farben, viel Glitter und hohe Schuhe. Keine Ahnung. Die meisten Mädchen gingen nie ohne Lippenstift und Lidschatten aus dem Haus, sie waren, wie die Mädchen bei Heidi Klum später, »always on«.

Dann, sobald die Frauen verheiratet waren, mit 21 oder 22, veränderte sich ihre Körperform. Sie trugen immer noch grelle Farben und Glitter, sie wirkten aber jetzt, als hätten sich kleine Elefanten in Kindersachen gedrängt.

Wann genau diese Metamorphose passierte, weiß ich auch nicht, und wie war das für die Männer, die Supermodels geheiratet hatten und dann mit einem Elefanten im Bett endeten?

Die Frauen, egal ob Single oder verheiratet, brauchten ganz klar Jesus, um sie von ihrer Fixierung auf äußere Schönheit zu erlösen, von ihrer Ersatzdroge. Leider schienen sie sich ihrer Erlösungsbedürftigkeit nicht bewusst zu sein. Sie marschierten über das Kopfsteinpflaster und standen perfekt geschminkt stundenlang beim Bäcker nach Brot an. Wenn schon russischer Untergang, dann bitte auf High Heels.

Es gab keine Supermärkte, sondern nur Geschäfte, in denen ein kompliziertes Zahlungssystem herrschte. Man ging zu einem Tresen, merkte sich den Preis des Artikels, stellte sich an der Kasse an. Dort wartete man, bis man dran war, dann nannte man den Preis, bezahlte und bekam eine Quittung. Anschließend stellte man sich wieder an, um die Waren abzuholen.

Bis ich das System durchschaut hatte, verging eine Woche.

Ich konnte mich nur mit großer Mühe auf Russisch verständigen, weil ich in den acht Jahren Sprachunterricht zwar gelernt habe, marxistisch-leninistische Phrasen zu wiederholen, nicht aber, wie man ein Brot kauft.

Ich hatte vor allem Schwierigkeiten, mir Zahlen zu merken. Ich verwechselte fünfzehn, pjatnadzad, mit fünfzig, pjatdesjat, und bekam an der Kasse vor Aufregung kein Wort heraus. Ich zeigte auf ein Brot, das ich ausgewählt hatte, aber die Kassiererin schüttelte den Kopf. Ich musste zum Tresen zurück. Wenn man lange Schlangen vor den Brot-Geschäften sah, dann war Lieferung eingetroffen, dann musste man hinrennen und sich die Taschen vollstopfen. Manchmal gab es tagelang kein Brot in der Stadt.

Wenn wir nicht nach Brot anstanden, arbeiteten wir diszipliniert unsere Aufgaben ab. Wir klingelten an vielen Häusern. Meistens wurde uns die Tür vor der Nase zugeschlagen, sobald Larissa die Bibel herausholte. Die Russen wollten keinen Heiland. Sie hatten ihren Wodka.

Nur ein einziges Mal kam ich meiner Aufgabe, eine Seele zu retten, nahe.

Auf dem Spielplatz vor der Haustür trafen wir Irina. Sie war zu alt für den Spielplatz, sie war 15, und sah aus wie 22. Larissa und ich setzten uns zu ihr und stellten uns vor. Als sie mich fragte, ob ich auch Amerikanerin sei, sagte ich, nein, nemjetzkyi, Deutsche. Ich erzählte noch ein bisschen mehr, aber Irina lachte mit jedem Wort, das ich sagte. Sie lachte so laut, dass sie sich die Hand vor den Mund halten musste.

Angeblich sprach ich mit französischem Akzent. Mein Selbstbewusstsein brach sofort ein, gekränkt.

Nachdem ich darüber nachgedacht hatte, wie lächerlich es war, sich von einer 15-Jährigen, die wahrscheinlich noch nie in ihrem Leben eine Ausländerin reden gehört hatte, einschüchtern zu lassen, freundete ich mich mit Irina an – soweit es zwischen einer Missionarin und ihrem Opfer Freundschaft geben kann. Denn das Ziel ist ja immer gleich: Das Opfer soll sich von seinem alten Leben verabschieden, seine Sünden bekennen und Jesus als Retter annehmen.

Ich begann ganz sanft, Jesus liebt dich, er liebt jeden Einzelnen, als sie nur gelangweilt guckte und ihre Haarspitzen um ihre Finger wickelte, so dass nicht klar war, ob sie nachdachte, träumte oder an gar nichts dachte, also da legte ich ein wenig Dynamit in das Gespräch: Wer sich nicht für Jesus entscheidet, lebt in ewiger Verdammnis. Also gehe ich in die Hölle?, fragte Irina erschrocken.

Larissa fand nachher, ich sei zu ungeduldig. Aber immerhin hatte uns Irina zu sich nach Hause eingeladen. Ich fand das ermutigend. Ein wenig Druck schadete nicht. Jesus war doch auch eher der radikale Typ, er hatte in den Tempeln die Geldtische umgeworfen und nicht freundlich darum gebeten, mit dem Glücksspiel aufzuhören.

Ich hatte das Gefühl, nah an meinem Ziel zu sein, endlich jemanden zu bekehren.

Ich war vor drei oder vier Wochen angekommen, aber es fühlte sich an, als sei ich schon seit dem Ende der achtziger Jahre in der Stadt. Die Abende in Petrosawodsk waren am schlimmsten. Sie zogen sich hin, jedes Mal, wenn ich das Gefühl hatte, eine halbe Stunde müsste vergangen sein, hatte sich der Zeiger kaum eine Minute vorbewegt. Ab sieben durften wir ohne Erlaubnis der drei Finnen das Haus nicht mehr verlassen.

Es gab keinerlei Ablenkung: kein Buch, kein Fernseher, kein Alkohol. Ich kopierte das gesamte Johannes-Evangelium in mein Tagebuch.

Larissa beschwerte sich nie, jeden Tag pries sie den Herrn und war voller Erwartung auf die Ereignisse, die passieren könnten, und abends, wenn die Finnen kamen, ging sie in die Küche hinüber und unterhielt sich lange in ihrer merkwürdigen Sprache. Ich stellte mir vor, dass sie sich über mich lustig machten. Die schlechteste Missionarin, die sie je hatten. Ich wurde langsam paranoid.

Nachts hatte ich Alpträume, von russischen Soldaten, die das Haus meiner Eltern überfielen.

Es war ein bekannter Traum, den ich früher als Kind oft gehabt hatte. In dem Traum sah ich durch das Fenster der Küche, wie eine Kolonne von Panzern und Soldaten aus dem Wald auf das Haus zurückte, meine Eltern versteckten sich im Keller und ich hörte ihre Stimmen, aber ich konnte mich nicht bewegen.

An dem Abend, an dem wir Irina besuchten, war ich besonders aufgeregt. Sie wohnte in einem anderen Block, ein paar Straßen weiter. Schon im Hausflur roch es nach Urin, überall lag Müll herum. Wir stiegen die Treppen hinauf, Irina wartete mit Hausschuhen in der Hand.

Es war einer jener russischen männerlosen Haushalte, von denen es viele gab. Irina lebte mit Mutter und Oma sowie einem jüngeren Bruder zusammen, die Eltern waren geschieden. Die Scheidungsrate in Russland war damals schon sehr hoch, die Hälfte aller Ehen wurde geschieden, in den Städten war die Rate noch höher.

Der Tisch im Wohnzimmer bog sich unter Delikatessen, die ich in keinem Geschäft gesehen hatte, eingelegter Fisch, Salat, Gurken, Pasteten. Ich aß und aß, bis mein Magen schmerzte. Und danach sagte die Oma, komm, Kindchen, greif zu, du hast ja noch nichts angerührt.

Die Oma wollte wissen, woher aus Amerika ich komme.

Sie hatte wahrscheinlich noch das Ende des Großen Vaterländischen Krieges miterlebt, wie die Russen den Ostfeldzug nennen, hatte vielleicht Angehörige verloren. Was es wohl in ihr auslöste, wenn sie erfuhr, dass ich Deutsche war, keine Amerikanerin, wie Larissa?

Der Großvater war Teil der Armee, die ihr Land unterwerfen wollte, war bei der großen Doppelschlacht von Wjasma und Brjansk mit dabei, und jetzt kommt die Enkelin und versucht mit anderen Methoden, das zu erreichen, was der Opa nicht geschafft hat?

Is Germanyi, sagte ich schüchtern.

Die Oma musterte mich. Suchte sie nach Spuren, nach Hinweisen auf mein düsteres Erbe? Die Enkelin der Kriegsverbrecher-Generation?

Aber dann fragte sie nur: Ost oder West? West, wollte ich sagen, aber dann blieb ich doch bei der Wahrheit.

Die Oma schaute mich zu Recht aufmunternd an, als wollte sie sagen, komm, ist doch nicht schlimm.

Sie hatte gehört, dass die Taxis in Deutschland von der Marke Mercedes sind. Daraus schloss sie, dass alle Deutschen in Mercedessen herumfuhren. In Ost *und* West. Meine Versuche, die Lage etwas anders darzustellen, prallten an ihnen ab.

Irina und ihre Familie hatten von den Autobahnen gehört, den sauberen Straßen, den zuverlässigen Beamten, der Ordnung, es gefiel ihnen gut. Ich versuchte das Gespräch in eine andere Richtung zu lenken und stellte meinen Missionars-Autopilot an: Noch geht es euch schlecht, aber wenn ihr Jesus in eurer Leben lasst, wird es euch besser gehen. Differenzierter konnte ich mich auf Russisch nicht ausdrücken.

Aber ich wurde immer wieder unterbrochen. Wie viel verdienst du, wollte die Oma als Nächstes wissen.

Ich bekam 600 Mark Bafög. 600 Mark im Monat war viel Geld für eine russische Familie, selbst wenn ich beteuerte, dass es sich um einen Kredit handelte. Mit 600 Mark im Monat gehörte man in Petrosawodsk zu den Reichen. Ich merkte, wie sich der Blick auf mich änderte, ich wünschte, ich hätte nichts gesagt. Irinas Mutter verdiente umgerechnet etwa 100 Mark als Verkäuferin, ihre Oma bekam rund 50 Mark Rente.

Ich fragte, wie sie über die Runden kommen. Die Oma erzählte, dass sie Gemüse anbaute, Kartoffeln, Rote Beete, Zwiebeln. Irgendwann stand eine Flasche Wodka auf dem Tisch. Ich hatte mich verpflichtet, keinen Alkohol zu trinken. Eigentlich sollte ich den Russen auf das, vor dem sie in den Wodka flüchteten, eine andere Antwort geben.

Aber die Missionsgesellschaft und die drei Finnen waren weit weg, wir tranken ein Glas und noch ein Glas und noch ein Glas. Es wurde ein lustiger Abend, an dem viel gelacht wurde. Von Jesus sprachen wir nicht mehr.

Am nächsten Tag kam ich mir wie eine Versagerin vor. Ich dachte an das Galgenmännchen, Skizze vier der Turbo-Evangelisation: Die Missionsgesellschaft musste sehr enttäuscht von mir sein. Ich erzählte Larissa von meinen Zweifeln, die mich nach ein paar Wochen in Petrosawodsk plagten. Ich sehnte mich nach Aufrichtigkeit und hatte das Gefühl, alles, was ich in Russland machte, beruhte auf einer Lüge. Ich hatte mich aus einer Laune heraus für diesen Einsatz angemeldet. Jetzt sollte ich den Russen von Jesus erzählen, ich sollte sie unterwerfen, aber ich hörte ihnen lieber zu. War ich womöglich nicht zur Missionarin geeignet?

In den nächsten Tagen wurde ich ein wenig abgelenkt, Finne 1 sagte, wir fahren weg. Er sagte nicht wohin. Jetzt würde unser Einsatz richtig beginnen. Alles andere war nur Vorbereitung gewesen. Wir setzten uns in den weißen VW-Bus, murmelten ein gemeinsames Gebet und fuhren los.

Ich hatte keine Ahnung, in welche Himmelsrichtung es gehen sollte, ob es ein Ziel gab oder ob wir nur zufällige Runden drehten. Larissa plauderte mit den Finnen.

Ich schaute aus dem Fenster und langweilte mich. Bäume, links und rechts. Zwischendrin mal ein Birkenwäldchen. Die Waldstraße schien nicht zu enden. Man konnte sich vielleicht vorstellen, dass hier die Hexe Baba Yaga aus den russischen Märchen lebt, auf einem Haus mit Hühnerfüßen. Manchmal passierten wir kleinere Seen, eine Siedlung, in der die Mücken das Lebendigste zu sein schienen.

Nach vier oder fünf Stunden kamen wir in einem Walddorf an. Niemand war auf der Straße, die mehr ein Sandweg war, der plötzlich endete. Um einen Brunnen standen Holzhütten. Larissa übersetzte, dass die Menschen hier noch nie Ausländer gesehen haben.

Ich machte mir Sorgen, wie die Einheimischen uns empfangen würden. Machten sie uns mit Wodka betrunken, würden Larissa und ich dem Häuptling als Nebenfrauen geschenkt?

Statt eines Häuptlings kamen ein paar alte Frauen aus den Hütten, sie riefen chleb? Brot?

Sie hatten den weißen Wagen gesehen und hofften, dass die überfällige Brotlieferung endlich kommen würde. Seit dem Zusammenbruch der Kolchosen mussten sich die Menschen selbst versorgen. Sie lebten vom Fisch aus den Seen, von den Tieren im Wald. Einmal die Woche kam ein Brot-Auto. Wenn es denn kam.

In dieses abgelegene Dorf war seit zwei Wochen kein Brot-Auto mehr gekommen. Telefone gab es nicht, Handys kosteten ein Vermögen.

Jesus hatte mit fünf Broten fünftausend Mann ernährt, wir hatten nicht mal fünf Brote dabei, sondern nur Traktate und Bibeln. Finne 2 oder 3 ging auf sie zu, sagte etwas auf finnisch – und die Frauen verstanden ihn. Sie zeigten ihr zahnloses Gebiss und lächelten. Die Männer zeigten auf uns. Larissa und ich standen unbeweglich neben dem Auto. Ein Finne holte aus dem Auto einen Stapel Bibeln und eine Gitarre. Eine Gitarre? Ich sah die Gitarre auf mich zukommen und ließ sie beinahe fallen.

Ich hatte ein paar Gitarren-Griffe gelernt, als ich zwölf war, und das offenbar in einem Fragebogen der Missionsgesellschaft angegeben, um bessere Chancen bei der Auswahl zu haben. Ich hätte nie damit gerechnet, dass jemand darauf zurückkommt.

In Hamburg hatte ich davon geträumt, etwas Großes zu erreichen. Seelen zu retten. Jetzt stand ich am Ende der Welt und sollte Gitarre spielen. War alles ein Missverständnis?

Ich war selbstkritisch genug, um zu wissen, dass mein Gitarrenspiel vielleicht Steine zum Erweichen bringt, aber niemanden bekehrt. Aber gut, irgendwo musste man anfangen.

Die alte Frau, die der Finne begrüßt hatte, brachte mich in eine etwas größere Hütte. Ich ging hinein, und als ich die Tür aufmachte, trat ich einen Schritt zurück. Der Raum war vollgestopft mit kleinen Mädchen und Jungs, sie trugen ihre Sonntagskleider, die Mädchen hatten riesige Schleifen im Haar. Die Kinder verhielten sich still. Der Finne flüsterte Larissa etwas in ihr Ohr, Larissa übersetzte, ich solle spielen. Der Finne verschwand. Ich stand mit der Gitarre vor den Kindern und hätte nichts dagegen gehabt, wenn man mir jetzt sofort, hier an dieser Stelle, eine Giftspritze gesetzt hätte. Kein Wort brachte ich heraus. Larissa stieß mich an. Ich nahm die Gitarre und spielte los.

Larissa und ich sangen ein paar Lieder, ich verwechselte ein paar Griffe, aber es war nicht schlimm. Dann stellte ich die Gitarre beiseite. Ich nannte meinen Namen und erklärte, dass ich aus Deutschland gekommen sei, um ihnen vom Jesuskind zu erzählen. Ich ging zur Tafel und begann, Strichmännchen zu zeichnen. Ich schaltete auf Eroberungs-Modus.

Jesus kam in die Welt, um uns zu retten.

Wie brav sie dasaßen. So ruhig. Unheimlich. Hinten thronte eine Lehrerin, vor der hatten sie offenbar Angst.

Dann kam der Moment des Galgenmännchens. Die Kinder standen am Anfang ihres Lebens, und ich sollte ihnen vom Tod erzählen und von der Hölle. Ich ließ das Galgenmännchen aus und stellte Jesus mehr als unsichtbaren Freund dar, der immer mit ihnen reden würde.

Am Ende stellte ich noch die Frage, wer Jesus sein Leben übergeben möchte. Es war der Moment, auf den ich gewartet hatte, doch er fühlte sich künstlich an, so dass ich hinterherschob: Ihr müsst euch nicht heute entscheiden. Larissa betete für die Kinder, ich verteilte Traktate, in denen die Geburt von Jesus auf Russisch und mit vielen Bildern nacherzählt wird.

Ich sah die großen ängstlichen Gesichter und wartete darauf, dass wenigstens einer etwas fragen oder Faxen machen würde, wie man das als Kind so macht. Aber bei den kleinen Russen gab es keinen Klassenclown. »Disziplin ist die wichtigste Tugend«, erklärte uns die Lehrerin später, »das geht uns in Russland gerade verloren, es wird bei uns wie bei euch im Westen, alles wird lockerer, niemand strengt sich mehr an.« Mir war unangenehm, dass sie mich als Vertreterin des verlotterten westlichen Systems wahrnahm. Habt ihr Brot mitgebracht, flüsterte ein Mädchen beim Herausgehen.

Was würden die Kinder von diesem Nachmittag mitnehmen? Würden sie sich jemals daran erinnern, dass zwei religiöse Rockträgerinnen in ihr Dorf gekommen waren? Ich schämte mich dafür, hungrige Kinder indoktriniert zu haben. Irina aus der Stadt war auch erst 15, aber mit 15 war man schon fast erwachsen. Ich erinnerte mich zu gut daran, wie ich selbst indoktriniert wurde, und kam mir so nutzlos vor, mit meiner Gitarre, meinen Bibeln und meinen Traktaten. Ich fragte später, warum wir keine Lebensmittelspenden mitgebracht hatten, doch die Finnen erwiderten, dass das den Regeln widerspräche. Es ginge darum, Seelen vor der ewigen Vergänglichkeit zu retten.

Wer sich in gesellschaftliche Fragen einmischt und Ungerechtigkeiten auf Erden lindern will, durch Umweltschutz, durch Programme gegen Armut, gilt unter evangelikalen Christen schnell als Liberaler, als falscher Gläubiger.

Wenn ich zurückdenke, überlagert diese enttäuschende Episode den ganzen Tag, ich kann mich nicht erinnern, wie er weiter verlief und wie wir in die Stadt am Onegasee zurückkamen.

Ich war wütend, ich wusste nicht genau auf wen, auf Gott, auf die drei Finnen, auf mich selbst. Was auch immer ich in

Russland gesucht hatte, Erlösung, Vergangenheitsbewältigung, ich würde es nicht finden.

Danach verbrachten wir die nächsten zwei Wochen nur in Petrosawodsk. Manchmal nahmen uns die Männer auf ihre Ausflüge mit, aber wir mussten keine Kinder mehr bekehren, sondern nur Tee aus dem Samowar trinken.

Larissa und ich gaben es auf, an Türen zu klopfen. Wir entdeckten eine russische Sauna in der Nähe des Hochhauses und verbrachten die meiste Zeit in der Banja.

Das verbotene Date

Meine Wochen in Russland gingen am Schluss schnell vorüber. Larissa nahm mich mit nach St. Petersburg, dort würde sie die nächsten zwölf Monate als Missionarin verbringen. Gemeinsam mit anderen jungen Frauen teilte sie sich eine Wohnung am Stadtrand, die etwas luxuriöser ausgestattet war als unsere Wohnung in Petrosawodsk. Bevor sie mit ihrer Arbeit weitermachte, hatte sie ein paar Tage frei, um mit mir die Stadt zu erkunden. Wir standen in der Eremitage und schauten uns Bilder von El Greco, Matisse und Renoir an. Wir besuchten den Panzerkreuzer *Aurora*, mit dem 1917 die Oktoberrevolution in Russland begann. Wir aßen Blini mit Kaviar in einem Restaurant an der Newa. Zum Abschied betete Larissa für mich, sie bat Gott, dass er mich bald nach Russland zurückschickte. Ich dankte ihr, doch ich ahnte, dass ihr Gebet vergeblich war.

Zu Hause in Hamburg packte ich den Koffer aus, legte die langen Röcke weg und ging einkaufen.

Als ich die vollen Regale im Supermarkt sah, fand ich es wider Erwarten gar nicht so unangenehm, die Wahl zwischen fünf verschiedenen Sorten Kaffee zu haben.

Im Fernsehen liefen Sondersendungen. Helmut Kohl feierte sein Amtsjubiläum. Seit 1982 regierte er als Kanzler – mit 14 Jahren Amtszeit übertraf er den Rekord des konservativen Übervaters Konrad Adenauer. Sie nannten ihn den

Kanzler der Einheit. Sie überschlugen sich mit Ehrerbietungen, als hätte er selbst die Mauer zum Einsturz gebracht. Die Ostdeutschen wurden nicht mehr gebraucht. Ich schaltete den Fernseher aus. Ich versuchte mein normales christliches Leben wieder aufzunehmen, morgens eine Andacht halten, die Bibel lesen, Jugendgottesdienste organisieren, Predigten hören.

Doch etwas hatte sich verändert.

Die Reise fühlte sich schon wenige Tage nach meiner Rückkehr unwirklich an.

Meine Freunde wollten wissen, wie es gewesen war, wie viele Leute ich bekehrt hatte, aber ich wich aus. Sollte ich die Wahrheit sagen?

Wie soll das schon gewesen sein, durch eine russische Stadt zu ziehen mit nichts anderem im Gepäck als der Parole: *Hört auf Wodka zu trinken, ich hätte hier eine tolle Religion für euch.* Ich hatte an hundert Türen geklopft und immer nur ein *Njet* gehört. Die Russen wollten keinen Heiland. Sie wollten einen Mercedes.

Ich schien besiegt, fühlte mich geschlagen, wieder. Von wem eigentlich? Was war das für ein Kampf, den ich unbewusst führte? War es der Kampf, den mir mein Vater mit 19 als Lebensinhalt prophezeit hatte? Gegen wen kämpfte ich, wer war mein Feindbild? Die Russen? Die Westdeutschen? Ihr Kapitalismus?

Es war nicht mein Kampf, es war ein Kampf, der lange vor meiner Zeit begonnen hatte. Es war, als müsste ich die Demütigung, die meine Eltern und ihre Generation erlebt hatten, wiedergutmachen, indem ich mich stellvertretend den neuen Werten verweigerte, aus einer Solidarität heraus, die weder eingefordert worden war, noch als solche verstanden wurde.

Ich hatte keine Bomben gezündet, ich hatte Bibeln in Russland verteilt und von Jesus erzählt. Ich wollte etwas erreichen. Aber was genau?

Was ich als Niederlage erlebte, war für die Missionsgesellschaft ein Erfolg. Ich erhielt einen Brief, in dem ich gefragt wurde, ob ich mir ein Langzeit-Engagement vorstellen könnte. Der Brief lag ein paar Wochen auf meinem Schreibtisch, ohne dass ich ihn anguckte. Wie eine Rechnung, deren Bezahlung ich hinausschob. Vor der Russland-Reise hatte ich mir vorstellen können, dass es meine Berufung wäre, Missionarin zu werden. Ich war bereit gewesen, alles aufzugeben. Jetzt kam mir das ziemlich verrückt vor. Mein Einsatz war zu Ende, und es würde keinen zweiten geben. Ich würde nie wieder nach Russland zurückkehren, jedenfalls nicht als Missionarin. Das wusste ich damals schon, auch wenn ich es mir noch lange nicht eingestehen wollte.

Eines Tages nahm ich den Brief der Missionsgesellschaft, zerknüllte ihn und warf ihn weg. In die Erleichterung mischten sich schreckliche Zweifel: Wenn ich in dieser wichtigen Frage Gott falsch interpretiert hatte, wo hatte ich ihn sonst missverstanden? Woher wusste ich, dass Gott mit mir redete? Machte ich mir etwas vor?

Ich versuchte, die Gedanken zu verdrängen.

Meine Freundin Billy, die in Zungen betete und sonst im schwäbischen Dialekt sprach, warnte, der Teufel ginge herum und säe Zweifel in unseren kleinen Sünderseelen. Solche Sätze hatten mich vor einem Jahr noch beeindruckt, aber inzwischen klangen sie albern. Ich fühlte mich nicht ernst genommen. Billy erinnerte mich an die Direktorin meiner Schule, die jede Diskussion abgeblockt hat. Sie hätte wohl auch als Parteisekretärin vor zehn Jahren gut funktioniert. Sie hätte »Teufel« nur durch »Klassenfeind« ersetzen müssen.

Wer über Glaubenszweifel oder Fragen sprach, musste kein Tribunal fürchten oder eine plötzliche Verhaftung. Der Druck funktionierte unendlich viel feiner. Woche für Woche wurde den Gläubigen eingetrichtert, dass Zweifel, vereinfacht gesagt, nur dazu da waren, überwunden zu werden. Wem das nicht gelang, der glaubte nicht genug. Schuld an Misserfolgen war nicht Gott, sondern der Einzelne.

Je länger ich dabei war, desto mehr glaubte ich die Argumentation zu durchschauen. Ich sah die Gottesdienste in der Anskar-Kirche mit anderen Augen.

An einem Abend ging ein Mann nach vorn, bedächtiger Typ, Brille, Schnauzer. Er erzählte von einem schweren Unfall, den er vor Jahren hatte und bei dem er sich einen Schädelbasisbruch zuzog. »Mein Unfall steht in der Bibel«, erklärte der Mann eine Spur zu pathetisch und zeigte auf sein Buch. Er meinte einen Satz des Propheten Hesekiel: »Du sollst leben.« Ein Allerweltssatz, den der Mann auf sich bezog, um daraus Trost zu ziehen. Er erholte sich tatsächlich von seinen schweren Verletzungen. »Der Patient, der neben mir auf der Intensivstation lag, ist tot«, sagte der Mann, der sich auserwählt fühlte.

Kaum hatte er zu Ende gesprochen, klatschten die Zuhörer begeistert. Alles Gefällige wurde mit Applaus bedacht.

Am Anfang hatte mir dieser dauernde Zuspruch gefallen, jetzt empfand ich die permanente Bestätigung als künstlich, oberflächlich und falsch. Ich bewegte meine Hände nicht, es war mir zu peinlich. Die Gottesdienste erinnerten mich immer mehr an Shows. Ich musste an den anderen Patienten denken, der gestorben war. Waren bibeltreue Christen die besseren Menschen? Ich dachte an Irina in Petrosawodsk, ihre Mutter, ihre Großmutter, sie glaubten nicht an Gott, hatten sie deshalb die Hölle verdient?

Ich hatte zweimal in meinem Leben einen radikalen Wandel erlebt, erst die Wende, die große, historische, dann die persönliche, die Wandlung vom atheistischen DDR-Kind zur radikal-religiösen Rockträgerin. Eine Mauer war gefallen. Als mir die Welt dahinter nicht gefiel, hatte ich mich hinter einer neuen Mauer versteckt.

Die religiöse Welt bot Schutz, aber sie konnte auch ein Gefängnis sein.

Nachdem ich aus Russland zurückgekommen war, ging ich wieder öfter an die Universität. Ich traf mich häufiger mit Kommilitoninnen, die nicht in die Gemeinde gingen. Wir freundeten uns an.

Ich meldete mich im Rechenzentrum an und bekam die erste E-Mail-Adresse meines Lebens. Mein Lieblingsprofessor redete viel vom Internet, seinem Potenzial, die Bürger bei politischen Entscheidungen stärker einzubinden und die bestehenden Machtverhältnisse auf den Kopf zu stellen. Er sprach von »electronic democracy«, lange bevor mit den Piraten eine Partei gegründet wurde, die ihren Inhalt über digitale Kanäle bestimmte.

Es war schwer vorstellbar, dass dieses Internet, das ewig brauchte, um eine neue Seite aufzubauen, eine Revolution auslösen sollte. Ich konnte mir nicht mal meine E-Mail-Adresse merken, weil sie so lang und kompliziert war. Trotzdem riss mich die Begeisterung mit. Eine Revolution hatte ich schon erlebt, warum nicht eine zweite? Es war das erste Mal seit langer Zeit, dass mich etwas außerhalb der christlichen Welt bewegte.

Ich wechselte die Gemeinde, und im Nachhinein kann man sagen, dass es mein erster Versuch war, dem Regelwerk zu entfliehen. Ich bin zwar von einem Tag auf den anderen zur wiedergeborenen Christin geworden, aber der Ausstieg dauerte länger.

Anders als in den traditionellen Konfessionen war es einfach, innerhalb der Freikirchen hin und her zu wechseln. Es gab wenig feste Verbindlichkeiten, man musste sich bei niemandem an- oder abmelden.

Ich war zwar in der Anskar-Kirche getauft worden, bin aber nie Mitglied geworden, und habe als Studentin auch keine Beiträge bezahlt. Nur von Berufstätigen wird erwartet, dass sie zehn Prozent ihres Einkommens abführen. So finanzieren sich die Freikirchen. Irgendwann ging ich nicht mehr in die Anskar-Kirche, ohne dass es jemandem aus der Gemeindeleitung groß auffiel.

Ich wechselte in eine andere Freikirche, die kleiner und weniger bekannt als die Anskar-Kirche war. Sie gehörte zu dem gleichen Verbund von Gemeinden, in dem ich mein erstes ernst gemeintes Gebet gesprochen hatte.

Das Gemeindehaus lag am östlichen Stadtrand, und die Lage schuf ein ständiges Dilemma. In Hamburg-Jenfeld gab es viele Sozialhilfeempfänger und wenig Geld, während zur Gemeinde eher Gutsituierte gehörten, Ingenieure, Ärzte, Architekten. Jeden Sonntag fuhren die Gemeindemitglieder aus ihren feinen Vororten ins Problemviertel, parkten ihre großen Autos zwischen den Hochhäusern, immer in Angst vor einem Kratzer.

In Amerika hätte man vielleicht versucht, Gläubige aus den umliegenden Hochhäusern zu rekrutieren. Der frühere Pastor der Megachurch Mars Hill, Rob Bell, beschrieb einmal, wie er tagelang mit einer Gruppe Freunden durch ein Arbeiterviertel zog, an den Türen klingelte und fragte und Hilfe anbot. Eine Alleinerziehende schickte ihn schließlich dankbar zum Milchholen.

Vielleicht lag es an der hanseatischen Kühle, aber das wäre in Jenfeld undenkbar gewesen. Angebote, die für bedürftige Menschen im Viertel attraktiv gewesen wären, wurden kaum gemacht, es gab keine Suppenküche oder Hausaufgaben-Hilfe. Es war fast, als fürchte man die Armen ein wenig.

Die Gottesdienste wirkten traditioneller, sie boten weniger sinnliche, ekstatische Erlebnisse als die Anskar-Kirche, keine Zungenrede, keine Wunderheilungen.

Mir gefiel vor allem, dass es viele junge Christen gab und einen Pastor, der Daft Punk mochte und Jeans trug.

Die Jugendgruppe organisierte einmal im Monat das »Holy Date«, ein Gottesdienst für junge Erwachsene am Samstagabend. Ich wurde schnell integriert, bastelte Dekorationen, suchte Kostüme in Secondhandläden und führte selbstgeschriebene Sketche auf. Doch ich merkte, dass ich mich auf die Organisationstreffen mehr freute als auf die Gottesdienste. Während der Predigt wanderten meine Gedanken weg.

Nicht-Christen kamen selten in die Gemeinde. Früher hatte mich das geärgert, jetzt war es mir egal. Ich las in der Bibel und spürte nichts mehr.

Trotzdem machte ich weiter.

Ich hatte Angst davor, mich aus der Gruppe zu lösen. Wieder allein zu sein. Die Welt hinter der Mauer bot ein Gefühl der Geborgenheit.

Mein Leben drehte sich um die Gemeinde, die längst meine Ersatzfamilie war. Ich wohnte mit meiner Freundin Ruth zusammen. Wir beteten mehrmals am Tag gemeinsam, wir teilten Gedanken und Freunde. In unserer Wohnung wurde es nie still, dauernd fanden Gebetstreffen und Andachten statt, an den Wänden pinnten Bibel- und Sinnsprüche.

Die Wohnung war ein Treffpunkt für die Jugendgruppe, wie eine kleine Gemeinde in der Gemeinde. Wenn ich mich von der Kirche abwandte, würden sich die Menschen, die ich Freunde nannte, auch abwenden. Das verstand ich auf einmal. Das war, im Nachhinein gesehen, der Moment, an dem ich begriff, dass es sich bei den meisten nicht um echte Freundschaften handelte. Man wurde nicht so angenommen, wie man ist. Man konnte sich nicht entwickeln.

Ich verbarg meine wachsenden Zweifel. Ich hatte das Denken und Fühlen der Gemeinde so verinnerlicht, dass es mir nicht in den Sinn kam, über konkrete Schritte nachzudenken, wie ich die Gemeinde verlassen könnte. Meine eigenen Gefühle nahm ich kaum noch wahr. Ich hatte mir in den Jahren nach der Wende ein Image aufgebaut, mein Selbstbild als radikale Christin. Das wollte ich nicht aufgeben.

Im Herbst 1997 fiel mir in einem meiner Seminare an der Uni ein Junge auf. Es war ein Hauptseminar, an dem nur ein Dutzend Studenten teilnahmen, die sich auf ihre Diplomprüfungen vorbereiteten. Die meisten kannte ich inzwischen, es war eine offene Atmosphäre, es wurde viel diskutiert. Mit zwei, drei Kommilitoninnen hatte ich mich angefreundet, wir trafen uns auch mal zum Kino oder zum Kaffeetrinken.

Den Jungen hatte ich zuvor noch nie gesehen.

Das Semester lief seit sechs oder acht Wochen, und ich beobachtete ihn. Wir saßen im Seminarraum in einem Kreis, und er saß schräg gegenüber, die Sonne schien direkt in sein Gesicht. Ich freute mich auf jeden Dienstagvormittag, an dem ich ihn sehen würde. Ich kam ein paar Minuten früher, um sicherzustellen, dass ich einen guten Platz bekomme. Ich selbst hielt mich für unsichtbar, ich dachte nicht, dass er mich sehen könnte. Manchmal ertappte ich mich dabei, wie ich auch unter der Woche an ihn dachte, während ich im Gottesdienst saß oder in der Bibel-Gruppe.

Alexander war schmal, hatte braune Haare und einen melancholischen Blick. Oder das, was ich für einen melancholischen Blick hielt. In Wahrheit sah er immer so aus, wenn er in Gedanken versunken war. Alexander sagte wenig im Seminar, machte sich auch kaum Notizen, er hörte nur zu. Er war keiner der Studenten, die vor dem Professor eine Show abzogen. Mir gefiel das. Manchmal stellte er eine Frage, auf die ich nie gekommen wäre und die mir allein deshalb immens klug erschien.

Ich hätte ihn nicht angesprochen, aber dann stand er nach einem Seminar plötzlich vor mir. Er sagte etwas, und ich war überrascht, wie seine Stimme klang, klar und selbstsicher, gar nicht schüchtern. Er stellte mir eine Frage zum Seminar oder zur Hausarbeit, ich weiß nicht mehr, worum es ging, es war auch nicht wichtig. Ich wurde rot, aber nicht so leicht wie Erwachsene, sondern so, wie Kinder rot werden, mein Gesicht brannte. Mit Mühe bekam ich ein paar Worte heraus, unzusammenhängendes Zeug, und ich wich seinem Blick aus. Ich rechnete damit, dass er lieber jemand anders fragen würde. Doch er holte etwas zu schreiben heraus und riss einen Zettel aus seinem Block und schrieb eine Nummer und seinen Namen darauf. Alexander.

Er würde sich gern weiter mit mir unterhalten. Ich erschrak und fühlte mich sofort ertappt. Ich wollte den Zettel erst wegwerfen. Das wäre vernünftig gewesen, so hätte eine vorbildliche Christin gehandelt. Ich hätte ihm sofort sagen sollen, dass ich nicht verfügbar war. Aber ich steckte den Zettel ein. Die Nummer könnte nützlich sein, wenn ich Hilfe bei einem Seminar brauche, redete ich mir ein.

Als ich nach Hause kam, schloss ich meine Zimmertür hinter mir und starrte auf den Zettel. Ich war hin- und hergerissen zwischen meinen Gefühlen und den Vorgaben der

Kirche. An einem Tag musste ich nicht in die Uni, ich saß zu Hause und wollte lernen, doch meine Gedanken schweiften immer wieder ab, zu dem Zettel. Ich studierte Alexanders Handschrift, mit der er seinen Namen geschrieben hatte. Große, eckige Druckbuchstaben.

Ich legte mir Argumente zurecht, warum ich ihn treffen dürfte. Wir könnten uns über das Seminar unterhalten. Wir könnten einen Film sehen. Ich könnte ihm von Jesus erzählen.

Was sollte Gott dagegen haben?

Und dann machte ich etwas völlig Verrücktes: Ich wählte seine Nummer. Wir verabredeten uns, für Montagabend.

Dieses Detail beruhigte mich, Montag war der Beginn der Woche, ein Arbeitstag. Verliebte treffen sich am Samstag, nicht an einem Montag. Mein Date war gar kein Date, sondern eine Art Studientreffen.

Meiner Mitbewohnerin sagte ich vorsichtshalber trotzdem nichts davon.

Normalerweise hatte ich keine Geheimnisse vor ihr. Aber ich hatte Angst, sie würde mich von dem Treffen abbringen wollen. Davon ging ich zumindest aus, denn so hätte ich reagiert, wenn sie mit einem Nicht-Christen hätte ausgehen wollen.

Ich konnte in den Tagen vor der Verabredung kaum essen und mich nicht konzentrieren. Ich lief unruhig durch die Wohnung, putzte das Bad jeden Tag. Mit der Arbeit, die ich für die Uni schrieb, kam ich nicht weiter, ich starrte auf den weißen Bildschirm. In meinem Kopf spielte ich durch, wie weit ich an dem Abend gehen würde. Würde ich ihn küssen? Sobald der Gedanke aufkam, schämte ich mich dafür. In der Kirche hatte ich gelernt, dass schon ein Gedanke ein Betrug sein konnte. Gott sieht alles.

An dem Abend des verbotenen Dates war meine Mitbewohnerin nicht zu Hause. Ich stand vorher vor meinem Kleiderschrank, der mir auf einmal sehr leer vorkam. Es hatte lange keine Gelegenheit gegeben, sich schick zu machen. Am Ende entschied ich mich für einen anthrazitfarbenen Rollkragenpullover, den ich kurz nach der Wende gekauft hatte und in dem ich mich sicher fühlte. Dazu Jeans. Ich war nervös, ich spürte, wie mein Herz klopfte, als ich zum Bus ging.

Alexander hatte ein portugiesisches Fischrestaurant im Schanzenviertel ausgesucht. Wir redeten viel, um die Nervosität zu überspielen, doch mit der Zeit wurde es leichter. Vielleicht lag es auch an dem Rotwein. Ich hätte ihn stundenlang nur beobachten können, ich mochte es, wie er sich eine Zigarette anzündete, wie er sich die Haare hinter das Ohr strich, ich versuchte, so viele Details wie möglich aufzusaugen, ich musterte die blaue Packung, französisch, Gauloises. Später gingen wir in eine Bar und dann zum Hafen.

Manchmal dachte ich an die Gemeinde, an Jesus, wie an einen eifersüchtigen Ehemann, aber ich verdrängte die Gedanken schnell.

Wir kletterten im Mondschein auf die Barkassen, die im Wasser lagen. Er nahm meine Hand und er küsste mich. Das passierte alles, ohne dass wir groß drüber redeten. Es war nicht meine Entscheidung – oder wenn, dann hatte ich diese Entscheidung schon vor längerer Zeit getroffen, als ich den Zettel mit seiner Telefonnummer nahm.

Ich glaube, es ging auch nicht speziell um diesen Mann, der sich nicht besonders um mich bemüht hatte, dem ich alles viel zu leicht machte, der nur ein paar nette Worte sagen musste, es ging um diesen Moment, um diese Stille. Als wir uns küssten, verstummten die Stimmen in meinem Kopf, die mir sagten, was ich zu tun hatte, was ich zu lassen hatte.

Was falsch war, was richtig war, was Gott gefiel, was Gott nicht gefiel. Ich stand einfach nur da, die Augen geschlossen.

Minuten vergingen, Stunden. Als ich die Augen wieder aufmachte, standen wir vor seiner Wohnung, sie lag in einem unscheinbaren Neubau im Osten Hamburgs. Ich hatte keine Ahnung, wie ich hierhergekommen war, ich war es nicht gewöhnt, Alkohol zu trinken. Er öffnete die Tür und zog mich hinein. Ich wehrte mich der Form halber noch ein bisschen, dann gab ich auf.

Als ich am nächsten Morgen aufwachte, lag Alexander neben mir und rauchte. Ich habe nie verstanden, wie man noch vor dem ersten Kaffee eine Zigarette rauchen kann, ohne dass einem schlecht wird. Ich sah mich um, es war eine spartanische, ein wenig eingestaubte Männerwohnung, Bett, Schrank, Schreibtisch, kein Fernseher. Die einzigen persönlichen Gegenstände, die ich sah, waren Bücher und Schallplatten.

Ich wartete, bis Ruth auf dem Weg zur Arbeit war, bevor ich in die WG zurückkehrte. Die Bibelsprüche an den Wänden schienen mich anzuschreien: Verräterin. Am liebsten hätte ich mich im Schrank versteckt. Ich fühlte mich schuldig, wie eine Ehebrecherin. Ich fühlte mich, als hätte ich mein Leben zerstört, nur leider war ich nicht gestorben, sondern lebte weiter, sogar doppelt.

Ich ging weiter in die Gemeinde, gab die brave Christin, und wenn ich zu Alexander ging, stellte ich alles in Frage.

Er gab mir, was mir in der Gemeinde fehlte. Er las die Zeitung, er konnte ebenso klug über Habermas wie über Oasis und Blur reden. Er erzählte von New York und spielte mir Musik aus den siebziger Jahren vor, Velvet Underground, Nico, Iggy Pop.

War ein Song zu Ende, blieb er noch Sekunden danach still, als würde er in die Stille hineinhorchen. Er musste nicht sofort applaudieren, er konnte Dinge genießen, annehmen.

Sein Leben war nicht perfekt, ich hatte keine Ahnung, wovon er seine Miete bezahlte und was er nach der Uni machen wollte. Er schien sich darüber keine Sorgen zu machen.

Ich erfuhr, dass er aus dem Westen kam, aus einer kleinen Stadt in Hessen, seine Familie besaß seit Ewigkeiten eine Fabrik. Ich fragte ihn nach seinen Eltern und nach seinen Geschwistern aus, von mir erzählte ich wenig. Es spielte zwischen uns keine Rolle, woher wir kamen. Obwohl, ich war ein wenig stolz darauf, mit einem West-Mann zusammen zu sein, auch wenn ich nicht hätte sagen können, was ihn speziell als West-Mann auszeichnete. Vielleicht dieses Selbstbewusstsein, dass alles schon gut wird? Eine gewisse Verschlossenheit, eine Scheu, seine dunklen Seiten zu zeigen?

Wir verbrachten viel Zeit bei ihm zu Hause. Wenn ich nachmittags aus der Bibliothek kam, dann lag er oft noch im Schlafanzug im Bett und las Autoren, die ich nicht kannte, Hunter S. Thompson oder Kurt Vonnegut. An anderen Tagen kaufte er ein und verschwand danach für mehrere Stunden, um ein großes Essen zu kochen und Freunde zu bewirten. Er war mit lauter interessanten Journalisten befreundet.

Je besser ich Alexander kennenlernte, desto perfekter erschien er mir. Er war der Typ Mann, mit dem ich alt werden wollte. Ich träumte davon, ihn meinen Eltern vorzustellen. Ich malte mir aus, wie wir das Dorf meiner Eltern besuchen würden. Ich und mein West-Mann. Über seinen einzigen Makel, seinen Unglauben, sah ich großzügig hinweg.

Verliebt zu sein machte alles andere auf einmal unwichtig.

Wir diskutierten viel über Religion, er forderte mich heraus, stellte meine Wahrheiten in Frage. Er war selbst in einer streng religiösen Familie aufgewachsen und hatte sich, als er älter wurde, mit Philosophie und liberaler Theologie beschäftigt.

Er fand es eigenartig, dass ich, eine erwachsene, intelligente Frau, mir so viele Vorschriften machen und Schuldgefühle einreden ließ. Er wollte wissen, wer in der Hölle landen würde und wie sie aussah. Er fragte, warum die evangelikalen Christen so besessen sind, das Privatleben anderer zu regeln. Warum jagen sie Homosexuelle, warum attackieren sie Ärzte von Abtreibungskliniken?

Ich wiederholte Standardargumente, die ich mir in der Gemeinde antrainiert hatte. Aber meine eigene Stimme klang hohl und nicht überzeugend.

Eines Abends, als wir uns über die Gemeinde unterhalten hatten und ich immer defensiver wurde, hatte Alexander gesagt, mir fehle Ambiguitätstoleranz. Ich musste das Wort wiederholen: Am-bi-gui-täts-toleranz. Ich hatte das noch nie gehört. Vereinfacht gesagt bedeutet es die Fähigkeit, Spannungen und Widersprüche auszuhalten. Zu erkennen, dass man sich im Leben oft nicht zwischen Gut und Böse, Schwarz und Weiß entscheiden kann, dass es Grauzonen gibt. Ich musste später öfter daran zurückdenken. An meine mangelnde Ambiguitätstoleranz. Einmal hatte ich Alexander mit in den Gottesdienst genommen. Ich wollte ihn nicht missionieren, sondern ihm einen Teil meines Lebens zeigen. Vielleicht wollte ich auch, dass alle wissen, dass ich einen Freund habe. Einen verbotenen.

Aus Sicht der Gemeinde hatte ich die Regeln gebrochen. Es gab eine Krisensitzung der Leitung, in der über mich gesprochen wurde. Die Ältesten berieten, wie es mit mir weitergehen solle. Die Bestrafung sah so aus, dass ich keine Jugendgottesdienste mehr organisieren durfte, weil ich kein Vorbild mehr sein konnte. Meine Mitbewohnerin musste mir das Urteil überbringen.

Ich wurde nicht mal angehört.

Es war kein richtiger Rauswurf, aber die Stimmung änderte sich. Die Menschen, die ich als Freunde betrachtet hatte, gingen auf Distanz. Gespräche verstummten, wenn ich den Raum betrat. Ein paar Jungs machten sich über mich lustig. Es geschah mir recht. Ich war diejenige gewesen, die anderen Sex verboten hatte.

Ich hatte es gutgeheißen, wenn junge Männer in Seminaren von ihrer Homosexualität »geheilt« werden sollten.

Zu Treffen wurde ich nach einer Weile nicht mehr eingeladen. In gewisser Weise konnte ich die Reaktion verstehen. Die Gemeinschaft war wichtiger als der Einzelne und musste geschützt werden. Doch ich wollte nicht mehr in die Enge der Gemeinschaft zurück. Durch die Uni, durch Alexander war Licht hinter die Mauer gekommen.

Im Mai 1998 hatte ich meine letzte Uni-Prüfung. Es war ein sonniger Tag, ich zog mein neues blaues Blumenkleid an, das ich extra für den Anlass gekauft hatte. Ich war zuversichtlich, dass ich die Prüfung bestehen würde. Alexander hatte mir in den Tagen zuvor geholfen, hatte mich bekocht, hatte die Themenfelder abgefragt, hatte mir zugehört.

Nach dem Examen wartete er vor dem Gebäude neben dem Kino *Abaton*, einen Blumenstrauß in den Händen. Als ich ihm sagte, dass ich bestanden hatte, umarmte er mich. Wir gingen in seine Wohnung, er hatte Sekt zum Feiern gekauft. Ich war stolz auf das, was ich geschafft hatte. Die Angst, nach der Uni Taxi fahren zu müssen, hatte sich aufgelöst. Mein Vater, der gesagt hatte, dass das Leben ein Kampf sei, hatte recht gehabt, aber er hatte die falsche Schlussfolgerung gezogen, nämlich dass eine Niederlage unausweichlich war. Aber es stimmte nicht, es lohnte sich zu kämpfen, sich zu wehren. Ich fühlte mich an dem Tag meines Abschlusses unbesiegbar, das Leben schien leicht.

Ich hatte mich bei mehreren Verlagen um ein Volontariat in Hamburg beworben. Ein anderer Ort kam für mich nicht in Frage, wegen Alexander. Ich verschickte meinen Lebenslauf und Arbeitsproben an verschiedene Verlage. Als Erstes wurde ich zum Vorstellungsgespräch bei der Frauenzeitschrift *petra* eingeladen. Ich mochte Magazinjournalismus, hatte während des Studiums bereits für eine andere Zeitschrift geschrieben.

In der Bibel war die Frau bescheiden, tugendhaft, keusch. In der *petra* war die Frau genusssüchtig, extravagant, emanzipiert. Es gab eine Rubrik mit dem Namen »Männer zum Bestellen«. Man konnte darin blättern wie in einem Katalog, unter den halbnackten Fotos der Männer standen biografische Angaben (Gewicht, Größe, Beruf) und eine Hotline-Nummer. Es schien mir ein Omen zu sein, wie wenig *petra* und ich zusammenpassten, dass ich an jenem Tag, an dem ich zum Vorstellungsgespräch in den Verlag musste, einen grauenvollen Ausschlag bekam, mein ganzes Gesicht war mit Pusteln bedeckt.

Ich schmierte mir Make-Up auf die Haut und machte damit alles noch schlimmer.

Als ich den Verlag betrat, merkte ich sofort, dass ich falsch angezogen war, ich trug einen schwarzen Blazer, weiße Bluse und einen schwarzen Rock. Ich sah aus wie eine Kellnerin.

Im Chefbüro warteten zwei Frauen auf mich, die eine etwas älter, eher rundlich und mütterlich, die andere, die einen komplizierten Doppelnamen trug, war dünn, stark geschminkt und hatte Stilettos an den Füßen. Sie blickten nicht unfreundlich. An der Wand hingen die Cover der letzten zwei Jahre.

Das Mai-Heft empfahl »zwanzig Wege zu kosmischen Orgasmen«. Ich zwang mich wegzuschauen und rutschte unruhig auf meinem Stuhl hin und her, ich balancierte die Kaffeetasse zu meinen Lippen, immer auf der Hut, nichts auf die weiße Bluse zu verschütten.

Die Chefinnen gingen meinen Lebenslauf durch, am Ende fragten sie, ob es etwas gebe, was mir an der *petra* nicht gefiele. Ich überlegte kurz, ob ich ehrlich sein sollte, aber während ich nachdachte, musste ich immer wieder auf die Wand mit den Orgasmen gucken.

Wenn ich hier arbeiten soll, brach es aus mir heraus, werde ich nie über kosmische Orgasmen schreiben.

Die Chefredakteurinnen guckten sich an, etwas perplex, aber sie widersprachen nicht. Dann standen sie auf und schüttelten meine Hand. Ich war fest davon überzeugt, dass sie mich ablehnen würden. Aber sie boten mir einen festen Job an. Ich nahm ihn an, auch wenn meine Eltern nicht verstanden, warum ich jahrelang Politik studiert hatte, um dann bei einer Frauenzeitschrift über Lippenstifte zu schreiben. (Dass ich nicht über Lippenstifte schreiben sollte, sondern über Sex und Popstars, machte die Sache aus ihrer Sicht nicht besser.)

Wenige Tage, bevor ich die Stelle antreten sollte, stand Alexander vor meiner Tür, der Blick ernst und distanziert. Er war gekommen, um die Beziehung zu beenden. Ich war geschockt.

Danach spielte ich in meinem Kopf Dialoge durch, was ich zu Alexander sagen würde, wenn ich ihn wieder traf. Nach ein paar Tagen rief ich ihn an und holte meine Sachen aus seiner Wohnung. Er lag auf dem Bett und rauchte, während ich meine Tasche packte. Wir sprachen nicht und sahen uns nicht wieder.

Wie sollte es weitergehen? Ich fühlte mich zu stolz, um in die Gemeinde und zu ihren Regeln zurückzugehen. Ich wollte meinen vermeintlichen Freunden nicht den Triumph gönnen, dass sie mit ihrer Meinung über Ungläubige richtiglagen. Ich hätte eingestehen müssen, einen Fehler gemacht zu haben, ich hätte Abbitte leisten müssen.

Doch es war zu viel passiert. Ich wollte mir von niemandem mehr vorschreiben lassen, wie ich zu leben habe, weder von einer Partei noch von einer Kirche oder sonstigen Institutionen.

Im Nachhinein war es vielleicht mein Glück gewesen, dass Alexander die Beziehung beendete. Er zwang mich, unabhängig zu werden, das Alleinsein auszuhalten.

Ich zog aus der christlichen WG aus und suchte mir eine kleine Wohnung. In der Zeitschriftenredaktion litt ich still. Trotz des Abschieds von der Gemeinde war ich noch immer sehr konservativ. Ich hasste die expliziten sexuellen Inhalte, wollte mir das aber auch nicht anmerken lassen und auf meine neuen Kolleginnen uncool wirken.

Ich kam mir wie einer dieser Terroristen-Schläfer vor, die sich verstellen müssen, damit ihre Tarnung nicht auffliegt. Es war schizophren. Einmal hatte die Zeitschrift einen Wettbewerb ausgeschrieben, bei dem Leserinnen selbstgeschriebene Porno-Drehbücher einreichen sollten. Die drei besten würden auf Kosten des Verlages verfilmt werden. Die Volontärinnen stellten die Jury, ich musste alle Drehbücher lesen. Es waren über zweihundert.

Meine Sabotage bestand darin, dass ich die Bücher mit den heftigsten Szenen aussortierte und nur die romantischen an die Chefredaktion weiterreichte. Die ganze Zeit mahnte mich eine Stimme im Ohr, wie verboten das sei, was ich da mache. War das Gott? Mein schlechtes Gewissen? Ich versuchte die Stimme zu unterdrücken. Nach und nach wurde sie leiser. Ich freundete mich mit meinen Kolleginnen an, ich unternahm Dienstreisen nach London und Mailand, ich bekam ein festes Gehalt. Ich ließ mich auf die neue Welt außerhalb der Mauer ein.

Der Hallenser Psychotherapeut Hans-Joachim Maaz, der den Bestseller *Gefühlsstau* geschrieben hat, sagt, dass die Kinder im Osten diszipliniert und anpassungsfähig sein sollten. Im Westen wurden sie auf Konkurrenz und Durchsetzungsfähigkeit gedrillt, nach dem Motto: Sei stark, setz dich durch, dominiere. Beide Methoden erzeugten einen ähnlichen inneren Druck. Wie und ob er abgebaut wird, hänge vom späteren Erfolg im Beruf oder in der Gesellschaft ab, meint Maaz.

Ich hatte das Glück, einen Beruf zu finden, der mir das erlaubte, und Freundschaften, in denen ich mich entwickeln konnte. Ich kam in der bundesdeutschen Realität an.

Doch was kann passieren, wenn man dieses Glück nicht hatte? Wenn man keine Arbeit hatte, die Anerkennung und Sicherheit gibt? Was macht der Druck, von dem der Therapeut Maaz spricht, dann aus einem? Was wäre, nur als Gedankenspiel, aus Beate Zschäpe geworden, wenn sie als 16-Jährige 1991 eine Lehrstelle in ihrem Traumberuf gefunden hätte – und Kindergärtnerin geworden wäre? Was wäre aus Uwe Böhnhardt geworden, wenn er seinen ersten festen Job nicht gleich nach einem Monat wieder verloren hätte? Wären sie trotzdem 1998 untergetaucht?

Ich lernte nach und nach ein Land voller Selbstillusionen und Selbsthass kennen. Ein Land, das neun Jahre nach der Wende so lebte, als wäre die Uhr im Jahr 1989 stehengeblieben, als sei die Mauer nie gefallen.

Die DDR hieß nun »die neuen Länder«. Es klang wie »die neue Welt«. So hatten die Spanier ihre Kolonien bezeichnet. In den Osten überwies man viel Geld, um Straßen und Häuser zu renovieren, wollte aber von den Problemen der Menschen verschont werden.

Deutschland, lernte ich, war ein Land, in dem man jedem misstraute, der nicht so war wie man selbst. In der Redaktion, auf Dienstreisen, auf Partys traf man nie Ostler. Oder auch Ausländer. Obwohl Deutschland nach dem Regierungswechsel zu Rot-Grün nun endlich auch offiziell ein Einwanderungsland geworden war, blieb man am liebsten unter sich.

Ich wollte trotzdem nicht zurück in die Gemeinde, erfand Ausreden, nicht mehr in den Gottesdienst zu gehen.

Es gab ein Erlebnis, das besonders einschneidend war: Ich besuchte Ruth, meine ehemalige Mitbewohnerin, die inzwischen eine neue christliche WG gegründet hatte. Es war ein Nachmittag an einem Samstag, schon später im Jahr, es wurde früh dunkel. Ruths Mitbewohnerin hatte Besuch, sie saßen in der Küche und besprachen den nächsten Jugendgottesdienst. Ruth führte mich in ihr Zimmer, es war ruhig, mit hellen Möbeln aus Birkenholzfurnier eingerichtet. Überall hingen Bibelsprüche. Ich nahm auf dem Sofa Platz, lehnte mich aber nicht zurück, sondern saß nervös auf der Sofakante.

Ruth kochte Tee, sie zündete Kerzen an. Alles sollte gemütlich sein, aber trotzdem lag eine Spannung im Raum. Sie hatte mich angerufen, hatte christliche Bücher geschickt, aber ich hatte darauf nicht reagiert. Mir war das unangenehm. Während ich darüber noch nachdachte, klingelte es an der Tür.

Ich hörte nur eine weibliche Stimme. Sie wolle zu Ruth, sagte sie. Nein, sie *sagte* das nicht. Sie schrie, hämmerte an die

Tür. Eine von den Typen, die meine ehemalige Mitbewohnerin gern aufsammelte.

Das Mädchen war vielleicht 16, pummelig, stoppelige Haare, schmutziges Sweatshirt. Nach einer Weile fiel mir auf, dass sie ihre rechte Unterlippe nicht richtig schließen konnte. Über ihrem linken Auge hatte sie eine Narbe. Sie war angeblich in einer Satanisten-Familie im Osten aufgewachsen; als ihre Eltern sie ihrem Kult opfern wollten, war sie weggerannt und lebte seitdem auf der Straße. So weit die Geschichte, die sie erzählte. Ich glaubte ihr kein Wort.

Jetzt stand das Satanskind im Flur und schrie und tobte. Sie rannte in das Wohnzimmer, warf sich auf den Boden. Sie riss den Kopf nach hinten und zitterte, vor dem Mund bildete sich Schaum.

Mein erster Gedanke war: Drogen. Aber ich blieb mit dieser Meinung allein. Die vier, fünf Freunde, die zu Besuch waren, um den nächsten Gottesdienst zu besprechen, bildeten eine Gebetsgruppe in der Küche. Ruth blieb bei dem Mädchen und hielt die Hände flach über ihren Körper, während sie immer wieder murmelte.

Jesus steht über allem.

Jesus steht über allem.

Jesus steht über allem.

Ich fand das unheimlich und unterbrach sie, wollen wir nicht einen Krankenwagen rufen? Danach ging alles sehr schnell.

Jemand holte einen deutsch-türkischen Konvertiten aus der Gemeinde, der in der Nachbarschaft wohnte und der mir in der Jugendgruppe bisher nur wegen seiner sexuell anzüglichen Bemerkungen aufgefallen war. Er fasste Frauen gern mal an die Brust und kannte sich offenbar auch mit dem Teufel aus.

Er kam und schloss sich mit dem Mädchen in Ruths Zimmer ein. Dann kam ein Krankenwagen. Ich weiß nicht mehr, wer ihn gerufen hatte. Der Nachmittag verschwand im Nebel. Das Mädchen war inzwischen ruhiger geworden, sie röchelte. Zwei Sanitäter hoben sie auf eine Trage, legten sie an einen Tropf und schleppten sie ins Auto.

Ruth rühmte sich, dass sie mit ihren Worten den Teufel eingeschüchtert hatte. Das Mädchen sei durch ihre Gebete ruhiger geworden. Aber ihr fehlte die letzte Kraft, um dem Satan zu trotzen. Ich starrte die Leute an, die früher meine Freunde gewesen waren: Sie umarmten sich, als hätten sie etwas Großartiges geleistet, einen Berg erklommen, ein Mittel gegen Krebs gefunden, einen Krieg gewonnen. Sie fielen einander ins Wort. Um das Mädchen ging es nicht, es war unwichtig, ob sie sterben oder weiterleben würde.

Die Teufelsaustreibung hatte vielleicht bei dem Mädchen nicht funktioniert, aber auf mich wirkte sie nachhaltig. Ich bekam keine Luft, ich wollte nur noch weg. Weg aus dieser Wohnung, von diesen Freunden, von dieser Kirche.

Ich konzentrierte mich auf meine Arbeit, zog das Volontariat durch und wurde als Redakteurin übernommen. Doch in Hamburg wurde ich nicht mehr heimisch.

Ich kündigte meine Stelle bei der *petra*, ohne einen neuen Job zu haben. Ich packte meine Sachen. Die Bibeln, die Traktate und Schriften, die langen Röcke und die Jesus-CDs kamen in eine Kiste. Eine Jesus-Kiste.

Ich rief meinen Vater an, mit dem ich seit langer Zeit nicht gesprochen hatte. Nicht mal zum Uni-Abschluss hatte ich etwas von ihm gehört. Ich fragte ihn, ob er mir beim Umzug hilft, und er zögerte keine Sekunde. Ich glaube, er genoss es, aus dem Dorf herauszukommen. Als die Mauer fiel, hatte er gehofft, dass er nun mehr reisen könnte. Aber weiter als bis nach Amsterdam, 1991, ist er nicht gekommen. Er fragte nicht, was passiert war, vielleicht, weil er Angst vor der Antwort hatte, vor den Vorwürfen, die ich ihm machen könnte.

Er kam an einem Samstag mit einem alten gelben VW-Bus, den er sich vom Nachbarn aus dem Dorf geliehen hatte. Als er aus dem Auto stieg, trug er einen blauen Arbeitsanzug und einen Werkzeugkasten.

Mein Vater und ich packten die Kisten, auch die Jesus-Kiste, in den Wagen und fuhren nach Berlin. Auf der Fahrt schaute ich aus dem Fenster, und je näher wir Berlin kamen, je dichter die Kiefernwälder wurden, je mehr die Häuser dem Haus ähnelten, in dem ich aufgewachsen bin, je mehr Autos mit Dreibuchstaben-Kennzeichen ich sah, desto froher wurde ich. Vielleicht gab es Schlimmeres als einen Vater, der sich von Arbeitsbeschaffungsmaßnahme zu Arbeitsbeschaffungsmaßnahme hangelte. Vielleicht stimmte es gar nicht, dass meine Heimat verschwunden war. Vielleicht hatte ich mich nur abgewandt. Ich war verschwunden gewesen.

Ich dachte daran, wie ich versucht hatte, jemand anders zu werden. Ich dachte an die Studentin, die mich gefragt hatte, ob meine Eltern bei der Stasi waren, ich sah mich im weißen, nassen Gewand im Taufbecken, ich sah mich, wie ich auf dem Campus in Hamburg Bibeln verteilte, ich sah mich, wie ich in Russland bei Irina im Wohnzimmer saß und ihre Oma gefragt hatte: Ost oder West? Ich dachte, wahrscheinlich wird mir diese Frage noch sehr oft gestellt werden. Ich dachte an Alexander, auf den ich noch wütend war. Aber ich war mir ganz sicher, dass ich mich wieder verlieben würde. Das Leben war kein Roman. Es endete nicht mit einer Trennung.

Ich hatte bereits von Hamburg aus eine neue Wohnung in Prenzlauer Berg gefunden. Ich würde sie mir mit einer Studienfreundin aus Hamburg teilen. Die Kisten mit dem Jesus-Material stellte ich in den Keller und fasste sie nicht mehr an. Ich sah meine Eltern nun regelmäßiger, und ich erzählte ihnen von dem, was ich in Berlin erlebte. Wenn ich sie am Wochenende besuchte, betete ich nicht mehr vor dem Essen, ich ließ auch nicht Jesus in das Gespräch einfließen. Als hätte es die Freikirche nie gegeben. Es gab keine große Aussprache, aber ich spürte, dass meine Eltern erleichtert waren. Irgendwann sagte mein Vater, dass er sich Sorgen gemacht hatte, als ich mit der Bibel unter dem Arm herumlief. »Das Religiöse war für mich etwas vollkommen Fremdes. Aber was sollte ich machen, du warst ja erwachsen.«

Es war das Jahr 1999, zehn Jahre waren nach der Wende vergangen. Fünfzehn Jahre hatte ich hinter einer steinernen Mauer verbracht, fünf weitere Jahre hinter einer gedachten. Ich war jetzt 25, bald würde ein neues Jahrtausend beginnen. Es war Zeit für eine neue Wende.

Am 15. Februar 2001, einem Donnerstag, hatte ich meinen ersten Arbeitstag in der Redaktion der *Berliner Zeitung*. Vor vielen Jahren war die Redaktion der *Berliner Zeitung* die Patenbrigade der Schule meines Dorfes gewesen, der bekannte, umstrittene DDR-Reporter Karl-Heinz Gerstner war regelmäßig zu Veranstaltungen gekommen. 2001 galt die Redaktion der *Berliner Zeitung* als einzigartiges »Ost-West-Labor«, das heißt, es gab ungefähr ebenso viele ostdeutsche wie westdeutsche Redakteure, die sich täglich in der großen Konferenz Redeschlachten lieferten. Ich ging in das Hochhaus am Alexanderplatz, ein Monument der DDR-Architektur, und fuhr in den 12. Stock an meinen neuen Arbeitsplatz, ein mit Zeitungen und Videofilmen vollgestopftes Büro am Ende eines langen Ganges.

Mein Büro teilte ich mir mit zwei Kollegen, einer kam aus Pankow, der andere aus Bonn. In der Ecke stand ein Extra-Rechner, wir nannten ihn Multimedia-Computer, und darauf war ein Musik-Sharing-Programm namens Napster installiert. Über Ost und West redeten wir erst mal nicht.

Epilog

Als ich diese Zeilen schreibe, ist beinahe ein Jahr vergangen, seitdem Uwe Böhnhardt und Uwe Mundlos tot in einem Wohnwagen in Eisenach entdeckt wurden. Was ist seitdem passiert?

Ein Präsident des Bundesamtes für Verfassungsschutz trat zurück. Vier Untersuchungsausschüsse wurden eingerichtet.

Eine echte Debatte, ein Nachdenken, wie Böhnhardt, Mundlos und Zschäpe zehn Jahre unerkannt mordend und raubend durchs Land ziehen konnten, schon gar nicht darüber, was sie zu Terroristen machte, hat nicht stattgefunden.

Es gab keine Lichterketten, keine großen Demonstrationen, und die Bücher, die sich mit dem Thema befassten, landeten nicht auf den Bestsellerlisten. Stattdessen belegte ein Buch mit dem Titel *Digitale Demenz* wochenlang einen der ersten Plätze. Darin ging es darum, dass Computer und Smartphones dumm machen.

Es gab Übersprungshandlungen:

Eine junge Frau wurde aus der deutschen Olympia-Ruder-Mannschaft nach Hause geschickt, weil sie einen Neonazi zum Freund hat und man fürchtete, diese Beziehung könnte dem Ansehen Deutschlands im Ausland schaden.

Ein Opernsänger durfte den *Fliegenden Holländer* nicht singen, weil er auf der Brust ein Tattoo trug, das angeblich einem Hakenkreuz ähnelt.

So wollte Deutschland zeigen, dass Nazis hier keine Chance haben.

So hilflos.

Deutschland ist ein Land, das die ganze Zeit das Gefühl hat, dass es etwas wiedergutmachen will, aber nicht weiß, wie, und es will vor allem möglichst nicht gestört werden in seiner Unfähigkeit, etwas gutzumachen. Der verstorbene Theaterregisseur Christoph Schlingensief hat das mal gesagt.

Ist das der Grund, warum die Morde der NSU weniger Interesse auslösten als, sagen wir, die Beschneidungsdebatte? Weil man nicht gestört werden will im Nicht-Nachdenken? Weil die deutsche Vergangenheit immer noch lange, dunkle Schatten wirft? Oder spielt es vielleicht eine Rolle, dass die Opfer Migranten und die Täter Ostdeutsche sind? Also Minderheiten in der Gesellschaft?

Ich weiß nicht, was ich erwartet habe.

Ich weiß nur, dass das Drama um Böhnhardt, Mundlos und Zschäpe mich nicht loslässt. Es hat mich aufgerüttelt und Erinnerungen geweckt an eine Zeit, die ich lange vergessen wollte, die mir unangenehm war. Doch es ist Teil meiner Geschichte, meiner Identität.

Jena ist der Ort, an dem alles begann. Hier wuchsen Böhnhardt, Mundlos und Zschäpe auf und hier trafen sie sich nach der Wende in einem Jugendklub. Jena, eine ostdeutsche Stadt, die für immer in einem Atemzug mit dem NSU-Trio genannt werden wird. Dort will ich hin, um meine Reise in die Vergangenheit abzuschließen.

Im Zug lese ich einen Artikel aus der *Zeit*, er handelt von dem NSU-Trio und der rassistisch aufgeheizten Atmosphäre in den neunziger Jahren. Es ist ein sachlicher Artikel, aber ich stolpere über die Überschrift: »Generation Nazi«. Ist das alles, was meine Generation ausmacht: Böhnhardt, Mundlos, Zschäpe als Pin-ups der letzten Generation der DDR?

Mich nervt, wie das Wort Nazi als Kampfbegriff benutzt wird, um eine ganze Altersgruppe zu verdammen und zum Schweigen zu bringen. Die Realität ist viel komplizierter, als sich viele das in ihren Redaktionsstuben in Hamburg vorstellen.

Ausgerechnet einer Wissenschaftlerin der Universität Jena ist bereits vor über zehn Jahren aufgefallen, dass die Wendekinder, die 1989 zwischen 8 und 15 Jahre alt waren, sich nicht so entwickelten, wie sie sollten. Tanja Bürgel widersprach der damals gängigen These, dass mit der ersten in Freiheit erwachsenen Generation die Integration abgeschlossen ist. Bürgel, auch aus persönlichem Erleben, misstraute diesem Optimismus und begann eigene empirischen Forschungen.

Zunächst wurde die Historikerin kaum ernst genommen, erst in den vergangenen Jahren stieg das Interesse. Tanja Bürgel erforscht seit Jahren die deutschen Generationen, die die großen Umbrüche durchlebt haben, den Ersten Weltkrieg, den Zweiten Weltkrieg, zuletzt die Wende. Die Reaktionen auf Zusammenbrüche seien immer ähnlich, erläutert sie in ihren Schriften. Sie entladen sich in neuen radikalen Bewegungen. Das sei nach dem Ersten Weltkrieg so gewesen, als die Kommunisten und Nationalsozialisten erstarkten, und das war zwanzig Jahre nach dem Zweiten Weltkrieg so, als in Westdeutschland die 68er-Bewegung und eine starke Neonazi-Szene entstand. Was für eine Generation würde der jüngste große Umbruch hervorbringen?

Sie interviewte Kinder und Jugendliche und stieß auf erstaunliche Muster. Im Unterschied zu den um 1970 Geborenen, die eine abgeschlossene Kindheit hatten, schon zu Hause ausgezogen waren und sofort die neuen Freiheiten ausnutzten, als die Mauer fiel, waren die Jüngeren oft pessimistischer, fühlten sich heimatlos, ärgerten sich mehr über Dinge. Eltern und andere Autoritäten waren entmachtet.

»Sie waren in die Welt geworfen, ohne eine Instanz zu haben, an der sie sich festhalten können«, so beschreibt es Bürgel. Wir sitzen in einem Café und es ist fast ein bisschen unheimlich. Ich kenne diese Frau erst seit fünf Minuten, sie könnte vom Alter her meine Mutter sein, und sie redet über mein Leben, als würde sie mich seit Ewigkeiten beobachten. Ich höre ihr gebannt zu.

Die Historikerin beschreibt einen »Zustand der Entfremdung, der metaphysischen Obdachlosigkeit«, der zu einem verstärkten Innendruck führe, der sich in einer Suche nach erlösenden Selbst- und Weltbildern entlud. Es ist ein merkwürdiges Gefühl zu wissen, dass die eigenen Erlebnisse, die man selbst kaum verarbeitet hat, historisch schon eingeordnet sind. Ich wiederhole still die Worte: metaphysische Obdachlosigkeit.

Ich begreife, dass das, was ich an mir und auch an Fällen wie bei Böhnhardt, Mundlos und Zschäpe beobachtet habe, keine vereinzelten Schicksale sind, sondern Teil eines größeren Phänomens, für das es nicht nur individuelle, sondern gesellschaftliche Ursachen gibt.

Es geht nicht darum, die Taten des NSU-Trios zu verharmlosen, es geht um die Jugendlichen, die abdrifteten und Halt in einem radikalen Weltbild suchten. Nicht bei allen fand das so extrem statt, aber viele erlebten Absetzbewegungen, Erschütterungen, Ausbrüche. Bei vielen klafft bis heute ein Loch in der Biografie.

Die Historikerin Tanja Bürgel hat im Laufe ihrer Forschungen zu dieser Generation vielfältige Beispiele von ostdeutschen Kindern und Jugendlichen gefunden, die ihren Eltern nach der Wende entglitten und abdrifteten. Manche suchten Halt in den festen Strukturen der Bundeswehr, die nächsten reisten um die Welt und wandten sich von der Zivilisation ab, wieder andere richteten ihre Aggressivität gegen sich selbst und wurden magersüchtig. Auch Böhnhardt, Mundlos und Zschäpe sieht Bürgel als Teil einer »verlorenen Generation«.

Aber gibt es nicht all dies auch unter westdeutschen jungen Erwachsenen?

Ja, sagt Tanja Bürgel, aber nicht in dem Ausmaß wie im Osten, wo viele nach der Wende zum ersten Mal eine tiefe existenzielle Angst erlebten und nicht auf die Erfahrungen der Eltern zurückgreifen konnten.

Eine Befragung von 12- bis 25-jährigen Jugendlichen und jungen Erwachsenen aus dem Jahr 2000 hat ergeben, dass Ostdeutsche sich im Vergleich zu gleichaltrigen Westdeutschen ungleich beladener fühlen. Sie nehmen das Leben schwerer, ärgern sich mehr über Dinge, auch im persönlichen Bereich, leiden häufiger unter negativen Gefühlen.

Als ich im Spätsommer 2012 in Jena aus dem Zug steige, sehe ich: sanierte Häuser, junge Leute auf den Straßen, gut gefüllte Cafés und Restaurants. In der Straßenbahn der Stadt hört man Englisch, Russisch und Spanisch. An der Uni lernen über zwanzigtausend Studenten, dank großer Firmen wie dem Optikbetrieb Carl Zeiss Jena liegt die Arbeitslosigkeit bei rund sechs Prozent, weit unter dem ostdeutschen Schnitt. Ich vergleiche Jena mit Eisenhüttenstadt, dem Ort meiner Jugend, und mir fällt auf, wie unterschiedlich es den Städten heute geht: Jena, 1558 gegründet, hat sich seit der Wende gut entwickelt. Eisenhüttenstadt, 1950 gegründet, stirbt seit der

Wende einen langsamen Tod. Doch in den frühen neunziger Jahren waren die Lebensbedingungen noch ähnlicher.

Ich treffe Marco K., der sich einst im gleichen Freundeskreis wie Mundlos, Böhnhardt und Zschäpe bewegte. Er wuchs im gleichen Neubauviertel auf, gemeinsam mit anderen Kameraden fuhren sie zu Schulungen und Aufmärschen.

Ende der neunziger Jahre, als das NSU-Trio im Untergrund verschwand, hat K. die Szene verlassen und sich ein neues Leben aufgebaut. Er will eigentlich nicht mehr reden, weil die Geschehnisse von damals abgeschlossen seien, schreibt er in einer ersten E-Mail.

Aber dann sagt er doch zu.

K. trägt kurze Hosen, ein eng anliegendes T-Shirt mit V-Ausschnitt, um den Hals hat er ein buntes Tuch geschlungen. Nichts erinnert äußerlich an sein früheres Leben. Ich möchte wissen, wie er radikal geworden ist.

»Es war keine Entscheidung«, sagt er. Alle seien damals im Neubauviertel rechts gewesen und mit Bomberjacke herumgelaufen. »Das war eine Jugendkultur wie Hip-Hop in Berlin.« Die Jugendlichen lungerten auf der Straße herum. Ihr Viertel Jena-Lobeda veränderte sich. Viele Einheimische zogen in den Westen, in die leeren Wohnungen kamen Russlanddeutsche. »Die fuhren mit BMW herum, während unsere Eltern keine Arbeit hatten«, so nahm Marco K. das als 14-Jähriger wahr. Er hatte das Gefühl, *sein* Viertel verteidigen zu müssen. Heute sagt er: »Wir suchten Bauernopfer.«

Er ging 1995/96 in den *Winzerclub*, dort hingen auch Leute wie Uwe Mundlos und Uwe Böhnhardt herum. Als K. dazustieß, waren die Älteren bereits feste Größen in der Szene. »Das waren charismatische Leute, sie konnten gut reden, waren selbstbewusst, wir schauten zu denen auf«, erinnert er sich.

Ich will vor allem mit ihm über den Ausstieg reden, ich will wissen, was entscheidet darüber, ob jemand in der Gesellschaft ankommt oder Außenseiter bleibt?

Haben seine Eltern versucht, ihn herauszuholen? Marco K. antwortet ausweichend, sie haben versucht, sich mit anderen Eltern auszutauschen, aber sie kamen an ihren Sohn nicht heran. Die Muster kommen mir inzwischen bekannt vor. Ich weiß es aus eigenem Erleben, wie begrenzt der Einfluss der Eltern ist.

Marco K. erzählt, einmal sei »ein Sozialarbeiter im Schlabberlook« vorbeigekommen und wollte mit ihnen reden. »Der hat unsere Meinungen in der Luft zerrissen, danach haben sich einige erst recht angespornt gefühlt, sich politisch zu engagieren und zu bilden.«

Ich kann nicht einschätzen, wie authentisch oder ernsthaft Marco K. sich um einen Neuanfang bemüht hat. Er wirkt offen, reflektiert, doch bei aller Freundlichkeit spürt man ein Unbehagen.

Ähnlich wie bei mir damals war es auch eine Begegnung, die sein Weltbild veränderte. Es geschah nicht von einem auf den anderen Tag, es war ein Prozess. Er freundete sich mit einem Mann aus einer Burschenschaft an, nicht unbedingt die Lieblinge der Linken, aber er lernte einen anderen, friedlicheren Patriotismus kennen. Sie saßen zusammen und hörten Volkslieder, »Ännchen von Tharau«. K. gefiel das. Die Glatzen kamen ihm auf einmal dumm und gewaltätig vor. Er änderte sein Leben, orientierte sich politisch und geistig neu, lernte neue Freunde kennen. Zu seinem Bruder, bis heute ein führender Neonazi, hat er keinen Kontakt mehr.

Wenn man ihn länger nach seinem Ausstieg bohrt, wird er wütend. Er hat sich von den Nazis abgewandt, aber fühlt sich weiterhin wie ein Außenseiter. Ihn nervt das Misstrauen, das ihm entgegengebracht wird. Er habe als Freiberufler bereits mehrere Aufträge wegen seiner Vergangenheit verloren. Einem Scientology-Aussteiger würde geglaubt, ein Nazi-Aussteiger stünde sein Leben lang am Pranger. »Wenn ich gewusst hätte, wie viel Ärger mir das einbringt, wäre ich dabeigeblieben«, sagt er. Er klingt bitter.

Er war 19, als er ausstieg. Obwohl seine aktive Neonazi-Zeit über zehn Jahre zurückliegt, hat Marco K. immer noch Angst vor unerwünschten Begegnungen. Als am Nebentisch im Café ein Tourist ein Foto machen will, versteckt K. sein Gesicht hinter einem Tuch. Er fühlt sich verfolgt, von wem genau, ist nicht so leicht zu sagen. Angst vor Racheakten alter Freunde? Oder der Antifa? Er kann es selbst nicht so genau sagen. Man kann ihm nur mailen, seine Handynummer hält er geheim.

Ich stehe vor dem Block, in dem Uwe Böhnhardt aufgewachsen ist. Die Eltern bekamen in den siebziger Jahren im Viertel Lobeda eine der begehrten neuen Wohnungen zugeteilt. Sie leben noch heute dort. Ich stehe vor dem Klingelschild und suche nach dem Namen Böhnhardt. Neben mir ein Kollege, der die Böhnhardts schon kennt.

Brigitte Böhnhardt ist erst irritiert, empfängt mich dann aber herzlich und legt schnell ein weiteres Gedeck auf den Kaffeetisch. Nur einmal lässt sie sich anmerken, wie viel Kraft solche Gespräche sie kosten: »Na, wollten Sie sich mal die Nazi-Monster-Eltern angucken?«

Wir unterhalten uns über die neunziger Jahre. Ich erzähle meine Geschichte, wie ich ähnlich wie ihr Sohn in den neunziger Jahren abgedriftet bin. Es ist eine schwierige, eine unmögliche Situation. Wie spricht man mit einer Mutter, deren Sohn mutmaßlich zehn Menschen ermordet hat und sich am Ende selbst tötete?

Ich will mich nicht mit Uwe Böhnhardt vergleichen. Ich kann mich nicht mit Uwe Böhnhardt vergleichen. In dem Jahr, in dem er sich mit seinen Freunden in Chemnitz versteckte und in den Untergrund ging, begann ich meinen ersten Job. Als sie im Untergrund lebten und Videos anfertigten, in denen sie ihre Mordtaten rühmten, lernte ich in England einen anderen Umgang mit Fremden als in Deutschland. In England ist es normal, dass es Polizistinnen gibt, die das traditionelle muslimische Kopftuch tragen oder Lehrer mit Turban. Das Leben von Böhnhardt und seinen Freunden nahm einen völlig anderen Verlauf.

Wir suchen nach Gemeinsamkeiten und kommen auf die Anarchie, die damals an den Schulen herrschte, als Lehrerin hat Böhnhardt alles hautnah miterlebt. »Im Grunde waren damals alle Eltern froh, wenn sie ihre Kinder durch diese schwierige Zeit gebracht haben und aus ihnen anständige Menschen geworden sind«, sagt Brigitte Böhnhardt.

Die Geschichte von Uwe Böhnhardt ist komplizierter, als die oberflächlichen Details über sein Leben glauben machten: kleinkriminell mit 13, im Gefängnis mit 15, Bombenbauer mit 20, Mörder mit 21. Es ist eine Geschichte mit vielen Auf und Abs und enttäuschten Hoffnungen. Nachdem er aus dem Gefängnis herauskam, holte er seinen Abschluss nach, machte eine Lehre als Maurer. Die Eltern schöpften Hoffnung. Er bekam einen Job, er war stolz darauf, sein eigenes Geld zu verdienen – und wurde nach einem Monat wieder entlassen. Das habe ihn schwer getroffen, sagen die Eltern. Sie hofften, wenn er in andere Umgebung komme, dann verändere er sich, lerne neue, andere Freunde kennen. Brigitte Böhnhardt legte ihm eine Anzeige hin, für eine Stelle in Westdeutschland. Doch er landet bei einer Drückerkolonne, zwei Kameraden müssen ihn herausholen.

Danach hörte er auf, nach Arbeit zu suchen.

Wenn man die Eltern von Uwe Böhnhardt in Jena erlebt, wie sie mit sich ringen, wie sie immer wieder ihr Gedächtnis durchgehen, um den Punkt zu finden, an dem das Leben von ihrem Uwe, ihrem Nesthäkchen, kippte, an dem sie etwas anders hätten machen können, den Lauf der Geschichte aufhalten, dann hat das etwas zutiefst Berührendes – und Verzweifeltes. Ihre Hilflosigkeit erinnert mich an meine eigenen Eltern. Das erklärt vielleicht auch, warum ich im Gespräch mit Westdeutschen oft das Gefühl habe, die Böhnhardts verteidigen zu müssen. Übertragung nennen Psychologen das.

Sie haben ein großes Interview gegeben, haben öffentlich Abbitte geleistet für ihren Sohn, den sie vor zehn Jahren zum letzten Mal lebend sahen. »Unsere Schuld wird sein, dass wir kleine Zeichen nicht richtig gedeutet haben, dass wir immer gehofft haben, dass er ernsthafter wird«, sagt Brigitte Böhnhardt.

2002 fand das letzte Treffen mit den Eltern statt, damals lebten Uwe Böhnhardt und seine Freunde schon im Untergrund. Die Eltern verrieten sie nicht an die Polizei. »Wir hatten Angst, dass wir dann alle drei für immer verlieren würden«, sagt Brigitte Böhnhardt. Sie ahnte nicht, dass die Mordserie damals schon begonnen hatte.

Normalerweise bin ich diejenige, die die Fragen stellt. Diesmal ist es umgekehrt, Brigitte Böhnhardt will wissen, wie ich den Ausstieg geschafft habe. Ich sage, dass es ein langer, komplizierter Prozess war. Ich erzähle von dem Mann, in den ich mich verliebt hatte, der mir zeigte, dass ein anderes Leben möglich war. Während Böhnhardt und seine Freunde durch die Ablehnung der Außenwelt immer radikaler wurden, sich zurückzogen in ihre eigene, mörderische Gedankenwelt, fing ich an zu zweifeln und Fragen zu stellen.

Brigitte Böhnhardt hört erst aufmerksam zu, dann sehe ich, wie ihre Gedanken wegdriften. Sie sagt, sie hat auch immer gehofft, Uwe Böhnhardt würde eine Freundin mitbringen, die ihn auf andere Gedanken bringt. Stattdessen kam Beate Zschäpe.

Beate Zschäpe, die einzige Überlebende des Trios.

Ich sage nichts. Es gibt keinen Trost. Und doch fahre ich nicht bedrückt zurück nach Berlin. Ich bewundere den Mut und die Offenheit, mit der die Böhnhardts über ihr Scheitern reden, sich verletzlich machen. Es ist ihnen wichtig, dass es nie wieder einen Uwe Böhnhardt gibt, dass andere Eltern nicht dasselbe erleben.

Ich habe etwas ebenso Banales wie Wichtiges gelernt: Die Wut wird weniger, wenn man über sie spricht. Das ist ein Anfang.

Literatur

Thomas Ahbe/Rainer Gries: »Gesellschaftsgeschichte als Generationengeschichte«, in: Schüle/Ahbe/Gries (Hg.): *Die DDR aus generationengeschichtlicher Perspektive*, Leipziger Universitätsverlag, Leipzig 2006

Rob Bell: *Das letzte Wort hat die Liebe.* Brunnen-Verlag, Gießen 2011

Tanja Bürgel: »Mauerfall-Kinder. Wie orientieren sich junge Ostdeutsche 15 Jahre nach der Wende«, in: *Berliner Debatte Initial* 15 (2005)

Tanja Bürgel: »Gibt es eine vom ostdeutschen Umbruch geformte Generation?«, in: Schüle/Ahbe/Gries (Hg.): *Die DDR aus generationengeschichtlicher Perspektive*, Leipziger Universitätsverlag, Leipzig 2006

Deutsche Shell: *Jugend 2000*, Bd. 1

Martin Dreyer: *Jesus-Freak: Leben zwischen Kiez, Koks und Kirche.* Pattloch, München 2012

Christian Fuchs/John Goetz: *Die Zelle. Rechter Terror in Deutschland.* Rowohlt, Hamburg 2012

Wilhelm Heitmeyer (Hg.): *Deutsche Zustände, Folge 10*, Suhrkamp Verlag, Berlin 2012

Jana Hensel: *Zonenkinder,* Rowohlt, Hamburg 2002

Käßmann, Margot: »Gottloser Osten?«, in: *Chrismon* 7/2012

Claus Leggewie: *Die 89er. Porträt einer Generation.* Hoffmann und Campe, Hamburg 1995

Hans-Joachim Maaz: *Der Gefühlsstau. Psychogramm einer Gesellschaft*. C.H. Beck, München 2010
Hartmut Radebold: *Abwesende Väter. Folgen der Kriegskindheit in Psychoanalysen*, Vandenhoeck & Ruprecht, Göttingen 2001
Brigitte Reimann: *Tagebücher 1955–1970*, Aufbau, Berlin 1998

Außerdem folgende Artikel aus der *Märkischen Oderzeitung (MOZ)*:
»Wenn wir aufpassen, schnappen wir manchmal fünf die Stunde«, aus: *MOZ*, Leserbrief über Diebstahl im Sparmarkt, 9.4.1992, S. 15, 9.4.1992, Frankfurt/Oder.
»Unsichere Bürger flüchten sich in extreme Lösungen«, aus: *MOZ*, 29.8.1992, S. 8
»Auch Ausländer haben keinen Freibrief zum Stehlen«, aus: *MOZ*, 21.7.1992, S. 10
»Kidnapper-Story mit Nierenklau erfunden«, aus: *MOZ*, 21.7.1992, S. 11
»Steinewerfer zielen auf Lehrer, Eltern, Politiker«, aus: *MOZ*, 21.7.1992, S. 11
»Sie sagen nur, was andere laut denken«, aus: *MOZ*, 7.9.1992, S. 3
»Kein zweites Rostock, aber …«, aus: *MOZ*, 1.9.1992, S. 1
»Erster Asylbewerber trafen in Zentraler Aufnahmestelle ein/›Hört sich schlimmer an, als es ist‹«, aus: *MOZ*, 18.1.1991, S. 11
»Wir hatten Situation mit Ruhrerkrankungen im Griff«, *MOZ*, 2.9.1992, S. 8
»Rumänen mit Diebesgut gefasst«, aus: *MOZ*, 21.8.1992, S. 8
»Rumäne überfällt Konsum in Fünfeichen«, aus: *MOZ*, 3.3.1992, S. 10
»Rumäne mit Spaten in 17 Gärten unterwegs«, aus: *MOZ*, 30.4.1992, S. 8

»Seit Sommer 1991 will der Stahlverband EKO torpedieren«, aus: *MOZ*, 10.2.1993, S. 6

Die Bibel-Zitate sind entnommen aus:
Thompson-Studien-Bibel, Bibeltext nach der Übersetzung Martin Luthers Altes und Neues Testament, Revidierte Fassung 1984, Hänssler-Verlag, Stuttgart 1986

Die Namen der handelnden Personen sind in einigen Fällen auf Wunsch geändert worden.

Der Prolog basiert auf dem Text »Uwe Mundlos und ich«, der zuerst in der Berliner Zeitung vom 31.12.2011 erschienen ist.

Dank

Für ihre großzügige Unterstützung, Ideen und Inspiration danke ich Anja Reich, ehemalige Leiterin des Magazins der *Berliner Zeitung*. Ohne sie würde es dieses Buch nicht geben.

Dank schulde ich auch dem stellvertretenden Chefredakteur der *Berliner Zeitung*, Ralph Kotsch, der mich früh in meiner Karriere förderte und mir für das Buch unkompliziert eine Freistellung ermöglichte.

Für ihre Begeisterung und ihr Engagement beim Entstehen dieses Buches danke ich Georg Reuchlein, meinem Verleger bei Luchterhand, sowie meinem Agenten Matthias Landwehr.

Wiebke Hollersen las aufmerksam die ersten Entwürfe. Mit ihren klugen Hinweisen hat sie das Manuskript besser gemacht. Ich wünsche jedem Autor eine Leserin wie sie.

Meine Lektorin bei Luchterhand, Susanne Krones, hat das Projekt mit Leidenschaft und Gewissenhaftigkeit begleitet. Mit ihren Fragen, Verbessungsvorschlägen und Ergänzungen hat sie mir sehr geholfen.

Für ihre Expertise und Kontakte danke ich Christian Fuchs und John Goetz, vor allem für ihr Buch *Die Zelle* über den Nationalsozialistischen Untergrund (NSU).

Für die Gespräche und Informationen möchte ich mich bei Jana Braun, Martina Bühler, Cynthia Ebeling, Conny, Ines Herr, Klaus Maak, Petra Mai, Christine Mühle, Karin Rennefanz, Bernd Rennefanz, Karin Schneider, Alexander Visser,

Jörg Weise sowie Gabriele Urban und ihren Mitarbeiterinnen vom Stadtarchiv Eisenhüttenstadt bedanken.

Ivan Cottrell danke ich für die Geduld.